世界500强最推崇的
10堂自我营销课

章 岩◎著

中华工商联合出版社

图书在版编目（CIP）数据

世界500强最推崇的10堂自我营销课／章岩著. —
北京：中华工商联合出版社，2014.5（2024.1重印）
ISBN 978-7-5158-0925-0

Ⅰ. ①世… Ⅱ. ①章… Ⅲ. ①职业选择–通俗读物
Ⅳ. ①C913.2-49

中国版本图书馆CIP数据核字（2014）第071925号

世界500强最推崇的10堂自我营销课

作　　者：章　岩
责任编辑：吕　莺　郑承运
装帧设计：吴小敏
责任审读：李　征
责任印制：迈致红
出版发行：中华工商联合出版社有限责任公司
印　　刷：河北浩润印刷有限公司
版　　次：2014年8月第1版
印　　次：2024年1月第2次印刷
开　　本：710mm×1000mm　1/16
字　　数：280千字
印　　张：18
书　　号：ISBN 978-7-5158-0925-0
定　　价：68.00元

服务热线：010-58301130
销售热线：010-58302813
地址邮编：北京市西城区西环广场A座
　　　　　19-20层，100044
http://www.chgslcbs.cn
E–mail:cicap1202@sina.com(营销中心)
E–mail:gslzbs@sina.com(总编室)

前 言

Preface

1

职场环境日益残酷，可为什么仍有人可以加薪、升职？

身边的同事一个个平步青云，为什么你的上司却似乎根本没察觉到你的才能？

……

常言道："勇猛的老鹰，通常都把它们尖利的爪牙露在外面。"巧妙而适度地推荐自己，是变消极等待为积极争取、加快自我价值实现的不可忽视的手段。

精明的生意人，想把自己的商品推销出去，总得先吸引顾客的注意，让他们知道商品的价值。而在这个"自媒体"的时代，你自己就是最好的"商品"，要想恰如其分地推销自己，就应当学会展示自己——最大限度地表现出自己的优势。要给人生的每个阶段一个合理的定位，然后信心十足地为自己创造全方位展示才能的机会。

这，就是世界500强企业推崇的"自我营销"课。

2

很多人花了大把的时间求职，却没有得到任何回音。怎样避免毫无意义的灰心丧气、半途而废的经历？

本书浓缩了世界500强企业HR历年来的招聘心得，可以手把手地教你如何完成求职这一人生中的关键工程，用科学完备的求职进度表带给你坚持下去的信心！

有很多职场新人嘴上说要改变自己，可是在相当长的一段时间内，还是抱着一种学生时代的心态和习惯——当踌躇满志的理想遭遇"暗淡无光"的现实时,自信必然会受到重大打击,从而丧失工作的热情,产生敷衍应付的态度。

本书用宝洁、IBM、三星等众多新人的案例告诉你,如何快速、高效地度过职业生涯中那段最痛苦难熬的"蘑菇期",如何积累工作经验和丰富人生阅历——坚持,成功就在下一刻。

当顺利度过试用期之后,谁不想获得更优厚的薪资和待遇,谁不想在职场寻求更广阔的发展空间呢?作为世界500强的员工,他们提醒我们,那些见到上司就像老鼠见到猫,总想绕道走,对待上司就像对待自己的天敌那样的员工,只会与机会擦肩而过。但是那些感觉自己与众不同,甚至高人一等,时不时地还想要显摆一下自己能耐的人,也会因此而大量地消耗掉自己的职场能量!

假如上述几方面你都一一做到、做对、做到位、做出色,你还必须掌握一些策略和技巧,来为自己赢得提升的理由与筹码——来看看世界500强企业的经理人是怎么言传身教的吧。

最后提醒你,即使是世界500强的员工,也会有跳槽的想法,原因多种多样。但是他们认为,正确的跳槽应该是人生的一次华丽转身,而不是让职场积累的能量减少、归零,甚至成为负数,更不是让自己在跳槽中越跳越迷茫,越跳越杂乱无章,甚至是毁了自己。

3

本书揭示了世界500强企业选人、用人的标准和操作方法;全方位、多角度的求职面试攻略;收录了宝洁、汇丰、联合利华、英特尔及普华永道等世界知名企业的面试题,以及最常用的对员工能力素质要求的具体行为描述。

书中从简历、能力素质、不同行业、不同职位等多个方向阐述了在面试过程中所需要的种种能力和素质,并引用大量案例,结合实战心得,进行了独到而且针对性极强的自我营销学的指导课。不仅适合那些刚刚毕业准备面试、找工作的大学生,同时也适合对自己的职业有规划,希望早日实现自己职业梦想的每一个人!

目 录

Contents

世界500强认为,职业选择的正确与否,直接关系到人生事业的成败。据统计,在选错职业的人当中,有80%的人事业上受挫。由此可见,职业选择对事业发展是何等重要!因此,世界500强建议我们必须要从做好职业生涯的规划开始。

有幸进入世界500强企业的人都知道,你的一举一动、一言一行,都让面试官尽收眼底,服饰打扮、举止言谈、气质风度、文明礼貌,无一不在影响着你的形象,决定着你的前程和命运。所以面试礼仪是最为重要的一个环节。

第七课 **脱颖而出——职场常青树要与上司共同成长** …………… 175

没有伯乐的赏识,再厉害的千里马也只会被埋没。作为世界500强的员工,他们提醒我们,任何上司都是人,也需要被尊重和重视。而那些见到上司就像老鼠见到猫,总想绕道走,对待上司就像对待自己的天敌的人,只会与机会擦肩而过。

第 十 课 "绝地反击"——跳槽是个技术活 ················ 249

即使是世界500强企业的员工,也会有跳槽的想法,原因多种多样。但是他们认为,正确的跳槽应该是人生的一次华丽转身,而不是让职场积累的能量减少、归零,甚至成为负数,更不是让自己在跳槽中越跳越迷茫,越跳越杂乱无章,甚至是毁了自己。

第一课

职业规划

——投出简历前先定位自己

　　世界500强认为,职业选择的正确与否,直接关系到人生事业的成败。据统计,在选错职业的人当中,有80%的人在事业上受挫。由此可见,职业选择对事业发展是何等重要!因此,世界500强建议我们必须要从做好职业生涯的规划开始。

1.明确自己的价值观

价值观是人们希望获得哪些结果的一种抽象说法,它揭示了人们看待工作或职业回报、薪酬或其他问题的不同态度。

各种职业都有各自的特性,不同的人对职业的特性可能有不同的评价和取向,这就是所谓的职业价值观,也称择业观。价值观对人的一生有着重要的影响。作为人们对待职业的一种信念和态度,职业价值观往往决定了人们的职业期望,影响着人们对职业方向和职业目标的选择。

职业规划中,我们常常需要作出这些选择:是要工作舒适轻松,还是要高标准的工资待遇;是要成就一番事业,还是要安稳太平。当两者有矛盾冲突时,最终影响我们决策的是存在于内心的职业价值观。可见,价值观对职业生涯的影响是高层的、深远的。

张大亮在一家知名大公司工作,有着高职位、高工资和高待遇。可是后来他选择自己创业当老板。他觉得,在公司里整日疲于应付、平衡各种人际关系,使得自己身心疲惫,没有了做事的激情,始终有种挫败感。因此,这个在别人看来十分诱人的工作对他而言就变得毫无意义,最终他选择了离开。

这个事例说明,当选择工作时,你实际上是在选择一种价值休系,在选择处理人际关系的方式和生活方式。

当你的价值观和你的工作相吻合时,你会觉得自己的工作很有意义,反之,你会觉得缺少些什么。而且这种失落感通常是金钱、权力、名誉等外在事物所不能弥补的。因此,我们选择去留,看上去是为了经济利益,其实根本上是价值观在起作用。

不同时代、不同制度环境甚至不同的自然条件下人们都会有不同的职业价值观,即使以上条件相同,不同的人也会因为各自的成长环境、教育背景、个性追求等差异而形成不同的职业价值观。作为人们对职业的一种信念和态度,职业价值观往往决定了人们的职业期望,影响着人们对职业方向和目标的选择。

三个工人正在砌一堵墙。有人过来问他们:"你们在干什么呢?"

第一个人没好气地说:"没看见吗?在砌墙。"

第二个人抬头笑了笑,说:"我们在盖一座高楼。"

第三个人边干边哼着歌曲,他的笑容很灿烂,很开心:"我们正在建设一个新的城市。"

十年后,第一个人在另一个工地砌墙;第二个人坐在办公室里绘图纸,成了工程师;第三个人呢,是前面两个人的老板。

同样的工作,同样的环境,因为价值观不同,所以每个人产生了不同的感受,这也决定了他们未来的成就。这个故事告诉我们,一定要找到与自己价值观相契合的职业,那样你才能在工作中寄予自己的理想,从中实现自己的价值。

现实生活中,许多人面临着两难困境:他们所从事的职业收入丰厚,但是却痛恨自己所销售的产品或提供的服务。这种人生价值和工作价值的冲突,使我们的身心和工作都受到了伤害。唯一的解决方式就是重新寻找一种职业,让它与你所拥有的价值观相互协调。如同公司需要长远发展战略一样,个人也要目光远大,以便使我们的未来能够保持平衡,拥有足够的活力。

职业价值观也叫工作价值观,是价值观在所从事的职业上的体现,或者在职业生涯中表现出来的一种价值取向。职业价值观是个人对某项职业的价值判断和希望从事某项职业的态度倾向，即个人对某项职业的希望、愿望和向往。

职业价值观表明了一个人通过工作所要追求的理想是什么，是为了财富，还是为了地位或其他因素。不同的人有不同的价值观念，而不同的价值观念适合从事不同的职业或岗位。如果在制定职业生涯规划时，没有考虑自己的价值观念，选择了不适合自己的职业，也就很难在这个岗位上工作下去，当然也就谈不上事业发展的成功了。因此，认真分析和了解个人的职业价值观，对正确开展职业生涯规划有重要的意义。

工作价值观通常都是与某种职业紧密相连的，并且工作价值观也可以作为在你和工作之间进行匹配的基础。

你在确定职业方向时，可以进行以下测试。

请试着把下面6组进行排序，这可以帮助你了解如何利用价值标准中的观点，对职业的具体内容及要求进行分析。

成功

如果你的满足感来自于"成功"这个价值，那么你所从事的工作应该是你最擅长的，能让你发挥最大的能力，或者是你曾经接受过的专业培训所要做的。在你的工作中，你会看到自己努力的成果。通过频繁开发新项目、得到新奖励，你会从中感受到成功的喜悦。

职业范例：生物学家、药剂师、律师、主编、经济学家、公务员。

认同

如果你的满足感来自于"认同"这个价值，那么你应该寻找那些有好的提升机会、好的声望，并且有潜在成为领导的机会的工作。

职业范例：大学行政人员、音乐指挥、劳动关系专家、飞机调度员、制片人、技术指导、销售经理。

独立

如果你的满足感来自于"独立"这个价值，那么你应该寻找的是那种靠你的主动性去完成的、能让你自己做主的工作。

职业范例：政治学家、作家、有毒物质研究专家、IT经理、教育协调员、教练。

支持

如果你的满足感来自于"支持"这个价值，那么你要寻找的工作应该是那种成为员工有力后盾的公司，其主管的管理方式会让员工觉得很舒服，那种公司应该以其令人满意的公平管理体制而著称。

职业范例：保险代理人、测量技师、变压器修理工、化学工程技师、公益事业经理、防辐射专家。

工作条件

如果你的满足感来自于"工作条件"这个价值，那么在找工作的时候，你应该考虑薪水、工作稳定性以及良好的工作环境。另外，找工作的时候还要考虑它是否与你的工作模式相适合。比如，你是喜欢整天忙碌，还是喜欢独立工作，又或者喜欢每天都可以做很多不同的事情。

职业范例：保险精算师、按摩师、打字员、心理辅导师、法官、会计师、预算分析员。

人际关系

如果你的满足感来自于"人际关系"这个价值，那么你应该寻找那种同事间很友好的工作。这种工作能让你为别人提供服务，不需要你做任何违背你主观意愿的事情。

职业范例：人力资源经理、语言教师、牙科医生、牙齿矫正医师、公共健康教师、运动培训师。

总之，我们的价值观决定了我们的生活态度，从而决定了我们的职业取向并引导我们作出各种职业选择，这种选择决定我们的职业状况从而决定了我们的生活方式，这种生活方式又最后决定了我们的人生幸福感。

2."导演"自己的职业生涯

凡事预则立,不预则废。职业是个人发展的生命线,现代社会许多人在求职时,最容易犯的错误便是不知道自己能干什么,也不清楚自己真正想做什么,在寻找工作时,只是"为了寻找而寻找",在现实的打击之下,这样的人在多年后往往会失去最初的雄心壮志。

一个男孩子在12岁时便成为了家里的"专业摄影师",他首先是使用八厘米摄影机对家人的生活进行记录,在发现其中的乐趣之后,便立即开始试用各种特殊效果,在家人的配合下,他开始进行故事情节编排,并自己搞起了剪辑与配音。

15岁时,他正式告诉自己,未来要成为一名大导演。当年,他完成了一部40分钟的作品——《无处可逃》,来纪念自己理想的树立。

17岁那年,他开始为未来正式铺路。在到一家电影制片厂参观之后,他为自己立下了新的目标:拍出最好看的电影。第二天,他穿了一套西装,提着父亲的公文包,里面放了一块三明治作为午餐,再次来到了电影制片厂。在骗过了警卫后,他在厂中一辆废弃的手推车上,使用塑胶字母,拼出了"斯蒂芬·斯皮尔伯格导演"的字样。

之后,他利用所有的闲暇时间去认识各类导演、编剧,并以一个导演的标准来要求自己。在与他人交谈的过程中,他开始对电影业产生了新的认识。

20岁那年,他正式成为了一名真正意义上的电影导演,开始了自己当导演的职业生涯。

1975年,他的作品《大白鲨》正式上映,随后《第三类接触》、《ET》的出产,让他成为了全球一流的电影导演。

1994年,在第66届奥斯卡颁奖晚会上,他的作品《侏罗纪公园》、《辛德勒名单》共囊括了九项大奖。

……

他便是国际知名导演——史蒂芬·斯皮尔伯格,多年来,他一直在按照梦想的途径铺就自己的人生。

职业生涯就如同航海一般,需要明确前进的路径与方向,失去了方向,你将会在不知所向的奋斗中感到疲惫,从而失去动力。而一旦拥有了明确的方向,便能够集中所有的精力与优势,使用各种方法、策略与手段,孜孜以求地去实现既定的目标。

职业规划的重要性在于,它会使人形成心理上的"路径依赖":行驶在路上的汽车若突然刹车,往往会在惯性的作用下继续前进,随后才会慢慢停止。"路径依赖"表面上就类似于物理学中的"惯性",一旦进入了某一路径中,便会对该路径产生依赖。职场同样如此,一旦你真正作出了某种选择,就如同走向了一条不归之路一般,惯性的力量会让你的自我选择不断强化,从而真正有机会去以长期不断的努力走向梦想实现的辉煌时刻。

但事实上,大部分人在面对职业规划时,不明白自己到底想要什么,他们根本没有意识到进行职业规划的重要性。在有关未来命运的工作选择上,他们花费的精力甚至还不如购买一件当季流行的服饰多,他们的人生由于毫无方向可言,其结果也往往可想而知。

当你真正下定决心为自己做好职业规划时,你便已经在使用条理性的头脑为自己设置通往梦想的路径了,而这一路径将会指引你一步步地实现梦想。

(1)对自我需求进行分析

你可以按以下两种方法来进行自我需求分析:

开动脑筋,写下你认为未来5年间有必要去做的10件事情,并尽量保证不在局限自我、不顾虑太多的情况下让内容更确切。

填充这一句式:"在我死去时,若我……我将毫无遗憾。"想象一下这一场景,你便能清楚地知道,怎样的成就会让你获得心灵上的满足。

(2)SWOT(优势/劣势/机遇/挑战)分析

试着对自我性格、所处环境的优劣势进行分析,并想象自己可能会获得哪些机遇,而自己的职业生涯中又将遭遇哪些威胁。

(3)设立长期与短期目标

根据SWOT分析结果对自己进行剖析,并具体勾画出长、短期的目标。例如,若你期望自己成为一名讲师、赚许多钱、拥有良好的社会地位……你的职业规划会更加明朗,你可以选择成为管理讲师。在这一长期目标的基础上,你可以一一制定短期目标,从而逐步实现长期目标。

(4)意识到自我缺点与环境局限

这些缺点与局限是你在实现目标时必须正视的,而且要与你的目标有所联系。这些知识、能力、创造力方面的缺陷,将会令你无法顺利实现目标,而改正它们,则会让你在职业发展的道路上更进一步。

(5)进一步明确计划

写下克服以上不足所需的行动计划,这一计划应明确、有期限。比如,在某一时间段内,掌握某些新技能,学习某些新知识。

(6)寻求帮助

寻找自我行为缺陷并不难,难的是改变它们。让周围的亲人、朋友、同事或者专业人士来帮助你,你将会更有效地完成这一步。

(7)分析自我角色

若你拥有明确的实施计划,指出了自己要做什么,那么你已经有了一个初步的职业规划方案。如果你现在已有固定工作,进一步提升自我则非常重要:公司将对你有什么期望与要求?做出怎样的贡献能让你脱颖而出?思考这些,将会令你更有效地实施职业规划。

一个行之有效的职业生涯规划，需要建立在充分认识自我条件、了解相关环境的基础上，越是对自我条件、相关环境了解得透彻，越是可以做出良好的职业生涯规划。因为职业规划不仅仅能协助你实现自我目标，更能帮助你真正了解自我。

3.根据性格选择自己的职业类型

选择要比努力更加重要，选择一个适合你自己的处世方式，会使你在社交圈子中如鱼得水；选择一个适合你自己的职业，会使你在工作中得心应手。

既然性格与职业的关系密切，那么，不同类型的性格就会有与之相适应的职业。

理智稳健型性格适合的职业

理智稳健型性格的人，对自己的管理能力很强，做事一步一个脚印、扎实，擅长数据推理等方面的工作，特别是外交官、政府或军队机要工作。另外，如果他们擅长辩论和谈判，他们也可以向律师或政治家方面努力。而且，他们很擅长思维分析，所以也非常适合做经营家、企业分析工作人员之类的工作。

沉静内省型性格适合的职业

沉静内省型性格的人适合一个人干。比如在研究室里默默地试验的研究人员，或者关在象牙塔内冥思苦想的学者。他们还适合在家里做一些能独立完成的工作，如写作、电脑软件设计等工作。另外，这种类型的人的思考是朝内的，所以也适合于探求人心灵、心理方面的研究。因为不善于与人打交道，不擅长应酬，所以他们不适合做推销和服务工作。

这种类型的人非常追求理念,并且会在自己的内心构筑和发展理念的世界。但是,这种类型的人在追求理念的方法上却表现出主观、固执等特点,并且对他人的存在漠不关心,甚至非常冷淡,所以他们一般只适合于依靠个人力量进行的工作。在这方面比较典型的例子便是哲学家康德。康德的内心世界非常丰富,其理性思维能力非常突出。但由于他自负自大,并且经常偏激地对待朋友,所以他的朋友并不多。当然,这丝毫不能阻碍他在自己内心建立一个庞大的理念世界和观念的"理想王国"。

克制忍让型性格适合的职业

克制忍让型的人因为性格能克制,又爽直,善于给大家带来欢乐的气氛,所以特别受欢迎,适宜做出头露面的工作。

相反,这种人最不擅长的是需要逻辑性思维的工作,对于数字,更是一见就头痛。所以最好是别去做实验室里的工作及电脑工作者。

孤郁敏感型性格适合的职业

孤郁敏感型的人认真负责、坚忍不拔、工作能力强。他们平常是能抑制感情、冷静工作的人。所以适合做秘书之类的工作,也适合做诸如总务、内勤之类的工作。如果能激起深藏于内心的同情心,那么护士也是比较适合的工作。

然而这种类型的人,由于特别腼腆,因此不适合做与人交往的工作,最好是躲开销售、到处出差之类的工作。

圆滑谨慎型性格适合的职业

对于圆滑谨慎型的人而言,只要是能够让自己具有良好感觉的,哪种工作都可以。比如,乐感很强,可以当音乐家;味觉敏感,可以当厨师;具有美术才能,可以从事绘画或设计等工作。

相反,这种类型的人不适合做需要直观的工作,对于新事业的开发和经营也会有不胜重负之感。所以,涉入市场经济方面的工作对他们来说,也许是个不幸。

这种性格的人对事物,不论是味觉、听觉、视觉还是触觉方面的事,只要能让人愉快,他们就感到满足。他们从来不追求模式和框框,也不追求理想,他们只看重现实,只有现实美的东西才能令他们开心。所以对于一些能从各方面得到享受的工作,他们一般可以胜任,而且能从中得到满足感和成就感。

紧张内敛型性格适合的职业

对于紧张内敛型的人而言,凡是能够灵活运用独特感悟性的工作都是其天职。他们适合当画家、作家、设计师等需要创造性的工作。如果他们喜欢电脑,那么去开发游戏软件也是不错的选择。

他们不适合的工作是充满现实主义的、需要快速判断的工作。比如,不适合需要时刻追踪情况变幻不定的新闻报道业以及市场调查等职业。

直觉奔放型性格适合的职业

直觉奔放的人适合操纵股票或外汇买卖。这种人的洞察力强,所以,在事业规划、预测流行方向方面,也能充分发挥自己的能力。另外,有的人很善于发现别人的才能,因此,适合当编辑、画商等。

但是他们不擅长长时间地坚持工作,所以最好不要做需要花费时间的工作或需要耐性的工作。

幻想执拗型性格适合的职业

幻想执拗型的人做艺术家也是很合适的。这种类型不适合的职业是与现实的人和事密切相关的工作。但是,应该通过训练以增强自己这方面的实践能力。

因为这种类型的人虽然直观能力很强,但他们却是无意识地接受信息,所以其直观感受的东西往往是非现实的东西。这种类型性格的人,往往可以直观地感觉某个项目肯定能赚钱,但却是一个风险度很高的直观印象,因为他并不是通过直观感觉现实中的信息,所以并没有太大把握。

这种类型的人,在还银行贷款的日子迫近时,是很难有信心挺住的,他们往往会悲观地看待未来。所以,这种类型的人并不适合做一个风险企业家。

这种类型的人最适宜的职业是预言家或者艺术家，而且这种人还可以去给大公司、大企业的决策者做一名预言人物。当然，这种职业目前还没有成为一门专职职业，但随着市场经济的进一步发展，它是能够成为一门专职职业的，那时，这种性格的人将大有市场。当然，为了适应市场经济要求，该类型性格的人应当适当加强与现实接触的训练，以进一步完善自己。

从性格特点出发，选择一个适合自己的职业，会使自己在工作中游刃有余。

4.你是找工作不是发传单

见首不见尾的应聘队伍、场内飞撒的求职简历、应届生焦急彷徨的眼神，成为如今就业市场上一幅幅生动鲜活的画面。

现在的年轻人在找工作时，总是抱怨仅准备简历就需要花费大量的金钱，而且大多还石沉大海。

要知道找工作不是谈恋爱，有了感情就爱，没了感觉就走开。找工作更像是一场肩负责任的婚姻，如果盲目地把媚眼抛向自己并不熟悉的岗位，那是对自己极其不负责任的做法。

如果你只是想找个工作，或许可以把自己的简历像发传单一样发给每个招聘的单位；如果是想找到好的工作，那么建议你最好是有选择地投出简历，这样省钱也省精力，而且也容易以好的精神面貌出现在主考官面前。

去面试时，你的仪表很重要。长得怎么样不是你所能决定的，但怎么装

扮自己，主动权完全在自己。去大公司面试，化点淡妆是有必要的。

在面试时，经常发现有些女孩子打扮得很漂亮，只是那种漂亮过了头，舌头上都打了好些的小洞洞，穿着嘻哈服饰；也有人化着浓妆，说话装腔作势，本来可以好好回答的问题，非要装着淑女样，给你来句"嗯""啊""这个嘛"。这些在面试时都是比较忌讳的。

上班族的服饰，不被人关注就是最大的亮点，得体是一个公司职员起码应该做到的。

有些刚出来找工作的毕业生总是会听人说：人力资源部门的经理都比较无聊，总问些根本就是废话的问题。这是一个很不正确的认识。几乎没有一家正规单位的人力资源部门会有闲工夫和你拉家常，他们所问的问题，自然都是有目的的。

对方问你问题时，最好如实回答。当对方问到不是你强项的问题时，不要掩饰自己的缺点和不足，而应机灵婉转地把自己的优点表现出来。

在当今这个竞争激烈的社会中，工作大多时候是为了生存，只有在生存的基础上才可以谈发展。当对方问你理想的月薪时，千万别说够吃、够喝、够租房就行，这样的概念实在很笼统，也不要头脑发热说个过高的数。而是说出你的真实想法，如果你想月薪在3000元左右，那么你不妨说2500元到3500元之间，让彼此都有一个选择的空间。

全面评价自己，不断充实自己也很重要。通过人才市场提供的人才需求信息可以看出：越来越多的用人单位，特别是企业，对坐办公室搞管理的人才需求越来越少，而大量需要的是能将设计稿转变为优质产品的业务精、技术硬的技师，有些地方就出现了找一个技师比找一个研究生还难的现象。所以一些本科生在认识到这种情况后，就来个"急转弯"、"快调头"，到职业技术类院校"回炉"，把自己掌握的专业技术理论通过生产实践变成真正的实用技能，结果他们真的成了被一些用人单位争抢的"宝贝"。这说明，只要求职者能主动适应市场及用人单位的需求，就有可能变失业为就业。

另外,在全面评价自己,找准职业生涯坐标的同时,更要不断充实自己。有调查显示,面对"入世",上海有70%的人要给自己充电,以适应社会发展的需要,国内外各大企业也都有步骤地对员工进行继续发展教育。求职者,特别是应届毕业生,尤其要注意这一点。

总之,在就业形势日益严峻的今天,在投出你的简历之前,年轻的求职者们要正确地认识自我,认识社会职位的要求,找准适合自己就业的社会职位,这样求职才容易成功。

5.选对老板就选对了职业的发展方向

选择公司,老板是求职者们必须考虑的一个重要因素。找工作时,老板有权选择员工,同样,员工也有选择老板的权利。调查发现,近80%的人在求职时会选择老板,另外约20%的人则表示不会。无论他们在求职时是否考虑老板这个因素,也不管这个因素在他们考虑的各项因素中所占比例是多少,所有被访者一致认为,老板对工作的影响非常大。

事实上,作为一家企业的老板,其个人魅力、气魄、品格等,往往决定着所在企业文化背景的深厚、管理规范的程度等,也决定着能凝聚人心、吸引人才到多大程度,同时也意味着求职者今后施展空间的大小和价值发挥的程度。

24岁的小李是一个开朗、乐观的年轻人,毕业于某著名学府,获得了服装设计本科学历,在大学四年的学习中,他的成绩优秀,掌握了扎实的服装设计知识。大学毕业后,他进入了一家服装设计公司,满怀激情地准备投入工作之中,做出一番事业来!在面试的那天,他那未来的老板一席话将小李留在了这家公司："我很希望你能够加入我们，让我们一起将这家公司做成行业里最棒的那个！"怀着这样的梦想，小李开始了他的工作。这家公司不大，所以小李在工作过程中有很多机会可以和老板接触，那时，小李还为能够有这样的机会在老板身边学习而感到高兴。他很投入地工作着，每天都加班到深夜，结合公司的业务状况提出了很多自己的想法，老板给他的答复总是："你的想法很好，放手去做吧！"小李很受老板给予的信任的鼓舞，努力地学习着，努力地工作着。可是好景不长，小李的工作热情很快便像潮水一样退去了，问题出在哪儿呢？

原来，在不断的工作中小李逐渐发现，他的老板并非像他自己所形容的那样。

事后小李总结出了他老板的"三宗罪"：

(1)没经验。他的老板其实没有什么经营方面的经验，常常是朝令夕改，让员工的大量工作付之流水。

(2)不敬业。作为老板，每天他来得最晚，走得却最早，很多该做的事情一拖再拖，因此还失去了很多的业务。

(3)太小气。这个小气倒不是对员工，而是在与客户、合作伙伴的交往中，他的老板总是绞尽脑汁地去想如何占到别人的便宜，凡是和他们合作过的伙伴，最后都因此而拒绝再次合作。

从上面这个故事中，我们可以看出，导致小李离职的原因很大程度上是因为"老板"，而并非所谓的"发展空间"。

在市场经济下，一个成熟的商业社会，企业发展相对稳定，个人创业已经变得越来越不容易了，有更多的人在人生某一个阶段甚至一辈子都可能要扮演雇员的角色。因此，选择一位值得追随的老板，是个人前途的最大保证。

在一个公司里，老板是核心，是不折不扣的"灵魂人物"。老板的眼界、能力和管理方法对公司未来的发展起决定作用，一个人在选择公司时，老板的做事风格和为人便成了必不可少的选择依据,因为只有好的老板才能让你在公司里得到良好的锻炼和发展。

一名职业培训师到某大学做职业生涯规划的演讲,一名学生问他:选择公司最重要的因素是什么?培训师反问他:"你觉得呢?"那个学生斩钉截铁地回答道:"值得追随的公司领导人。"

这个答案使培训师十分好奇,忍不住追问:"为什么你要把公司领导人列为最重要的因素?"这位聪明的学生满怀自信地回答:"只要跟对老板,学得真本领,一辈子都受用,还怕没有机会出人头地吗?"

这位学生的理念正是我们所要推崇的,而他尚未踏出校园,也还没有接触到社会深沉的一面,但是懂得一份工作应该选个好老板来跟随,也算得上是有远见了,而今这名学生已成为微软公司重量级的管理人员了。

由此可见,选择老板,就是要给自己选择一个发挥和提高自身才能的机会,就是选择你的人生的目标和发展方向,也就是选择你的生活,选择你的一生成功与否。所以说,选择老板,其实是一种人生途径,通过它可以寻找到那种在自己看来最富有意义的生活方式。

选择老板就是选择发展方向——这是雅芳CEO钟彬娴,全球最成功的华裔女性的成功之道。她作为《时代》杂志评选出的全球最有影响力的25位商界领袖中唯一的华人女性,在许多人心中就是一个奇迹。

钟彬娴可以说是一无背景、二无后台。大学毕业后,钟彬娴选择去鲁明岱百货公司做她喜欢的营销工作,在那里,她结识了她职业生涯中的第一个老板——鲁明岱历史上的第一个女性副总裁法斯。在法斯的提拔下,钟彬娴27岁就进入了公司的最高管理层。

后来,钟彬娴和法斯一起跳槽到玛格林公司,不久就升到了副总裁的

位置。但是钟彬娴觉得自己在玛格林公司的发展空间有限，于是去了雅芳。在那里，她遇到了第二位给她机会的老板——雅芳的CEO普雷斯，在普雷斯的欣赏和破格提拔下，加上钟彬娴个人的努力，钟彬娴最终上升到了CEO的位置。

一个既没有背景又没有后台的女性，在不惑之年就能升到公司CEO这样的位置，不能不说这是一个奇迹，而其成功的关键就在于选对了自己职业生涯中的老板。这就是当代成功速成法则，也可以称之为成功的捷径。

一个人能否事业有成，关键在于正确选择自己的老板，通过和老板一起共事来弥补自己的不足和铺垫成功的道路。

如果你足够幸运的话，在一个好单位中又恰巧遇到了一位好老板，就能够让你获取更多的能力和信心，能够给你提供更多的帮助。即使你不够幸运，在一个不好的单位里，如果也能遇到一个好老板，你也同样会获得很多的教益。

当我们抱着学习的态度，选择一个好老板就更显得十分重要了。想要一个成功的人生，就要慎重选择由哪个老板来做你的指路人，这是一个很重要的选择。

人生成败，源于选择，同样，职场成败，也源于选择。在职场这个大舞台上，通向成功的道路有千万条，但你要记住：选择老板就是选择机遇，选对老板就是选对发展方向。所有的道路不是别人给的，而是你自己选择的结果。所以，你选择了什么样的老板，也就会有什么样的职业生涯。

6.找到你能够做得出色的那个职位

王蒙在自己的书中曾说："一个人应该知道自己能够做什么,应该做什么,必须做什么;更应该知道不应该做什么,不要做什么,其实做也做不成什么。"

所以说,一个人要想有一个好的职业前景,就必须在正确的位置上做正确的事,给自己先进行一个准确的职场定位。只有这样,才能物尽其用,让我们的人生价值达到最大化。

关磊是一家公司的副总,在这个位置上,他如鱼得水,帮老板谋划了许多商业奇招,使公司发展壮大。同行的老板们都说,谁得关磊谁得天下!

不想当将军的士兵不是好士兵,关磊也这样想。在当了五年副总后,他要自己当老板。

听说关磊开公司,许多富人纷纷入股投资,关磊的公司刚开张就有千万元资产。他雄心勃勃地要大干一场,但令人意想不到的是,关磊做了几笔生意,都是只赔不赚,半年后公司就破产了。

关磊相信自己的能力,一段时间的休整后,他又重整旗鼓,卷土重来。他多方游说,有一些相信他的能力又勇于冒险的富翁再次入股了他的公司。结果,一年后关磊的公司又以破产告终。

关磊的同学何争非常惊讶关磊的遭遇,这位心理学硕士开始分析关磊的天性人格,最后他发现,原来关磊这样的性格根本不适合自己创业。古代像张良那样聪明的人为何不自己当帝王,却辅佐刘邦打天下?这些聪明人不是胸无大志,而是明白自己的性格缺陷。他们给别人谋划时聪明绝顶,因为不是决策人,没有压力。

关磊明白了这个道理后,南下深圳,从零做起,几年后又成为一家房地产公司的副总。

职业定位就是说:

第一,确定自己的特点和性格,知道自己适合做什么工作;

第二,告诉别人你是谁,你能在这个职位上帮公司得到什么。

关磊没有明白这个道理,想要做一些并不适合自己的工作,最终的结果只能是失败。而一旦回到他适合的那个位置后,他就可以如鱼得水,游刃有余。

职业定位就是要帮助你找到你能够做得游刃有余、做得出色的那个职位。

有的人总是希望自己能够坐上最高的职位,最好是公司的总裁或是董事长。这不是不好,但是俗话说得好:"有多大的头戴多大的帽子。"因此,只有你能做好的那份工作才能凸显你的价值。

7.兴趣是职场的发动机

兴趣是最好的老师。善于根据兴趣确定自己的职业,并依此推销自己的优势,是择业成大事者的起点。

兴趣是指一个人力求认识、掌握某种事物,并经常参与该种活动的心理倾向。人的兴趣在职业活动中起着十分重要的作用。

据有关资料表明,如果一个人对某工作有兴趣,他能发挥他的全部才能的80%~90%,并且长时间保持高效率不感到疲劳。相反,对工作没有兴趣的人,他只能发挥全部才能的20%~30%,也容易感到精力疲乏。另外,兴趣还可以开发智力,是成才的起点。

2001年5月,美国内华达州的麦迪逊中学在入学考试时出了这么一个题目:比尔·盖茨的办公桌有五个带锁的抽屉,分别贴着财富、兴趣、幸福、荣誉、成功五个标签,盖茨总是只带一把钥匙,而把其他的四把钥匙锁在抽屉里,请问盖茨带的是哪一把钥匙?其他的四把钥匙锁在哪一只或哪几只抽屉里?

一位刚移民美国的内地学生,恰巧赶上这场考试,看到这个题后,一下慌了手脚,因为他不知道它到底是一道语文题还是一道数学题。考试结束后,他去问他的担保人——该校的一名理事。理事告诉他,那是一道智能测试题,内容不在书本上,也没有标准答案,每个人都可根据自己的理解自由地回答,但是老师有权根据他的观点给一个分数。

内地学生在这道9分的题上得了5分。老师认为,他没答一个字,至少说明他是诚实的,凭这一点应该给他一半以上的分数。让他不能理解的是,他的同桌回答了这个题目,却仅得了1分。同桌的答案是,盖茨带的是财富抽屉上的钥匙,其他的钥匙都锁在这只抽屉里。

后来,这道题通过E-mail被发回国内。这位学生在邮件中对同学说,现在我已知盖茨带的是哪一把钥匙了,凡是回答对这道题的,都将得到这位大富豪的肯定和赞赏。

同学们到底给出了多少种答案,我们不得而知。但是,据说有一位聪明的同学登上美国麦迪逊中学的网页,他在该网页上发出了比尔·盖茨给学校的回函。函件上写着这么一句话:在你最感兴趣的事物上,隐藏着你人生的秘密。

人们对一种职业感兴趣,就会对该种职业活动表现出肯定的态度,就能在职业活动中调动整个心理活动的积极性,开拓进取,努力工作,这样自然有助于事业的成功。反之，如果对那种职业不感兴趣，硬要强迫自己做自己不愿意做的工作，这肯定是对意识、精力、才能的浪费，自然无益于工作的进步。

兴趣对人的发展有一种神奇的力量。一个人如果能够根据自己的兴趣爱好去选择事业，他的主动性将会得到充分发挥。即使工作十分疲倦和辛劳，也总是兴致勃勃，心情愉快；即使困难重重也绝不灰心丧气，而去想办法，百折不挠地去克服它。如果你喜欢你所从事的工作，你工作的时间也许很长，但丝毫不觉得是在工作，反倒像是游戏。

对于兴趣和各种职业之间的关系，国内学者根据《加拿大职业分类词典》作了如下分类：

兴趣类型A：愿与事实打交道——喜欢同具体事务打交道，默默无闻、埋头苦干。相对应的职业诸如制图、地质勘探、建筑设计、机械制造、计算机操作、会计、出纳等。

兴趣类型B：愿与人接触——喜欢同人交往，结交朋友，对销售、公共关系、采访、信息传递一类活动感兴趣。相应的职业如推销员、公关人员、记者、咨询人员、教师、导游、服务员等。

兴趣类型C：愿干规律性工作——喜欢常规性、重复的、有规则的活动，习惯在预先安排好的程序下工作。相应的职业如图书管理员、文秘、统计员、打字员、公务员、邮递员、档案管理员等。

兴趣类型D：喜欢从事帮助人的工作——乐于助人，试图改善他人状况，帮助他人排忧解难。相应的职业如福利工作、慈善事业、医生、律师、保险员、护士、警察等。

兴趣类型E：愿做领导和组织工作——喜欢掌管一些事情，希望受人尊敬并获得声望，在活动中时常起骨干作用。相应的职业如政治家、企业家、社会活动家、行政管理员、学校辅导员等。

兴趣类型F：喜欢研究人的行为——对人的行为举止和心理状态感兴趣，喜欢谈论人的问题。相应的职业如社会学、心理学、人类学、组织行为学、教育学、政治学等方面的研究和调查分析。

兴趣类型G：喜欢钻研科学技术——对分析的、推理的、测试的活动感兴趣，善于理论分析，喜欢独立工作并解决问题，也喜欢通过试验得出新发现。相应的职业如气象学、生物学、天文学、物理学、化学、地质学等研究和实验。

兴趣类型H：喜欢抽象和创造性工作——对需要想象力和创造力的工作感兴趣，喜欢独立工作，乐于解决抽象问题，具有探索精神。相应的职业如哲学研究、科技发明、经济分析、文学创作、数理研究等。

兴趣类型I：喜欢操作机器——对运用一定技术、操作各种机械去创造产品或完成任务感兴趣，喜欢使用工具，尤其是大型的马力强的先进机械。相对应的职业如飞机、火车、轮船、汽车的驾驶，机械装卸，建筑施工，石油、煤炭的开采等。

兴趣类型J：喜欢具体的工作——希望能很快看到自己的劳动成果，愿意从事制作有形产品的工作。相应的职业如室内装饰、时装设计、摄影师、雕刻家、画家、美容美发、烹饪、机械维修、手工制作、证券经纪人等。

兴趣类型K：喜欢表现和变化的工作——对表演、运动、惊险、刺激的事情感兴趣，喜欢经常变动、无规律但具有挑战性的工作。相应的职业如演员、运动员、作曲家、旅行家、探险家、特技演员、海员、职业军人、警察等。

8.工作的兴趣是可以培养的

工作的兴趣是可以培养的，在找不到理想的工作时，在那些你不中意的工作中，照样可以找到发展你事业的机会，只要你能慢慢培养工作兴趣，你就一定会有收获。

对开始找工作的人,以及已经有了工作但感到不顺心的人,建议参考以下规则:

只要有发展前途的行业,就是好工作

一定要看清你要参加的企业是什么类型的。如果你认为这个企业可以长久地干下去,你就可以在工作中培养起兴趣,全心全力地去工作。否则,不妨另谋发展。

一个企业是否有发展,有很多决定性因素,不是一下子就可以看透彻的,你只能作出比较性的观察与评估。也许一家很小的公司,几年之后有很大发展,也许看起来相当庞大的公司,逐年缩微下去。

所以在作决定时,多少带有点儿冒险性质。事实上,从事任何工作都是带有冒险性的,老板投资做生意是冒险,你投身工作,当然也是一种冒险。工作中没有绝对的安全之策,你能做到尽心工作、成败无愧于心就行了。

任何工作都是磨炼的机会

俗话说:"世事动明皆学问。"这句话对任何行业的人都适用。生意人的才能,有其广泛的一面,也有其专精的一面。广泛的一面,是指生意上的应对,对市场的了解、世情的通达以及环境的熟悉等;专精的一面,是指对本行业的深切认识,技术方面的精通以及交易上的一些诀窍。你要把一生的心血灌注于某一行业,你才能成为这一行业的行家;你要有丰富的人生阅历,才能达到通晓世情的境界。

看起来,这两种修养似乎是矛盾的,一个人要求精,似乎就无法求博。其实,对做生意的人来说,这两种修养同时并进,不仅不会有所抵触,而且是相辅相成的。因为生意人的工作对象是人和整个社会,不是在研究室作报告,也不是全凭书本上的知识去做生意。

基于这一特性,只要你想成功,任何工作都是对你有益的。而且接触的工作范围越广,对你将来的成就越有利。

推销员、业务员,被列为最基层的工作,甚至有些企业,把推销员列为临时性的工作人员。产品多时,或为新产品打销路时,就多雇几个人到外面

去推销,等这一阶段的业务结束时,这些推销员也就各奔东西了。

推销员不被重视,以至于几乎没有人愿意从事这种工作,甚至认为当推销员是可耻的。因为公司不重视推销员,所以雇用的人员良莠不齐,在社会上引起极为不好的反应,认为推销员都像无赖、乞丐般地讨厌,这样恶性循环,更使有志气、有抱负的年轻人不愿干这种工作了。

事实上,推销员是企业的先锋部队,他们的能力是决定产品成败的关键;他们给消费者的印象,也就是公司名誉好坏的测定器。这样一个责任重大的工作,不是精强力壮、才能卓越的年轻人,如何能够担当得起?

与中国相反,在美国,推销员是企业界中是最受重视的一群,不仅可以作为终身的职业,而且发展前途也是无限量的。公司上上下下的主要干部,尤其是管理人才,没当过推销员的微乎其微,即使各公司总经理级的人物,也有75%以上是推销员出身的。

所以你不妨从推销员做起,这是一个真正接近消费者的工作,也是深入社会基层、了解实际情况的工作。

尽管目前有些企业不重视他们,消费者对他们与很多误解,但你不能据此而轻视这份工作。因为这份工作可以给予你多方面的磨炼,培养你多方面的才能。就销售市场而言,你可以了解消费者的真正意向和爱好;对本身经验来说,一旦你有机会担任公司里的管理工作,你对推广市场必定有一些新的做法。

总之一句话,如果你找不到好的工作,而又有很大野心和抱负,你不妨从最起码、最容易找的工作做起。

抱着学习的精神去适应工作

当你离开学校进入社会之后,对任何工作都缺乏实际的经验,因此,任何工作对你来说都是未开垦的土地,只要你能全心全力地去耕耘,就必定会有收获。

当然,这种收获不一定是你终身事业的寄托,也不一定对你的前途有很显著的帮助,但至少会为你增加某一行的工作经验,使你的思考能力又增强一点。

一个人之所以思想成熟、判断能力强，并不是与生俱来的，而是后天的磨炼培养而成的。你的工作经验越丰富，思考能力、判断能力就越强。

因此，任何工作对你来说都是一种学习的机会，你不能因为不喜欢这份工作，就对它漠不关心，不去深入了解它，因为说不定你将来的工作正好跟这份工作有密切的联系。只要你有机会了解它，就不能放弃这个机会，因为说不定哪一天你会用到它。

再退一步说，既然你一时找不到好的工作，非先屈就这个不好的工作不可，同样要把时间浪费掉了，何不用点心，对你做的工作深入了解一下。所谓"艺多不压人"，多了解一点东西，绝对是有益无害的。

9.时间、环境会改变一个人的兴趣

譬如你是学设计的，你当然希望到设计部门或者广告公司找份工作。但如果你一时找不到这样的工作，不得不到一家食品公司去当店员，一段时间之后，你终于如愿以偿地进入一家广告公司工作，由于你的表现不错，被一家包装公司挖去当设计部门主管，食品包装设计业是你业务的一部分。这时候，你对食品包装就会产生兴趣。等深入了解之后，你会发觉食品这一行的利润相当优厚，说不定你还会有开食品公司的冲动。

因此，大可不必过分重视你在学校里的理想和兴趣，因为将来的发展，是连你自己也预料不到的。这也是我们要强调培养工作兴趣的主要原因。找到了理想的工作，而且有了很好的发展，你便属于幸运的一群，自然没有理由去体会"培养工作兴趣的苦处"。

如果你不幸找到一份与自己志趣相违背的工作，而且短时间内又不可

能更换,非干下去不可的话,下面的几个问题,你一定要认真思考:

①如果你对不感兴趣的工作,抱着混时间等机会的心理,你会有什么收获?(必然给别人留下一个不好的印象,那么就多了几个讨厌你的人。)

②如果你抱着学习的态度,把不感兴趣的工作也能做好,你又会有什么收获?(必然给别人留下好印象,将来多了几个好朋友,也多了一条出路。)

③你觉得现在的工作不理想,换一份工作是否就一定理想呢?如果一换再换,依然找不到理想的怎么办?

④当你对现有的工作不感兴趣时,你应该平心静气地检讨一番:是工作环境不适合你,是跟同事们相处不好,是主管、老板找你的麻烦,还是嫌待遇太差?

当你找出原因之后,必须再作进一步分析:这些使你失去工作兴趣的原因之所以形成,是你咎由自取,还是别人对你有成见?是不是你自觉年轻,来日方长,一不如意就产生了"不干"的想法?

如果是前者,你应该调整自己的工作态度,设法消除别人对你的成见;如果是后者,你自己就要特别当心了,这表示你一生事业的成败已亮起警示灯。因为人不可能永远年轻,当你为工作换来换去地把青春消磨光时,就等于你把上帝赋予你的财产挥霍光了,变成了穷光蛋,在残余的生命中你已是一无所有了。

你要认清自己是个有主见的人,还是容易受别人影响的人。如果你缺少主见,感情容易冲动,那么你对工作兴趣的有无,很可能是受主观意识的影响。因为"人生不如意事常十之八九",在工作中当然也有很多无法避免的苦恼,而苦恼的累积,常会使意志薄弱的人当作"换个工作"的借口,原因是他没有能力去化解苦恼。

10.职业定位问卷

　　一个人只有对自己有着清醒的认识和定位，才能获得社会提供的机会，也才能有自我的选择，才能选择自己的道路，将理想变为可实现的现实。这不仅对职场新人来说是必要的，对任何一个在工作中不成功的人来说都是重要的。

　　衡量一个人在事业上是不是成功，不在于他做了多少工作，而是在于他做的工作是不是把个人的价值最大化。

　　这里有一份职业定位问卷，可以帮助你制定出合理可行的职业生涯发展方向。

　　下面有40个问题，根据你的实际情况，给自己打分，分值越大，表明这种描述越符合你的实际情况。

　　1分，表示"从不"；

　　2分，表示"偶尔"；

　　3分，表示"有时"；

　　4分，表示"经常"；

　　5分，表示"频繁"；

　　6分，表示"总是"。

　　请尽可能真实而迅速地作出选择，除非你非常明确，否则不要作出极端的选择。

　　(1)我希望做我擅长的工作，这样我的建议可以不断地被采纳。

　　(2)当我整合并管理其他人的工作时，我非常有成就感。

　　(3)我希望我的工作能让我用自己的方式，按自己的计划去开展。

(4)对我而言,安定与稳定比自由和自主更重要。

(5)我一直在寻找可以让我创立自己事业的创意。

(6)我认为只有对社会作出真正贡献的职业才算是成功的职业。

(7)在工作中,我希望去解决那些有挑战性的问题,并且胜出。

(8)我宁愿离开公司,也不愿从事需要个人和家庭做出一定牺牲的工作。

(9)将我的技术和专业水平发展到一个更具有竞争力的层次是职业成功的必要条件。

(10)我希望能够管理一个大公司,我的决策将会影响许多人。

(11)如果职业允许自由地决定自己的工作内容、计划、过程时,我会非常满意。

(12)如果工作的结果使我丧失了自己在组织中的安全感、稳定感,我宁愿离开这家公司。

(13)对我而言,创办自己的公司比在其他公司争取一个高的管理位置更有意义。

(14)我的职业满足感来自于我可以用自己的才能去为他人提供服务。

(15)我认为职业的成就感来自于克服自己面临的非常有挑战性的困难。

(16)我希望我的职业能够兼顾个人、家庭和工作的需要。

(17)对我而言,在我喜欢的专业领域内做资深专家比做总经理更具有吸引力。

(18)只有在成为公司的总经理后,我才认为我的职业人生是成功的。

(19)成功的职业应该允许我有完全的自主与自由。

(20)我愿意在能给我安全感、稳定感的公司中工作。

(21)当通过自己的努力或想法完成工作时,我的工作成就感最强。

(22)对我而言,利用自己的才能使这个世界变得更适合生活或居住,比争取一个高的管理职位更重要。

(23)当我解决了看上去不可能解决的问题,或者在必输无疑的竞赛中胜出时,我会非常有成就感。

(24)我认为只有很好地平衡个人、家庭、职业三者的关系,生活才能算是成功的。

(25)我宁愿离开公司,也不愿频繁地接受那些不属于我专业领域的工作。

(26)对我而言,做一个全面管理者比在我喜欢的专业领域内做资深专家更有吸引力。

(27)对我而言,用我自己的方式不受约束地完成工作,比安全感、稳定性更加重要。

(28)只有当我的收入和工作有保障时,我才会对工作感到满意。

(29)在我的职业生涯中,如果我能成功地创造或实现完全属于自己的产品或点子,我会感到非常成功。

(30)我希望从事对人类和社会真正有贡献的工作。

(31)我希望工作中有很多的机会,可以不断挑战我解决问题的能力或竞争力。

(32)能很好地平衡个人生活与工作,比达到一个高的管理职位更重要。

(33)如果在工作中能经常用到我特殊的技巧和才能,我会感到特别满意。

(34)我宁愿离开公司,也不愿意接受让我离开全面管理的工作。

(35)我宁愿离开公司,也不愿意接受约束我自由和自主控制权的工作。

(36)我希望有一份让我有安全感和稳定感的工作。

(37)我梦想着创造属于自己的事业。

(38)如果工作限制了我为他人提供帮助或服务,我宁愿离开公司。

(39)去解决那些几乎无法解决的难题,比获得一个高的管理职位更有意义。

(40)我一直在寻找一份能使个人和家庭之间冲突最小化的工作。

计分表:分列计算总分,总分越高的就是代表未来适合的职业型定位。

以下是职业类型的具体解释：

技术型：技术型的人追求在技术或职能领域的成长和技能的不断提高，以及应用这种技术或职能的机会。他们对自己的认可来自他们的专业水平，他们喜欢面对来自专业领域的挑战。他们一般不喜欢从事一般的管理工作，因为这将意味着他们需要放弃在技术或职能领域的成就。

管理型：管理型的人追求并致力于工作晋升，倾心于全面管理，独自负责一个部分，可以跨部门整合其他人努力的成果，他们想去承担整个部分的责任，并将公司的成功与否看成自己的工作。具体的技术或功能工作仅仅被看作是通向更高、更全面管理层的必经之路。

自主型：自主型的人希望随心所欲地安排自己的工作方式、工作习惯和生活方式。追求能施展个人能力的工作环境，最大限度地摆脱组织的限制和制约。他们宁愿放弃提升或工作扩展的机会，也不愿意放弃自由与独立。

安全型：安全型的人追求工作中的安全感与稳定性。他们可以预测将来的成功从而感到放松，他们关心财务安全，例如，退休金和退休计划。稳定性包括诚信、忠诚以及完成老板交代的工作。尽管有时他们可以达到一个高的职位，但他们并不关心具体的职位和具体的工作内容。

创造型：创造型的人希望使用自己的能力去创建属于自己的公司或创建完全属于自己的产品(或服务)，而且愿意去冒风险，并克服面临的障碍。他们想向世界证明公司是他们靠自己的努力创建的。他们可能正在别人的公司工作，但同时他们在学习并评估将来的机会。一旦他们感觉时机成熟了，他们便会走出去创建自己的事业。

服务型：服务型的人指那些一直追求他们认可的核心价值，例如，帮助他人，改善人们的居住环境，通过新的产品消除疾病等。他们一直追寻这种机会，即使这意味着需要变换公司，他们也不会接受不允许他们实现这种价值的工作变换或工作提升。

挑战型:挑战型的人喜欢解决看上去无法解决的问题,战胜强劲的对手,克服无法克服的困难障碍等。对他们而言,参加工作或职业的原因是工作允许他们去战胜各种不可能。新奇、变化和困难是他们的终极目标。如果事情非常容易,会变得非常令他们厌烦。

生活型:生活型的人是喜欢允许他们平衡并结合个人需要、家庭需要和职业需要的工作环境。他们希望将生活的各个主要方面整合为一个整体。正因为如此,他们需要一个能够提供足够的弹性让他们实现这一目标的职业环境。甚至可以牺牲他们职业的一些方面,如提升带来的职业转换,他们将成功定义得比职业成功更广泛。他们认为如何去生活,在哪里居住,如何处理家庭事务,以及在组织中的发展道路是与众不同的。

第二课

主动出击

——了解自我营销的目标市场

世界500强的HR认为,很多人忙于奔波职场内外,但却慌不择路、屡战屡败,究其原因是没有了解目标市场。俗话说:"知己知彼才能百战百胜。"所以,作为一个有理智的求职者,只有充分了解了你的目标市场,才能稳操胜券。

1.了解市场需求，做到一击即中

在找工作的过程中，许多求职者没有对市场需求进行认真分析，面对广阔的人才市场，不知道哪些行业比较紧俏，哪些人才比较短缺，当然也不知道哪里需要自己。不少求职者为了能找到工作，每逢招聘会必定参加，将简历和求职信递交给那些自己都不了解的单位，然后毫无目的地去应聘，结果徒劳无功。

孙伟是一所工科大学机械系毕业的学生。刚走出校门，孙伟和其他同学一样，满怀信心地踏上了求职的历程。

孙伟第一次去的是某大型公司。那天上午，他兴致勃勃地来到该公司人事处，看见里面有两个人，孙伟说："我是来应聘的，请问要找哪位？"

其中一位领导模样的先生客气地接待了孙伟，听完他介绍的情况，说："你学的专业和我们公司的业务非常对口，而且我们很急需这个专业的人才，但不巧的是，我们单位正在搞体制改革，有很多人要重新安排工作，我们已经研究过了，今年不再招人，实在抱歉。"

孙伟又来到第二家单位——某塑料机械厂。该厂人力资源的工作人员让孙伟写了一份简历，然后告诉他："你先回去，我们研究以后再给你答复。"

孙伟问："我什么时候能得到你们的答复？"

"我们最近忙于工程师等级职称评定工作，过一个月你再来吧。"

按照这种方法，孙伟又连续跑了七八家单位，但都乘兴而来，扫兴而归。

出现这种现象的主要原因是孙伟对市场需求没有进行认真分析,求职时没有目标,盲目冲动,行事成功率当然就低。因此,我们建议求职者在访问用人单位之前,最好先了解有关就业的市场现状和需求。

对大学毕业生来说,首先一定要了解清楚国家主管部门、各省(自治区、直辖市、中央各部委)有关部门和各自学校的就业政策,包括就业体制、程序、时间;吸引本地区急需人才的优惠政策;对外地大学生流入本地区的政策及相关的人事代理、户籍制度,国家为增强就业出台的一系列措施,如"三支一扶"、大学生村官、各地选调生政策等。特别是委培生和定向生更需如此,知道这些部门的信息发布渠道,关注就业的相关政策,少走弯路,避免不必要的损失,以利于自己顺利就业。

2.展望未来对人才需求的形势

21世纪的热门职业随着知识经济时代的来临,与传统热门职业相比正发生着重大变化。如果说第一次现代化是从农业社会向工业社会转移,那么此后的第二次现代化则是从工业社会向知识社会转移。第二次现代化将贯穿21世纪,与我们息息相关。

当我们跨入21世纪时可以发现,知识化、网络化和国际化是我们面临的新时代的特征,与之相对应的,未来热门职业主要有以下几大类。

物流师

物流业是我国当前发展的一个热点,涵盖了国民经济中的海陆空交通、运输、仓储、采购、供应、配送、流通加工、信息、第三方物流、连锁销售、制造业以及与物流相关的众多行业。目前,我国物流人才供不应求,物流从业人员当中拥有大学学历以上的仅占21%，许多物流部门的管理人员多是半路出道，很少受过专业的培训。

注册会计师

目前，我国有注册会计师7万多名，而根据我国经济高速发展的需要，至少急需35万名注册会计师。就是在已具备从业资格的7万多名注册会计师中，被国际认可的不足15%。巨大的需求缺口，使注册会计师成为未来几年我国炙手可热的人才。

营销师

由于我国市场经济体制不断完善，市场营销已经渗入各行各业，人们对市场营销的观念也将有更深刻的认识，所以市场对这方面人才的需求将被继续看好，并有继续升温的可能。

环境工程师

城市快速扩张，市政建设的更高要求和房地产建设的飞速发展，使得我国环境工程师的需求量大大增加。有关资料显示，目前我国环保产业从业人员仅有13万余人，其中技术人员8万余人。按照国际通行的惯例计算，目前我国在环境工程师方面的缺口为42万人左右。

理财规划师

资料显示，目前，一方面社会对金融理财的需求非常急迫，市场需求潜力巨大；另一方面，理财产品明显捉襟见肘。理财师能够为客户提供全方位的理财建议，通过不断调整存款、股票、债券、基金、保险、动产、不动产等各种金融产品组成的投资组合，设计合理的税务规划，满足居民长期的生活目标和财务目标的人才，更是难求。

国际商务策划

21世纪，商务策划将成为发展前景最好、收入最高、就业最稳定的热门职业之一。当前中国企业最缺乏的人才就是能提供商务策划的企业军师，这些军师必须是具备丰富的商务经验且善言谈或笔谈的人，善于独立思考且洞察力和创新意识较强、能产生好点子或新建议的人，熟悉行业的运行机制且有行业发展战略眼光、能帮助企业克服转型危机的人,这些人总是能够在各自的领域不断地提供新创意、新设想,能够发展更有战略价值的新领域、新课题、新产品,不断形成人无我有的优势,也因此成为最受欢迎的人才,这些人往往可以获得商务策划师认证。

管理咨询师

管理咨询师针对企业运用管理学的原理,进行从战略策划到战术运用的系列顾问活动,包括对企业CIS、人力资源、流程再造、组织结构设计、营销等方面进行策划并指导实施。专家指出,我国目前管理咨询专业人才严重短缺,在未来10年中,我国管理咨询专业人才的需求以每年10倍的速度增长。

律师

据不完全统计,目前我国取得职业律师资格的有近13万人,而聘请律师的企业仅占全部企业的千分之几,无论是数量还是质量都远远不能适应社会的需求。尤其是我国律师队伍中高层次、高技能、复合型人才短缺,从事国际性律师业务员的专门知识和服务经验不足,在涉外法律服务市场的竞争力较弱。

精算师

精算师与会计师、律师和医师等职业相比,是一种人数不多、专业性更强的职业。在中国目前只有400多名精算从业人员,正处于一个供不应求的状态。

心理医师

随着社会的进步,生活水平的普遍提高,人们越来越关心生活的质量,不仅注重吃、穿、玩、身体健康、家庭和睦幸福等,还注重心理健康。健康包括生理健康和心理健康,这在我国已形成共识。由于生活节奏加快,人们劳动的频率尤其是脑力劳动的频率也相应加快,心理负荷加重后心理疾病也就相应增加。没有心理疾病的人也渴望在强大的物质异化下加强人与人之间的沟通。我国目前每1万人中就有5名心理医师,但仍然忙不过来。从事有关心理咨询的热点电话、热线电台、热线广播报刊也越来越多，这也是国人注重生活质量的一个折射。心理咨询是一门科学，并不是随便什么人都能当心理专家的。随着国民素质的提高，人们对心理咨询的科学性的要求也会越来越高。

网络服务

在我国，信息服务业的发展已经有20多年的历史，但从业人员数量还不多。到2020年，我国将建成全球最大的信息服务网，从事网络信息服务的人员需求量将会激增。

医药销售、中西医师

进入21世纪以来，全球现代医药技术产业继续呈高速增长态势，现代生物技术产业已经成为医药产业新的国际竞争焦点。同时，人口的老龄化和人们生活的日益富裕，使医疗卫生业中的医药销售、中西医师成为21世纪初最赚钱的职业之一。

3.尽量采用能为人所理解的离职原因

一般情况下，用人单位发出一份招聘启事，总是有几倍甚至几十倍于所要招聘人数的人前来应聘，但最后能通过用人单位筛选过关的，总是寥寥无几，那么多人被淘汰，就是因为他们不符合HR的选人标准。

在现实生活中，求职者从一家公司辞职到另一家公司会有种种原因。但在HR看来，有些原因是可以接受的，有些原因则是不能接受的。求职者在阐述导致自己辞职到一家新公司的原因时，应尽量强调一些积极的原因，不要过于详细地纠缠在以往工作中的消极方面去解释你为什么辞职。

李光明在杭州某广告公司工作了6年多，工作能力很强，在业务上是一把好手。但他与上司的关系处理得不太好，因与上司长期不和，李光明忍无可忍，最终选择了跳槽。在朋友的推荐下，李光明面试了好几家公司。无一例外地，招聘人员都问到了他跳槽的原因。

刚开始，李光明直言相告，却都没能应聘成功。朋友打探后告诉李光明，对方觉得他业务能力不错，但却因"与上司不和"这一点被一票否决了——与领导关系都搞不好，可见不会处理人际关系。

于是，李光明吸取了教训，将离职原因改为"收入太低"。但是，他的求职情况并没有因此而好转，后来他去应聘的几家单位却仍不敢要他。朋友了解后告诉李光明，对方怕被他当作"过渡"单位，一有更好的单位挖墙脚，他就可能再次跳槽。

李光明头疼地说："'为什么跳槽'真是个难解的谜，怎么回答，都有可能被招聘单位抓'小辫子'。"

对此，职业指导专家给出的意见是：尽量淡化敏感答案，不给招聘人员留下猜测的余地。

曾有调查表明，目前在面试中常见的离职原因包括：人际关系不好处理、收入不合期望、与上司相处不好、工作压力大等。但从企业招聘方来看，这些原因都或多或少地包含求职者本身的因素，可能影响将来的工作发挥，如与同事及客户的人际关系、薪水问题、不能承受竞争等。因此不建议采用此类原因。

求职者应尽量采用与工作能力关系不大、能为人所理解的离职原因，如为符合职业生涯规划、上班太远影响工作、充电、休假、生病等。

避免敏感答案，并不意味着欺骗，如招聘人员问及细节问题，应如实回答。否则求职者的诚信度可能大打折扣，成功的可能性更小。

实践表明，下面这些辞职原因是最容易被HR们所接受的。

(1)寻求更大的发展空间

"我在那所学校工作得很开心,但仅一年之后,其他的老师就跟我说,我工作得非常好,他们都希望我能担任部门领导。但是很遗憾,在任领导根本就没有要辞职的迹象。因此我认为要继续发展,我只能再找一所新的学校。"

(2)想接受更多的挑战

"我管理那家公司的中型账户,很快就可以解决财务难题了。一年的工作让我意识到我需要更多的挑战,只有这样才能保持对工作的激情,因此现在开始寻找新的工作。我还是想管理差不多类型的账户,只是在性质上要更为复杂点。"

(3)寻求更好的保障

"我之所以进入那家公司,是因为我觉得它可以为我提供稳定的工作环境。但是很遗憾,公司进行了好几轮裁员,我认为无法在公司的环境里最大限度地发挥我的工作潜力,因此我想加入一家更加稳定的公司。"

(4)寻求自我发展

"我的目标一直都是从事常务管理工作。从上一份的工作中我拥有了丰富的开销管理经验,但是我没有收入管理经验。所以我特别想找一家公司从事销售和市场方面的工作。"

有的时候采用其中一种方式回答就可以,有时需同时采用几种方式组合回答,但不管你怎么回答都可能有一定风险,因为HR还会追问下去,因此你还必须准备好对你当时有利的解释,当然这种解释不局限在这一道题中,而是可以渗透在整个面谈的过程中。这就要求求职者会"抓题",在面试前把答案想好,并做好应答策略部署。

4.对职业空白期要做出合理解释

3年前，王小波大学毕业后曾就职于一家著名的咨询公司。但公司高强度的工作让他渐生不满，王小波于去年春天辞职了。他的计划是先给自己放个假，去心仪的尼泊尔旅游，然后在家自学财会知识，秋天考CPA，年末去四大会计师事务所做审计。"但我把事情考虑得太简单了，财会根本没有想象中的容易。进四大会计师事务所的梦想也随着年末一封封拒绝信的到来，全部破灭了。"王小波后来这样无奈地说。

让王小波更为头痛的是，今年再找工作时频频遭遇不顺。"很多HR都问我为什么简历上有一年是空的，还觉得我以后在新岗位上也不会稳定。"

事实上，在现实生活中，像王小波这样的求职者有很多。他们的职业生涯中因为种种原因，可能会有一段"空白"，有的人不会把这段"空白"写进简历中，他们认为：在激烈的竞争中，让用人单位知道自己有一段时间没有工作，会使找工作变得更困难。可是没有工作的那段时期应该怎么写呢？在简历中胡编乱造吗？

对于职业生涯中的"空白"，最好不要胡编乱造，因为所有的谎言都会不攻自破的。当然，老练的HR会很快找出你简历中一目了然的工作间歇期，并询问你间歇的原因，你不用太多担心，只需提前准备好如何作答即可。

最近，准备换工作的王宏伟在应聘一家公司的部门经理时，人力资源部负责人对他的一段半年没从事任何工作的职业"空白"期产生了"兴趣"，便问他,这段没有列出来的时间是如何度过的,实际上,王宏伟在这段期间一直没找到合适的工作,但他又不好意思直接说自己这半年来是在"混日子"。面对这段简历上的"空白时期",让他觉得无比尴尬,难以启齿。结果可想而知,当他支支吾吾想编造一个合理的解释时,用人单位已经对他的印象打了折扣。

在这种情况下,求职者要对长期的职业"空白"做出说明。如果用人单位通过查询求职者的原用人单位,发现求职者掩盖了几个月的失业期,那求职者可就坏事了。职业指导专家对此建议,求职者可以用年份代替月份来掩盖一些空闲期,但如果空白就发生在求职者的上一份工作到目前的这一段时间内,求职者就一定要在简历中做出诚实的解释。

现在用人单位的招聘审核制度越来越严格,人力资源部门在录用新人时,除了看简历上的内容外,还要核实简历内容的真实性,与应聘者原就职企业的沟通成为整个招聘环节之一。有一家外企的人力资源部主任这样说:"如果被用人单位发现简历或者面试过程中有不诚信的行为,那么即便求职者个人素质再高,用人单位通常也是不会考虑的。"

那么,如何解决职业空白期这个尴尬的问题呢?还是回到我们做人的基本原则上来:"诚实就是最好的战术。"

应对这个"尴尬时期",最好要准确定位职业方向,让空白期体现职业价值。面试过程中,如何较好地回答HR有关职业空白期的问题是求职者必须面对的。处理这一敏感问题最好的方式,就是诚恳地表述事实,同时恰如其分地体现职业空白期对于新工作的价值。求职者要体现职业空白期的价值,可以表示自己在这段时间对自己的职业生涯做了重新定位和规划。思考自己更适合做什么,目标岗位需要自己拥有什么,这些或许也会对所应聘的新的工作增加筹码。

5.了解用人单位的具体情况

了解你所要选择的用人单位,是求职过程中比较关键的一个环节。据调查显示,如果用人单位的HR发现求职者对自己单位不熟悉,那么75%左右的考官不会对求职者产生好感。因此,面试前,求职者要详细了解用人单位的工作性质、业务范围、行业特点及发展前景等相关信息,以便在与HR交流中更好地展开互动,并给对方留下良好的印象,从而把握住成功的机会。

一家杂志社要招聘一名记者,小马是10名入围者中的一员。作为一名刚出门的大学生,无论从学历、工作经验上看,小马都无法与其他竞争对手相比,唯一值得提到的一点是,他曾经主办过校报。

面试前,小马找出该杂志社的几份报纸,仔细琢磨该报纸的风格、特色、定位以及主要专栏等,尽量做到心中有数,他还记下了一些常在报纸上出现的编辑、记者的名字。

面试时,当考官问他:"你了解我们的报纸吗?"小马把对该报的认识详细地讲了一遍,包括它的风格、特色、定位、不足的方面,还列举了一些编辑、记者的写作风格和专长。

说罢,小马拿出该杂志社出版过的报纸,放到主考官的面前。考官被报纸上的红色笔迹吸引了,原来小马早已对这份报纸做了修改,修改的内容包括用词、错字、语言紧密性、题文不符等。主考官与其他招聘人员都对小马的做法感到很吃惊。

面试结束时,小马才知道,在座的几位招聘人员都被他提到了,而且评价得相当准确。最后小马把自己主办过的校报挑了几份，分发给各位招聘人员，请他们提出宝贵意见，并说："就当给我们学校做个广告。"评委们不由对眼前这位刚出校门的大学生产生了好感。一星期后，小马接到了该杂志社的录用通知。

可见，求职者只有详细了解用人单位的具体情况，做好积极的准备工作，面试才有可能获得成功。相反，如果对用人单位的情况一无所知，面试时必败无疑。

在一次招聘会上，一家化妆品公司的招聘主管让应聘者说出几款该公司代理的品牌名字，没想到求职者一个都答不出来。这位招聘主管说："应聘者对公司这么陌生，甚至在求职前都不去了解公司的基本情况，很难想象他们对自己的职业生涯有规划。这样不负责的人，我们肯定不会录用。"

无独有偶，一位学市场营销专业的本科毕业生，满怀信心去应试美国在广州投资兴办的"雅芳"公司的销售人员，他原以为"雅芳"仅仅是这家公司的名称而已，根本不知道"雅芳"是女性化妆品的注册商标。因此，在面试时当美方HR人员问他为什么应聘该公司时，他不假思索地回答说："我喜欢雅芳公司。"弄得严肃的HR人员忍俊不禁，结果也就可想而知了。试想，一个对其产品一无所知的人，怎么可能会被录用呢？

看来，对用人单位不了解，会使求职者在面试过程中处处被动。求职过程中，如果不对用人单位的业务背景有个大致的了解，甚至不清楚用人单位究竟是做什么的，就贸然向该公司投简历或参加面试，遇到尴尬的局面也就不足为奇了。所以，求职在面试前要对用人单位进行调查研究，了解用人单位的具体情况，这是获取有用信息的必要和有效手段。

面试有一个很重要的评价要素，就是求职动机。如果主考官问："你对我们单位了解吗？"对于这样的问题，回答绝不仅仅是个技巧问题，因为它没有什么标准的答案。如果你没有进行调查研究,你的回答很可能不着边际,你可能自以为回答得很得体、很巧妙,而实际上却答非所问。面试过程中,你回答的每一个问题都要有根据,从客观实际出发,这个客观实际就是指用人单位的具体情况,若离开这一点,你的回答就失去了根基,你的成功也就失去了保障。

6.诚实是衡量一个人品行的尺子

"说老实话,做老实事,当老实人",这曾是老一辈人的为人信条。但今天,这一信条却大不为一些人认同了。说假话、办假事,成了现今社会的一大痼疾,就连求职应聘也正在遭遇这样的考验。

国内一家小有名气的公司要招聘销售部经理。招聘启事上除了要求学历、年龄等基本条件外,还特意强调要口才好,英语口语佳,有一定的社交能力。刚从某名牌大学毕业的吴名扬几乎占据了招聘启事上所要求的一切优势:他所学的是市场营销专业,又是校演讲比赛中的获奖者,英语更是他的强项。由于体味过求职的艰辛,他暗下决心:一定要得到这份工作。

顺利地通过笔试后,他和为数不多的几个求职者来到一家宾馆的客房里进行面试。虽然很怀疑为什么面试不在公司里却要选择在宾馆,但面对着陷在沙发里的那个正在打量他的精明的老板,他还是从容自若。显然,面试的结果是很让吴名扬满意的。在流利而从容地回答完老板提出的各种出人意料的问题后,老板向吴名扬微笑道:"看起来,你还是很有能力的,就是太年轻了点,得学着交际呀。刚从学校里出来,只有在社会上学几年,才能机灵些。不过没关系,我可以慢慢培养你。"得到这样的暗示,吴名扬真有点受宠若惊,连忙回答说:"好,谢谢您的栽培,我一定好好跟您学。"走出房门,吴名扬的心里充满喜悦。

果然,不久那家公司的秘书小姐打来电话,要吴名扬去公司面谈工作事宜。秘书小姐在告诉他公司的详细地址后,又特意加上一句:"千万不要迟到,我们老板最恨不守时的人。"第二天,吴名扬兴高采烈地提前半个小时找到秘书小姐电话里告诉他的地址后,却无论如何也找不到那家公司。问周围的路人,也都摇头说这里从来没有这样一家公司,吴名扬不由得怀疑自己是否听错了地址。情急之下,想打电话核实一下,却又一时忘记了那家公司的电话。他匆匆地打车赶到面试的那家宾馆,那里的人却说房间早就退了。

吴名扬沮丧地回到家,他实在想不出究竟是哪一个环节出了差错,最可能的便是记错了地址。他想起了那天面谈时老板最后说的那几句话:"哎,人家就是有些嫌我社交能力不强,不能随机应变,我就偏偏连公司的地址也找不到。老板讨厌不守时的人,我就偏偏违约,这回工作算是没希望了。"

晚上,就在吴名扬胡思乱想的时候,忽然电话铃响起来。拿起话筒一听,原来是那家公司的老板打来的:"是不是我的秘书忘记通知你了?她呀,就是这样马虎,真该炒她的鱿鱼了!"听着老板的话,吴名扬犹豫了一下,还是顺着他说了下去:"哦,不要紧的,我们可以再找个时间面谈。"吴名扬就这样,以默认的方式把所有的责任都推到了那位秘书小姐的身上,虽然错误不在她,虽然也许她要为此付出丢掉饭碗的代价,但吴名扬实在不敢对那位精明过人的老板说出实际上是他没有找到地方。因为他怕自己会因此丢掉这个工作,而他实在太需要这份工作了,电话那端,是老板爽朗的笑声。

又一次端坐在老板的面前,但是这次是在办公室,老板仍是满脸让人捉摸不透的笑:"年轻人,让我介绍一下,这是我新聘的销售部经理。"吴名扬发现,他身边坐着的那个其貌不扬的中年男子,曾经是他的竞争对手。现在,这个中年人赢了,但是吴名扬却莫名其妙地输了。

一时间,吴名扬的心里五味俱全,但还是强忍着听老板说下去:"年轻人,你知道吗,在这些人里,你是最有能力的,我却没有选择你,我之所以在十几年的时间里由一个穷光蛋到拥有这样规模的公司,你知道为什么吗?除了机遇、能力外,只因为我诚实,我一直有良好的信誉。而我的员工,尤其是直接同客户打交道的销售部经理,更要有这种品质。其实,我的秘书告诉你的地址是假的,你们根本无法找到我的公司。我给你们打电话,只是想知道在那一瞬间你们的反应,因为那最能看出一个人是否诚实。结果,只有一个人没让我失望。虽然他的能力不是最高的,但他是最诚实的,所以我选择了他。"

吴名扬低着头,无言以对。

诚实,这是我们从小就听惯了的字眼,几乎每篇故事里都在教育我们要有这种优秀的品质。然而,不知从何时起,我们被功利遮住了眼睛,慢慢地忘掉了那些故事。其实,正如许多成功的大企业家所言,他们的成功,很多源于我们在儿时曾经拥有过的诚实,许多应聘者却为不诚实付出了代价,失掉了心仪已久的工作。

诚实是衡量一个人品行的尺子。这把尺子,适用于所有人。诚实守信不仅是员工个人品行的证明,它还关系到员工将来是否能保守公司秘密,会不会损害公司利益等。因而许多老板,通常在面试中会采用各种各样的方式来判断应聘者是否诚实。最常用的办法就是根据应聘者在简历中列出的工作、教育经历或证书名称向其提问,看其回答是否能够让自己满意。如果一旦发现应聘者不能作出合理的解释,或者在说假话,不论他能力有多强,都坚决不会聘用。

7.态度比能力更重要

　　冯宇大学毕业后,参加了几次招聘会,但都没有结果。有一次他独自走进人才招聘市场,在翰林文化公司的招聘台前,他被公司提供的优厚待遇吸引住了。

　　翰林文化公司招聘的名额只有4个,可报名应聘的却有200多人。

　　初试中,公司的面试官给应聘者每人一张白纸,要求每个人写3个字。

　　这道看似简单的试题,难倒了众多的求职者。简简单单的三个字,没有任何要求,没有任何范围,想写什么就写什么。

　　正在热恋中的冯宇,想了想,觉得"我爱你"是再合适不过的三个字了。它的含义比较广泛,比如,爱公司、爱工作、爱岗位……

　　写完这三个字,在一旁的应聘者不由地笑起来:"这是找工作,不是找对象。"冯宇没有做过多的解释,工工整整地填上自己的名字,交给了面试官。

　　三天后,翰林文化公司通知冯宇进行复试。公司老总拿着那张纸条问冯宇:"你为什么要写这3个字? 当时是怎么想的? "

　　冯宇就将自己当时想到的全盘说出,室内一片掌声。公司老总说:"是啊,找工作跟找对象一样,当你遇到自己喜爱的女孩时,只有全身心地对她付出你的爱,才能赢得女孩的欢心……"

　　由冯宇的故事我们可以联想到,求职时的态度就是求职者的另一种能力。同样的能力,在不同的态度下,发挥的作用是完全不同的。

王肃去应聘一个会计职位。由于有关相关工作经历和较高的职称,她的竞争对手们纷纷被淘汰出局,剩下一个其貌不扬的人与她去进行最后的面试。

该企业的会计主管接待了她们,他拿出一堆账本,要她们统计一下某个项目的年度收支情况。约一个小时左右,王肃完成了任务。15分钟后,王肃的竞争对手也完成了。会计主管叫她们在一旁等待。然后拿着她们的"试卷"去了老总的办公室。

结果令王肃吃惊和恼火的是:她没有通过面试。

王肃不服气地问面试官:"我为什么落选?"

会计主管回答:"你没有做月末统计,而她不但做了,还做了季度统计。"

王肃又问:"不是要年度统计吗?"

会计主管笑道:"是啊,但年度统计数据应该从每月合计中得到,这不算什么会计学问,但反映了做会计的严谨态度。也许你们能力相对,所以,我们最后要看的就是各人的态度了。"

从这次面试以后,"态度"一词在王肃心中生了根。

张立国毕业于江南某知名院校,4年中拿下了所有该拿的证书,该得到的荣誉也全部得到,最后一年竟然拿了12个证书,这在很多人看来是不可思议的事情。因此,成绩一贯非常优秀的张立国理所当然地觉得自己有这个条件去炫耀。

第一次去招聘会的他就显得格外有信心。他去的第一家公司是家电子公司,那家公司当时还只是一家在IT圈内小有名气的企业,根本算不上什么大企业,张立国之所以选择它,是因为他是杭州人,而且这家公司就在自己的家门口,就是图个方便。他应聘的是市场部。

张立国因为在校期间成绩优秀,又有那么多证书支撑,所以他心高气傲,根本看不上这样一家公司,但是为了在家工作,他还是决定去这家公司看看。

第二天,张立国随便穿了套衣服便神气活现地来到应聘地点,接待他的是一位小姐。这位小姐先让他先进行理论笔试。张立国拿到试题后,发现这些试题全是一些基本知识,他很快就完成了,并感到很满意。那位小姐看了他的试卷之后,就礼貌地告诉他下周三到总经理办公室面试。

还没到电梯口他就得意地对同来的同学说:"来这么一家公司我是不是有点屈才了,要不是考虑离家近,这种单位我是不会考虑的。"这时,电梯里出来的一位西装革履的青年人对他说:"小兄弟,做IT可不能太浮躁啊。"对这一善意的提醒,张立国一点也没放在心上,还想这个人是不是有点多事啊。

面试那天,他由于前天晚上玩通宵起得晚了,去那家公司时还迟到了。而走进办公室时,他发现耐心地等待最后一个面试者的那位,竟然就是那天在电梯口碰到的青年人……后来的结果自然不必多说了。

面试时,求职者的态度其实就是一个招牌。同样的能力,在不同的态度下,会导致完全不同的未来。态度是求职者的一种招牌,有时比能力更重要。

8.勇敢地克服自卑情绪

求职者的自卑和定位不准是求职者面试的大敌。

邢文静去一家外资公司应聘求职。她通过了一道道面试关后,剩下一个和她竞争的男性求职者。

面试官是个外国人,在与他们的闲聊中,只是非常随便地问了三个问题:"你们会打羽毛球吗?"

男求职者说:"我会打。"

邢文静答道:"我打得不是很好。"(其实她羽毛球打得非常棒。)

面试官又问:"会开车吗?如果为你们配一辆小汽车,在一星期的时间内,有没有把握学会开车?"

男求职者说:"一个星期的时间内,我有把握开车上班。"

邢文静说:"这我可不敢保证。"(尽管她在学校时已经拿到驾照。)

面试官再问:"我的厨房里现在只有蔬菜,你们谁愿意给我做几道拿手的好菜,我这个人不挑剔。"

男求职者立马站起来说:"没问题,我这就给你做去。"

邢文静犹豫了一会儿,最后才腼腆地说:"我做得不好。"(其实她能做出色香味俱全的菜肴。)

面试官最后录取了那位男性求职者,因为这位男性求职者回答问题的语气和态度,受到了面试官的好评。

你想知道这其中的原因吗?

邢文静墨守"谦虚"是最大的美德的古训,如果从更深一层来讲,她内心有点自卑感,面对机遇不敢迎接挑战。求职者在面试中,要勇敢地克服自卑情绪,敢于展示出自己的特长,更要善于去推销自我,只有这样才不怕在求职中受挫。缺乏自信心的求职者会让面试官产生"此人学习能力差、推诿塞责"的联想,结果肯定是不受欢迎的。

每个求职者的心愿,就是找到自己喜欢的工作,在实现这个愿望的过程中,付出与回报是不会成正比的,关键在于用什么样的心态去付出,选对了心态,前途就是光明平坦的,选错了态度则会陷入泥泞崎岖的沼泽里。

　　张建飞是一名应届毕业生,还没有毕业的时候,就一直担心自己找工作的问题。总感觉自己的专业不是需求热门,上的学校也太普通,在求职的时候没有任何竞争优势。加上现在的就业形式不乐观,上届毕业的学生也没有几个能找到如意的工作,有的到现在还没有稳定的工作。在这样的求职环境下,张建飞更是忐忑不安,对找工作没有一点信心,就连简历制作也成了他的心病,不清楚自身有什么优点和特长可以介绍,越是这样他就越没有了自信。最后,简历倒真成了他的简单经历,就这样发送了出去,当然也是石沉大海,求职无门。

　　求职其实是一个怎么样去推销自己的过程,在这个过程中求职者要做的无非是如何让用人单位认可自己。要得到用人单位的认可,求职者首先得有信心,如果连自己都认为自己不行的话,那又如何说服用人单位接受你?

　　其实,每个求职者都有着不同于他人的自身优势,就看自己会不会去挖掘,别人不行,不等于自己不行,不要让一些消极的情绪控制了自己的信心。

9.广泛搜集就业信息,赢得择业的主动权

　　找工作的第一位是获取信息,不了解哪里需要人,哪个职位适合你,何谈应聘求职?所以,对求职者来说,最关心的莫过于能及时得到更多的就业信息。

　　从一般意义上讲,谁能拥有更多、更有效的就业信息,谁将赢得择业的

主动权。

只有当求职者掌握了大量的用人单位的资料时，才有可能经过加工、整理、分析、对比，作出最佳选择。

所以搜集就业信息要做到"早""广""实""准"。

"早"就是搜集信息要及时，早做准备；"广"就是信息面不能太窄，要广泛搜集各方面、不同层次的就业信息；"实"指搜集的信息要具体；"准"就要做到准确无误。

有些求职者由于没有经验，求职方式以及获取信息的渠道非常单一：有的只从亲戚或朋友口中获取信息；有的只从招聘会上获取信息；有的只从报纸上获取招聘信息；有的整天坐在电脑前从互联网上寻找信息……显然，获取信息的渠道太单一，当然就业的机会也就少了。

在求职过程中，获取信息的渠道很多，下面介绍几种：

(1)主动与用人单位联系或通过社会实践获得信息

求职者通过电话咨询、登门求访、信函询问等方式，或者在毕业实习、参加社会实践活动中，对相关单位的人才需求情况进行了解，也可以获取所需要的就业信息。

(2)学校毕业生就业指导机构

学校的毕业生就业指导机构专门从事毕业生就业的指导、咨询和安置工作，是毕业生获取求职信息的主要渠道。学校的毕业生就业办公室和毕业生就业指导中心，同上级主管部门和有关用人单位保持着广泛而密切的联系，而且经过多年的工作实践及常年合作，已经形成了稳定的关系。

(3)传播媒介

传播媒介不仅传播速度快，而且涉及面广。因此，许多用人单位均通过新闻媒介，如广播、电视、报纸、杂志等，介绍企业现状、发展前景及人才需求情况。这对求职者来说是一个巨大的信息源。

(4)就业市场

就业市场拥有大量的职业需求信息,这些信息主要包括:职业供求分析和预测信息、最新的劳动就业政策法规、岗位空缺信息、职业培训信息以及其他就业市场信息。只要你把握好机会,就会有大收获。

(5)社会关系

一般来说,社会关系主要包括:亲戚;父辈的同学、同事及朋友;邻居和周围的熟人;以前或现在的老师、校友;其他求职者等。尤其值得注意的是,老师能够利用老同学、自己的学生、科研伙伴、协作单位等关系,获得具有针对性的信息,这些信息经过老师的筛选,可靠性较强,而且与毕业生的就业意向和所学专业较为一致,对于毕业生求职择业是非常有利的。

(6)互联网

互联网是近年来兴起的新的沟通传播方式,网上求职的特点是信息流量大、更新快、用人单位和求职者交流便捷、迅速。目前,教育部、劳动人事部门、各级各类学校部分商业机构都在互联网开辟了专门网站,设有"就业政策"、"就业指导"、"人才数据库"、"人才站点导航"、"信息服务"、"推荐网址"等栏目,求职者由此可以方便快捷地获得用人信息。

10.看懂报纸的招聘版

在报纸和刊物寻找职位信息是最传统和常见的求职方式之一。由于报纸具有覆盖面广、信息量大、传播及时、售价低廉等优点,因此曾是求职者的首选媒介。

近年由于互联网的普及,这些传统媒体的影响力日趋减少,再加上报纸刊登的招聘广告时常包含虚假信息,人们对报纸求职越来越不信任。

但是我们不要轻易地就放弃这条途径,要知道,多一条途径便多一份机遇。合理地利用报纸和杂志,说不定会带给我们意想不到的效果。

通过报纸来求职包括两种方式:一种是在报纸上搜索招聘信息。我们平时可以通过一些专业的招聘报纸或其他一些报纸的招聘栏目来搜索适合自己的一些招聘信息,然后根据上面的联系方式打电话咨询。

当然还有一些单位仅留了一个电子邮箱,我们可以把简历发过去,如果你是对方要找的人,他们会主动通知你去面试,但是也会有一些骗子公司,这一点我们一定要注意。

很多报纸会对求职招聘进行报道,方式有以下几种:

(1)新闻报道

求职招聘报道上经常会有有价值的新闻,报道求职招聘传播最新资讯、解读求职招聘的政策形势是报纸的工作。求职者可借此了解宏观的就业形势、热点职位、行业信息等。

(2)常规的求职招聘报道

报纸经常设置一版或半版的版面专门做求职招聘栏目,此类报道注重服务性和指导性。常规的求职招聘报道一般涉及关于求职技巧的把握,职场中如何应对自如,如何进行职场规划等服务性内容。分析求职招聘中的问题,细心的读者,可以从中学到不少东西。

(3)求职招聘专版

由于周末是各个招聘会举办的时间,为符合人们的阅读时间安排,报纸都会在这个时候设置求职招聘专版,为求职者提供大量的信息。

在求职时要学会从纷繁复杂的广告中找到对自己有用的信息,掌握阅读的技巧很重要。选择什么样的广告是阅读的前提,求职者不可能把一份广告都读一遍,然后作出比较和选择。

学会辨别招聘信息也很必要。从形式来看,大型企业、知名企业的信息设置在醒目的版面,所占面积大,印刷精美。这既反映了这些企业实力强、影响大、需求的员工知识层次高、能力强的特性,也是企业间接的广告传播方式。

不过，对于特别耀眼的求才广告，要谨慎对待。因为这些广告多半经过专业广告策划和专家的指点，将广告内容包装得既引人注目又魅力十足。求职者在阅读时，必须避免被其外表迷惑。

(4)分类广告

最便捷、费用最少的广告形式。大量的信息密集排列有助于求职者比较各类信息，选择适合自己的单位。但由于报纸编辑的把关工作有难度，许多企业信息的真实性难以保障，虚假的求职招聘信息常以这种形式出现。

11.让你脱颖而出的网络求职技巧

网络求职是广大求职者找工作的一种重要的途径，就是通过互联网找工作的求职方法。求职者通过互联网查询招聘信息，填写求职信和个人简历，并通过E-mail或者网上提交系统提交给招聘单位。用人单位在获得求职者的求职信息后，决定是否给予求职者面试的机会，以进行下一步招聘工作。

小李是华东师范大学文学院大四学生，最近开始为找工作的事忙碌。除了参加日常招聘会外，她把大量的精力放在网络求职上，几乎每天都花2小时以上的时间在网上投简历，与用人单位沟通交流。

生活中，和小李一样利用网络求职的人很多。

由于科技的发展，现在信息的网络化日益显著，网络已经成为我们工作、生活、招聘、求职必不可少的帮手，所以在网上找工作已经成为广大求职者必选的途径。

然而，利用网络求职也需要有一定的技巧才能让你脱颖而出：

写好求职信、简历

求职要备好中英文简历与求职信，简历是个人自传，求职信是写自荐文章。你的目标是怎么给对方留下深刻的印象，怎么从众多申请同一职位的求职信和简历中脱颖而出。除了证明你是求职者中最好的一个，还要证明你是最适合、最"配套"的一个，以此争取获得面谈的机会。

求职信内容的语言要根据所求职业特点，说明你有符合这个职业的优势，还要有创新，吸引HR的眼球，产生试用你的意愿。切忌千篇一律，照搬网络。

写简历一定要采用倒叙的方法，从最近的时间写起。把与申请职位有关的工作经历进行主要描述，适当时，可以采用加重的方式，凸显重要信息。

写个人简历的一个原则是要有重点。如果简历的陈述没有工作和职位的重点，或是把自己描写成一个适合于所有职位的求职者，你将无法在求职竞争中胜出。

另一个原则是简历就是推销你自己的一份广告，要能够多次重复最重要的信息。在简历上，陈述你性格上的最大优势，然后再将这些优势结合你的工作经历和业绩的形式加以叙述，以争取更大的机会。

另外，简历一定要配照片，这个是细节，照片就是第一印象，有时会增加HR对你的好感，自然增加你的分量。

搜集网络招聘信息

招聘网站：专业的招聘网站常常不乏知名企业的招聘信息，另外还会根据情况举办不同类型的网上招聘会。同时，一些专业的招聘网站会提供职位的职责与任职资格的参考。

企业网站：一般来说，知名企业网站的招聘专区中，会常年公布一些岗位需求信息,对岗位职责以及对求职者的要求描述得比较详尽。求职者如果对知名企业感兴趣,可以利用搜索引擎查询到你要的网址。进入公司网站后,找到相应的人才招募区即可。

大型综合网站或行业网站:许多大型综合网站和行业网站也设有人才频道(招聘频道、求职频道),求职者在浏览这些网站时不妨多留意里面的招聘信息。

不要只应聘最近三天的职位

一般求职者认为刚刚发布的最新的招聘信息肯定是成功率最大的,其实不一定,有些单位可能是因为某些事情没能及时登录刷新招聘信息,所以求职者在搜索职位时刚刷新的职位会排在前面,其实这些职位的应聘者多,竞争大,相反,一些职位已经是半个月甚至两个月前的,应聘者少,成功率反而高。

如果不是用人单位特别要求,不要把简历贴在附件里发送

一是因为邮件太多,有时看邮件的工作人员不愿意打开;二是因为电子邮件病毒流行,许多用人单位不愿打开电子邮件的附件;三是因为格式的不同,有些附件在用人单位那里可能打不开。同时,要注意把简历转化为文本文件,不要出现字词及语法类的错误。

经常刷新简历

当人事经理搜索人才时,符合条件的简历是按照刷新的时间顺序排列的,而人事经理一般只会看前面一两页的简历。很多求职者其实并不知道刷新简历可以获得更多的求职机会。因此每次登录网站,最好都要刷新简历,刷新以后,简历就能排在前面,更容易被HR看到。

不要同时在一家公司应征数个职位

一般来说,在用人单位看来,你越是对某一职位志在必得,他们会越感觉你是认真的。相反,如果既应聘文秘,又应聘程序员,还应聘推销员,他们会觉得你对这三个方面都不是很精通,样样通,样样松,这样应聘的成功率自然也就低。

发出求职资料后,要主动与用人单位联系

在网上招聘会结束后几天, 要主动通过E-mail或打电话询问情况,向用人单位表示诚意,也让自己心中有数。

换被动为主动

利用自己技术上的优势,在互联网上建立自己的个人主页,充分展示自身特色,吸引用人单位的目光。个人主页应该图文并茂,内容包括自己的求职信、简历、论文、实习报告、日记、个人论坛以及见报文章等。

第三课

秀出"名片"

——15秒让你的简历闪亮登场

简历是什么？就是你的名片和广告。想要在短短的15秒内就拥有自己独特的品牌？世界500强用经验告诉你，这完全可能！

1.求职意向栏里要设法展示自己的才能

大学还没毕业,郑晓嘉就开始寻找工作。上网、看报纸、跑招聘会、登写字楼,一次次打印简历、复印证件,他急着想进入社会,开始人生的新阶段。

他的爸爸问他:"晓嘉,看你最近忙得整天不着家,到底在忙什么呢?"

说实话,郑晓嘉不想告诉他爸爸,他是想在找到一份好的工作后,再告诉家里人。既然爸爸问了,郑晓嘉只好把自己找工作的事情讲了出来。

他的爸爸接着问:"找了这么久,有愿意用你的单位吗?"

郑晓嘉说:"我还在等消息。"

他的爸爸说:"把你的简历拿过来,我看看。"

郑晓嘉把打印好的简历找出来给他的父亲。他父亲扫了两眼,说:"你的简历写得有毛病:该突出的没有突出。你看,你的应聘意向是'导游',只写这两个字就显得太简单了!"停了一下,他的父亲接着说:"一列队伍走来,你在其中,别人会注意到你吗?到了森林之中,你会注意到每一颗树吗?"

郑晓嘉不得不承认他父亲的话是对的。晓嘉父亲的一位朋友,多年奔波求职想换工作,投出去的简历都是石沉大海,没有回音。后来偶然和他父亲说起,他父亲知道这位朋友的口才很棒,办事也干练,于是根据他的特点,帮他写了一份简历。结果接连在几家报社等单位应聘成功,经过挑选后,最后到一家台资企业任人事部长。

他的父亲接着问:"晓嘉,还记得李白写的《上韩荆州书》吗?"

郑晓嘉:"我还记得,其中是……白闻天下文士相聚而言曰,生不愿封万户侯,但愿一见韩荆州,何令人向往至此!"

他的父亲说："好！李白写这篇文章的目的，是要韩荆州荐他做官，他吹捧韩荆州，吹捧得惊天动地，却不露谄媚之态，反而把文章写得豪气逼人，显露自己的才华，把韩荆州逼到不荐李白反觉愧疚的地步。这就叫语言艺术。你应该在求职意向一栏发挥一下，谈谈对导游工作的认识，以及自己为什么要选择这项工作。"

郑晓嘉经过一番思考，在求职意向栏中写下这么一段话："我愿在国家旅行社从事导游工作。本人对导游工作有极浓厚的兴趣，该工作要求从业人员具有多方面素质：高度的责任心、广博的知识面、组织能力、协调能力、应变能力、语言表达能力、与人沟通能力、流利的英语以及活跃的思维等。从事这项工作，对于青年人来说将是一个极大的挑战，也是一个难得的机遇。它将磨砺青年人快速成长，对社会作出应有的贡献。"

果然，情况有了变化。几天下来，有几家旅行社通知郑晓嘉去面试，郑晓嘉的底气也足起来。经过一番比较，郑晓嘉选择了一家外企，面试后，经理让他负责开通中国与大溪地的旅游线路，属于独当一面的具有开创性的工作。

从郑晓嘉的求职事例里，我们可以看到，工作的机会就在于求职者能适应用人单位的需要，从而引起HR能够对自己感兴趣，求职者就要好好地设计自己的简历，展示自己的特点。其中的奥妙，要根据求职者个人的情况而定。目的只有一个：你如何打动HR，让他强烈感受到你就是他要寻找的人。

求职者的简历就是一份非常重要的自我推销说明书，目的在于争取面试机会。要达到这个目的，就得让简历的内容告诉用人单位，让他们知道你具有什么条件和优势。你可能要与几百个甚至几千个应聘者竞争，所以必须设法展现自己的才能，瞬间抓住用人单位的注意力，出奇制胜。

2.好简历,30秒引起招聘人员的注意

在初次筛选时,一份简历如果不能在30秒甚至更短的时间内引起招聘人员的注意,基本上你就出局了。这是因为,招聘人员每天要阅读大量的求职简历,他们花在一份简历上的时间不会超过30秒,有的甚至只有短短的5秒钟。

那么,HR们通常对什么样的简历感兴趣呢?总结起来,好的简历应该具有下面的特点:

◎**内容真实**

这是制作简历的基本守则,也是招聘单位最重视的。用人单位在筛选简历时,会注意查看简历内容的完整性、真实性,并密切关注求职者简历细节的描述是否冲突。一旦发现求职者的简历有造假现象,那么,求职者的人品和职业道德就会受到质疑,即使你再优秀,用人单位也会考虑将你淘汰。因为,对于正规的企业来说,对员工的人品要求高于能力。

宋佳就曾收到两份投递时间不同,但作者相同、内容高度雷同的简历,只不过前一份提到的是销售经验,后一份提到的是行政经验。显然这位求职者是想通过展示不同的经验,获得更多的就业机会。他或许以为HR不会注意到这一细节,事实上,宋佳不但注意到了,而且决定不录用他。

不少求职者认为在简历上做一点夸张的陈述,为自己争取一些竞争资本,招聘方察觉不出来。其实,对于招聘方来说,想看破这些假象并不困难,HR不但可以在面试时找出蛛丝马迹,而且如果你是学生,还可以通过你的

学校、实习单位找到真相。

◎言简意赅

作为HR，一天要看几十份乃至上百份简历，如果你的简历又烂又长，那么，对不起，你的简历极有可能被请进垃圾桶里。其实，简洁是最有用的利器。一般来说，简历最好一页，不要超过两页，重要的内容要放在第一页。

在力求简洁的同时，简历的内容要丰富，要把自己的教育背景、工作经验和能力优势一一表达清楚。

◎不枯燥

有些求职者为了压缩篇幅，结果把简历变成了一份枯燥乏味的职责责任清单。许多人甚至会用他们公司的工作守则作为改善简历的指南。这样的简历是失败的。你不仅要叙述必需的信息，还要说明你在每个公司的不同经历，要提供具体的例子。比如，你是怎样比别人更好地完成工作的，你或你的团体所面临的是怎样的问题或挑战，你是怎么克服困难的，你努力的结果怎样，你的表现是否能令公司获利，你是否因为自己的表现而受到奖励、赞誉或者晋升……

"简约而不简单"，这句广告词非常适合撰写简历。

◎突出重点

很多大公司在初选简历时有很硬性的指标，或者仅凭几个关键词进行筛选。因此，你的简历必须突出重点。你必须在简历中设置一个高度吸引HR注意力的部分，这个部分就是你认为对获取面试机会至关重要的信息，比如过去做出过什么业绩，现在又掌握了什么技能等。这样做的目的就是最大程度地利用HR筛选材料的30秒，最大限度地争取与招聘人员"一见钟情"。

◎不空洞，用数字和事实说话

一份有质量的简历只要充分准确地表达出你的才能即可，不要过分浮夸，更不需要写得像散文或志向书。"我有一个梦想"之类的话最好不要说，因为不会有人看。

给大家的建议是，多用数字和事实说话。"富有活力的方案""专业的知识背景"之类的描述，没有任何说服力；"积极地""卓有成效地"等夸张的程度副词则令人反感。如果想突出你的能力，可以用头衔、数字和名字来突出你过去所取得的成就。比如"项目总监""管理150名技术设计人员"比"成为技术骨干"更能证明你的能力。

记住，要证明你以前的成就及你的前任雇主得到了什么益处，你就应学会用数字说话，包括你为他节约了多少钱、多少时间等。

◎从招聘方的角度考虑问题

求职者递送简历的目的就是让招聘方了解你，继而聘用你。所以，在撰写简历时，求职者不要只关注抒发自己的兴趣和志向，而是要从未来雇主的需求上考虑，用你的长处去迎合对方的需求，让对方看到你对他们的价值所在。

3.简历的几种格式

简历格式和外表的重要性远远超过人们的想象，一份好的简历应该通过写作形式和内容的安排，突出要点，突出优势，从而能够迅速抓住HR的眼球。

多数简历是按照时间顺序写的，但是更好的做法是掌握好"技能描述""业绩"和"工作情况"之间的平衡。

为了突出优势，求职者可以酌情使用下面几种简历格式。

◎时序型简历

这是一种传统的简历格式，指按时间顺序排列资料。时序型简历的优点是能够演示出求职者持续向上的职业成长过程，所以受到诸多专家的推荐。具体来看,时序型简历更适合于申请传统领域的工作,它的写作方式更容易让招聘者了解你的背景。对于一直在知名企业服务的求职者,或者表现优异、晋升速度较快的求职者来说,时序型简历最有利。

罗列资料时,最好采用倒叙方式来写,直接从最接近的时间入手,让简历筛选者更容易获得重要信息。必要时,一些重要信息可以重点处理,比如加粗,但千万不要处理得太花哨,便于阅读是最主要的原则。另外,如有可能,你可以将你所了解和熟悉的有关这一行业的最新知识与工作技能写入简历,因为对你未来的工作很有帮助,所以有利于你求职成功。

特别要提出的是,在具体内容安排上,应届毕业生应将教育背景放在工作经验之前,因为,你最突出的优势是所受到的教育,比如学校、专业、所学的课程和掌握的技能等。对于荣誉,有些人喜欢追溯至高中、初中乃至小学,这是很幼稚的做法。当然,如果你高中时的荣誉格外辉煌,如全国奥数第一名,写上也无妨。

◎功能型简历

这是按照技能或特长书写的简历,着重突出求职者的技术和能力。这种简历更适合那些没有太多工作经历、频繁离职、想转行,或者工作时断时续的求职者。它要避免HR在阅读简历时,立即发出疑问:为什么要更换工作？为什么没有某年到某年的工作记录？

◎综合型简历

顾名思义,这种简历就是将以上两种简历结合使用。即先以功能型简历的格式简明扼要地介绍你的市场价值,再按时序型格式列出你的经历。这种简历对于那些想找一份与自己以前所从事职业相类似的人最适宜。对于那些范围明确、清楚易懂的职业,如教师、会计等,这种简历是展示你技能的最佳方式。

◎不拘一格,开发个性化简历

提要式。提要式简历是一种详细的简历摘要。它通常是在应聘者完成了一份较长、较详细的简历后摘编而成的,经历很丰富的求职者通常习惯使用这种简历。他们一般先写一份完整、详细的简历来概括自己的资历，然后从完整、详细的简历中摘出要点，编写成提要式简历。这种提要式简历便成了一般接触时使用的简历，而详细的简历只有在招聘方要求时才提交出去。

履历式。如果你的资信完全能够说明一切，你就可以尝试履历型格式。履历式的使用者绝大多数是专业技术人员。当你应聘的职位仅仅需要罗列出能够表现求职价值的资信时，便可使用此种简历。例如医生求职在履历型格式中无须其他，只要罗列出你的资信情况，如就读的医学院、实习情况、专业组织成员资格、就职的医院、公开场合演讲以及发表的著作等。换句话说，资信说明一切。

图谱式。如果你求职时想与众不同，想充分表现自我，那么你可以使用图谱型格式。图谱型格式与传统简历格式截然不同：传统的简历写作限定于理性、分析、逻辑以及传统的方式；图谱型格式简历的写作充满活力，需要开动你富有创意、想象力和激情的右脑。

小刘是广告系毕业的，他设计了一份简历。这份简历非常个性化、独一无二：他按个人联系方式、学校生活等四个板块把自己的情况在一张纸上以田字格的形式表现出来。相关证件也被他扫描后制作到简历之中，使简历能以整体化的形式展现。他后来进了一家知名广告公司，很大程度上就归功于那份精心打造的简历。

目标式。如果你了解职位的要求，熟悉你打算就职的行业的情况，那么，你适合使用目标型简历。目标型简历内容的定位应当尽可能地贴近职位的要求。例如，如果你正在寻求一个推销员的职位，但没固定在哪个行业，那么你就应当确认出你可以摆上桌面的几种关键能力和市场价值。比如，人际沟通等相关技能出众；在未来领导特别感兴趣的地区，你拥有活跃而广泛的社会关系，因为他可能正在寻找一个能够大规模开拓新业务的推销员;你曾在大公司里接受过培训,是业内熟手;你有能够证实过去曾取得的销售成就的历史记录;你有将业绩平平、麻烦不断的销售区域扭转为蒸蒸日上、业务繁荣的销售区域的能力。

资源式。如果你是一个通才、一个复合型人才,拥有多种选择或者不能确定你将来究竟从事什么职业,但是你充分相信你的可"售卖"技能,那么你比较适于使用资源型简历。因为,资源型简历可以向差别化的领导们促销你的可"售卖"技能。例如,某大公司部门经理试图改变他的职业,为突出其具有的五种独特的个人技能,他设计了一份资源型简历。其中着力表现的资产组合是:超凡的销售和营销技能;优异的财务和预算技能;良好的培训和发展能力;成熟的经营管理技能;出色的计算机运用能力。在简历上列出这些独特的技能之后,接着与之相呼应的部分就是集中谈及在以上五个领域中的特别成就。

创造式。艺术界、广告界、宣传界和其他创造性领域里的求职者在准备简历时,往往会打破标准的简历格式。当创造式简历寄给其他具有创造性思维的人们时,这种简历是有利的,它证明了应征者富有创造性并提供了一种创造性想象力的例子。创造式简历必须运用想象力,但也必须向招聘者提供需要的内容。创造性简历只适合于创造性行业,在应聘政府机关、事业单位、制造业流水线工人等职位时,一般要避免使用创造式简历。

4.合适的格式比好看的格式更重要

简历的精神是突出你的优点。格式只是手段,而不是你追求的重点,合适的格式比好看的格式更重要。

现在很多求职者在制作简历时可谓下了血本,什么动画、视频,无所不用其极。厚厚的一本简历更像是一本自传,不但文字拖泥带水,资料也是拉拉杂杂,证书、奖励,五花八门,有些甚至还附有光盘、写真集。

坦白说,除非你是应聘广告、设计、表演等职位,否则这样的简历往往会被招聘人员扔到一边去。因为,作为招聘方,第一轮审阅简历的时间为5~10秒钟,基本上按照招聘要求设定好几个条件进行过滤。简历的第二轮审阅时间也不会超过60秒,着眼点是应聘者的工作经历,在什么公司就职,工作年限以及职位。至于你的成长史、奋斗史,招聘人员不太感兴趣,毕竟你又不是名人。

花里胡哨的简历虽然能够在大量的简历中让招聘人员印象深刻,但这并不等于是好印象。对于一般性职位,这样的做法会让招聘者觉得你浮躁、不踏实。再者说,一个连自己的简历都写得拖泥带水的人,工作中可能也是个烦琐之人,这样的员工还是不要为好。

当然,我们并不反对简历美观、有创意,只不过,招聘单位关注的永远都是简历的内容,即那些与工作相关的技能和潜能。如果你想玩创意,也应该结合应聘的职位和行业,否则只会弄巧成拙。有经验的求职者通常都是在具体专业用词上下功夫,而不会脱离简历格式的规范。

漫画家几米曾说过:"人生虽然漫长,但履历表最好简短。"说得十分在理。

与过于"丰满"的简历相反,有些简历又简单得一眼就可以看完,让招聘方看不到你的长处,这也是不对的。这可能是因为求职者没有多少可以炫耀的资本,也可能只是因为他们不善于包装自己,但结果却是致命的。

一般来说,简历的通行标准是一页A4的打印纸,最多不要超过两页。写完简历后,你要按照这个标准检查一下,太简单就要充实,太丰满就要瘦身。

瘦身就是要精心剪裁篇幅。当你写简历时,试着问自己:"这些陈述会让我得到面试的机会吗?"然后,仅仅保留那些会回答"是"的信息。

◎抛弃不必要的包装，比如封面

专业的简历没必要再做一个封面。想想看，一份简历被阅读的时间通常不超过30秒，封面却要花去10秒，岂不是得不偿失？更有甚者，说不定，面试官连翻开封面的兴致都没有。

◎不必将证书复印件附在后面

除非招聘单位有特别要求，否则不会有谁乐意看你那厚厚的一叠证书。对于重要的证书，你完全可以在简历中提到。如果你得到面试机会了，届时面试官会让你出示的。至于写真集、光盘之类的，就更不要出示了，专业的招聘人员不但不会对此感兴趣，还可能怀疑你有什么其他企图。

◎删除私人信息或不相关的信息

简历要简洁明了，突出重点、要点，让招聘方能很快抓住你的"闪光点"。那些华而不实或没多大作用的文字要大胆地砍去，它们只会掩盖简历中真正的精华。许多人会在履历中概括他们的兴趣，比如阅读、滑雪、旅游等。其实，这些只需在它们与目标工作有关联的时候才被考虑加入。例如，候选人申请的是一份滑雪教练的工作，那么提到对滑雪感兴趣就会加分。或者你的兴趣非常特别也可以提及，例如女性喜欢围棋，这会让面试官产生兴趣。

另外，简历中一般不应该提到一些私人信息，比如生日、婚姻状况、身高和体重等。当然，这也是有例外的，比如说一些娱乐方面的特长。

再来看丰身。如果你的简历过于苗条，让招聘方找不到希望得到的信息，你基本上也就出局了。下面这些方法可以让简历丰满起来：

◎加入给人印象深刻的成就

太多的人想把他们的经历压缩在一页纸上，结果就删除了他们给人印象深刻的成就，事实上，这些才是吸引面试官的地方。如果你的经历不多，不妨把自己取得过的成就说得详细一些，但是要简洁、吸引人。

◎拉长句子

可以在句子中加入一些副词、虚词和形容词等，但不可显得空洞，这就

要考验作者的文字功力了。

◎ **多换行**

多用短句,每句换行,会让简历的篇幅看起来长许多,内容也显得充实。

◎ **扩大字号**

例如把五号换成小四,字大了,简历看上去也就丰满了许多,甚至还会让招聘方直觉地认为你是一个大大方方的人。当然,扩大字号要适度,如果满篇都是三号字,欲盖弥彰的意味就太明显了,招聘人员甚至可能会想:你以为我们都是近视眼啊!

5.制作新颖醒目的邮件

网上求职是一个不可忽视的求职渠道,正因为它的方便,所以也带来了海量的竞争者,相应地,成功率也就比较低。在成千上万的网络简历中,如果你的简历没有亮点,往往投了一大堆简历后都是石沉大海。这种情况下就要特别注意制作新颖醒目的邮件主题,与众不同才能得到关注。

◎ **不要发附件,严格按招聘方的要求填写**

越来越多的公司要求求职者不要用附件发送简历,甚至有些公司会把所有带附件的邮件全部删除。在这种情况下,尽管你的简历排版得极为精心,却可能根本没有人看。

在网上填写简历,要严格按照招聘方的要求填写,要求网上填写的就不要寄打印的简历,要求用中文填写的就不要用英文填写。

◎ **格式有点小创意**

首先,要按要求填写表格。许多大型人才网站上提供了标准的简历范本，只要按照给出的项目把表格填完，就能自动生成一份美观实用的简历，打印、拷贝都很方便。

虽说网络简历的格式比较单一，但是，精心设计一下纯文本格式的简历，也可以起到作用。例如，字号使用大一号，如小四、四号；注意设定页边距，尽量使文本的宽度在16厘米左右，这样你的简历在多数情况下看起来不会换行；可以用一些特殊符号，如"*""#"等分隔简历内容；可加上表达心意的小画面和FLASH动画，从而引起招聘者的兴趣和注意，但千万不要花花绿绿，失去严肃性，要掌握好一个度。

◎内容要精益求精

由于网络简历的篇幅有限，所以用E-mail发出的简历更要精益求精，简洁明了，提炼的全部是精华，这样才能一下冲进招聘者的眼帘。

需要注意的是，写学历和工作经历时要把最近的情况写在最前面，以便招聘方直观地了解到你目前的状况。在填写工作经历时，很多求职者只是简单地列出工作单位和职位，却没有对工作的具体内容作详细描述，而招聘方恰恰就是根据你做过什么来对你的实际工作能力作出评估的。因此，网上简历在这方面要特别注意。

◎在线招聘，以中文简历为主

如果是纸质的简历，应聘者最好向用人单位提供中文、英文简历各一份。如果是在线发送电子版简历的话，一般无法提供完整的英文简历。遇到这种情况，应聘者也不要急，只需要按照在线要求一一填写就行了。因为在大的外资公司，初步的简历筛选一般是由中方员工完成，当通知你面试时你再带去一份英文简历就可以了，而且一般公司的外方管理者从第一轮面试时才参与人才的选拔工作。

◎选择有利的发送时段，多发一份简历

发送电子简历时要错过高峰期，上网高峰一般在中午至午夜，这段时间传递速度非常慢，还会出现错误信息，因此，要选择好发送简历的时机。

在申请同一公司的不同职位时，最好能发两封电子简历，以防丢失。因

为有些求职网站的数据库软件能自动过滤掉第二封信件,所以两封邮件的主题要不同。

◎**经常更新简历,并且与用人单位保持联系**

经常去网上更新自己的简历,不断更新日期和内容,修正不足,变换形式。日期越近、形式越新的简历越抢眼,越能引起招聘者的注意和兴趣。

专家研究发现:根据自己的最新情况和事业发展目标及时更新简历的内容,是使你的简历更具竞争力的有效途径。人事经理们一般是按照简历的完整程度及更新的时间顺序进行筛选的。也就是说你的简历填写得越完整,更新得越快,你被人事经理搜索到的机会就越多。

发送简历后,要与用人单位保持联络,即使不被录用,最好也发封电子邮件表示感谢,以便今后联络。

网络简历要在要求的范围内创新,否则再个性的简历也无法送达面试官的面前。

6.扬长避短,"不注水"的简历照样行走天下

现在职场上出现了越来越多的"水分简历"。有调查显示:目前有近三分之一的求职者在简历中对过去的业绩略有夸张,其中超过10%的人在教育背景和工作经历上夸大其词。于是,招聘人员在招聘的同时还肩负着"打假"的职责。

事实上,如果能够对简历适度包装,不"注水"的简历照样行走天下。简历的终极目标,就是使求职者在用人方的第一轮筛选中能够顺利过关,进入面试。如果简历上表现出的信息,基本符合对方的硬件要求,并能给招聘方留下较好的第一印象,就是成功。

为了这个目的,求职者完全可以使用一些技巧包装自己。所谓适度包装,这个"度"的把握可不容易,稍有不慎就变了味,就好像在简历上走"平衡木",技艺高超才不会掉下来。

在此,给读者朋友们提出几点建议:

◎优点强项要极力渲染

在强调工作经验或与之相关的技能时,尽量将自己的经验具体化、数字化。如果曾担任过项目经理,不要一笔带过,可以这样表述:"担任项目经理期间,用××个月的时间,完成了××项目,为公司节省经费万元。"

应届毕业生一般没有工作经验,这时就要把和应聘职位相关的实习经验详细地罗列出来,如果掌握某种和工作直接有关的知识或技能,也要尽可能写得详细一些,并表明你将如何把这些知识技能运用于工作,这样可以表现出你很善于学习新知识,掌握新技能,适应新岗位。

例如,吴彤应聘网络公司时,她所学的专业和公司要求的计算机专业风马牛不相及,但是她只用了一句话概括介绍了自己的教育情况,却集中很大篇幅描述读书时参加学校网页设计大赛的情况。她详细叙述了自己确定创意、收集素材、进行设计的过程,强调自己具有扎实的设计功底,能熟练使用各种网络软件,最后还附上了获奖作品。该作品得到了公司老总的赏识,吴彤因此被录用。

◎不足弱项要尽量回避

很多单位在筛选简历时,是参照硬件标准来进行的,如专业、学历、工作年限、年龄、户口所在地等。当你不符合要求时,可以省略不写,或者提供相对模糊的信息。对方吃不准你的实际情况,但同时又被你的其他强项所吸引,就不会过早地淘汰你。

例如,你曾干过三份工作,第一份干了两个月、第二份五个月、第三份一年多,你不想给用人单位留下跳槽频繁的印象,可以省去履历中工作的月份,只写年份,这样前两份工作根本不必出现。

再例如,对方要求学历为正规本科,而你是通过自修拿到的本科文凭,你只要在学历一栏填写"本科"就行了,不要做其他说明。只要你能在面试阶段展现出不低于正规本科生的能力,学历就不是问题。

还有一种情况,有一份工作,凭你的经验和技术完全可以做好,但学历同对方的要求相差甚远。不要紧,你可以省略教育背景,突出工作经验;或者说自己在某某大学学习,但不表明是否已经完成。这样你就有可能获得宝贵的面试机会。也有的人正好相反,因为学历或资历过高找不到合适的工作,如果愿意降低期望,不妨隐去后来所受的教育。

在上海某名牌高校管理学院就读的宋成栋,想在课余找份兼职工作。可惜别人一听说他是名校博士,就表示小庙容不下大菩萨。无奈之下,宋博士只在简历上写明自己的技术类本科学历和读硕士之前的一段工作经历,对硕士和博士教育略去不提。恰好某企业老总需要一个既懂技术又有管理经验的帮手。宋成栋的条件非常吻合。老总喜出望外,以每月7000元的工资聘用了他。后来,老总得知小宋是博士,惊叹他居然如此脚踏实地,没有半点高学历人才的架子,就越发器重他了。

◎切忌过分吹嘘

对自己的能力水平可以适度夸大,对自己的不足可以适当地回避、适度地缩小,这也符合简历作为"广告"的特质,但切忌瞎编胡诌、过分吹嘘,否则即使你获得了面试的机会,由于你的真实能力与简历描述的相差悬殊,反而会产生巨大反差,让考官对你的人品产生质疑,使你彻底丧失被录用的机会。现实中,有的人为了使自己脱颖而出,充分发挥聪明才智,力争使自己的简历别出心裁。有的人不惜作假,或是凭空杜撰一些经历业绩,或是偷梁换柱把别人的奖状、证书改成自己的。如此煞费苦心,只能说明这些人并不真正了解简历到底是做什么用的。其实简历只是一封给你自己介绍工作的介绍信。你是否适合、胜任这份工作主要是由你本身的条件所决定的。

◎ "SMART"量化方法让你的简历最炫目

在简历中列举一些量化的工作成效，是赢得面试机会的最佳途径之一。

应聘热门职位尤其应该注意要量化简历。对于某些热门职位，可能有上百人甚至上千人的竞争，量化简历是让你脱颖而出的好方法。

一位国内知名IT公司的管理者说："我用一个小时浏览100余份简历，如果前15秒钟内未能发现任何可以说服我继续读下去的成果表述，那么这份简历就将成为历史。"

每一个求职者都曾取得过或大或小的成就，但是这些成就需要被呈现在管理者的面前。管理者往往认为，那些能够令人信服地展现过去成就的应聘者将来仍有可能续写往日佳绩。因此，招聘者可降低他们聘用选择的失误率。

那么，如何量化你的简历呢？建议你使用"SMART"方案测量一下。

"SMART"即成绩应当是Specific（具体的）、Measurable（可测量的）、Action-oriented（行动导向）、Relistic（现实的）和Time（时间）based（时效性）。

量化工作业绩时，首先，要列出你在所从事的每项工作中所取得的一项或多项成就；其次，对你的工作成果进行简要描述。招聘方寻觅的是能够提高利润、降低成本和解决问题的人选。具体的数据能令你以往取得的成绩变得更真实、更打动人。

比如，比较下面两种表述方式："实行新的销售计划，使销售额在一年之内快速增长。""从2005年5月开始实行新的销售计划，经费支出增加30万元的情况下，半年之内使销售额由1000万元快速增长至3000万元，为公司创造利润400万元。"显然，第二种表述方式中的详细数字会令管理者对你的工作成果有更加深刻的印象。因此，要训练自己挖掘重要成果的能力。

7.避免以下写简历的误区

有很多求职者在写简历的时候,容易进入一些误区。

首先,求职者写简历的最大误区是思维问题,自说自话,完全以自我为中心,不从用人单位的角度看问题。

其次,求职者在简历上不会用数字来为自己论证。简历上的获奖情况、学习成绩、社会活动、社团经历,是展现求职者能力的重要内容。很多求职者注意到了这一点,在这几个部分详加讲解。但是,一条条内容的罗列未必会给HR人员一个直观的印象。求职者的简历是要用事实说话,事实就是需要靠数字来支持。招聘企业的人事经理与求职者是完全陌生的,他不可能了解求职者的具体情况。

最后,求职者往往在简历的自我评价上把自己写得十全十美。自我评价是简历上的最后一项内容,写还是不写,很多求职者把握不定。不写呢,觉得简历上的事实罗列缺少情感色彩,没有展示个性魅力;写呢,总觉得几句话难以全面描述自己的性格特点,说不清楚自己到底属于哪种人。几经琢磨,毕业生们往往在简历的自我评价中出现这样的语句:

"本人性格开朗、稳重、有活力,待人热情、真诚;工作认真负责,细致踏实,对工作精益求精、积极主动,能吃苦耐劳,勇于承受压力,勇于创新;有很强的组织能力和团队协作精神,乐于助人,具有较强沟通、协作能力;意志坚强,具有较强的无私奉献精神。"

从自我评价上看,这个求职者简直就是一个"完人",具备了一切职场人士的美德。可能吗?

其实,HR看简历上的自我评价,主要有两个目的:一是看求职者适合做哪项工作。比如性格沉稳、做事细致的人大多能胜任行政管理、助理等工作，勇于创新、喜欢接受挑战的人，比较适合做销售等职位，而态度温和有耐心的人适合做客服等工作。二是用人单位通过日后的面试，对求职者得出一个企业评价，企业评价与简历上的自我评价比较，两者较为一致，说明求职者自我评价较客观，而两者差距较大，用人单位就要考虑求职者的诚信度了。

求职者明白了HR看自我评价的目的，毕业生在写简历时就要相对客观地写出自己的突出特点，最好结合职位要求，突出自己能胜任职位的能力。

那么，制作简历如何避开三大误区呢？

◎"长篇累牍"≠吸引力

"博士生一张纸，硕士生几页纸，本科生一叠纸，中专生一摞纸"……这是用人单位在多次招聘中总结的所谓"规律"。

的确，在各种招聘会现场你不难发现，毕业生递上来的简历一个比一个厚，有的动辄就是长篇累牍的"心路历程"，有的干脆就是一本书：前言、致辞、目录、学校历史、学院介绍、专业说明、能力评价、成绩列表、证书证明、人生信条、整页的联系方式、英文简历……

英语专业的小张拿出的就是这种"重量级"简历，洋洋洒洒63页，"我以为只有够'长'才能引起用人单位的注意。"小张说。抱有他这种心态的毕业生还大有人在。

据了解，如此花团锦簇但拖泥带水的自我介绍是技术单位或部门的人事主管最不能容忍的，他们的思维方式都是很务实的，"那些又厚又长但不知所云的简历我们基本都不怎么看"。

◎"无所不能"≠竞争力

学中文的小张今年大四，他说现在已有不少同学在忙着做简历，有的还把自己吹得天花乱坠，这让他颇为反感："简直就是在'吹水'嘛！"

小张所述现象在当前的求职者中还为数不少，不少毕业生为了显示自己的"竞争力",把自己描述成"知识无所不懂,技能无所不通"的全能人才,极尽夸饰之能事。

在某财经大学举行校园招聘的一家投资公司人事部门工作人员就说:"让我们眼前真正一亮的是简历的实际内容,而不是它的包装、用词。有些同学的英文简历做得顶呱呱,但面试时英文却说不上几句,这样的毕业生我们会要吗?"

其实,脱离自身能力的虚夸,往往适得其反,给招聘者留下了不诚实、不踏实的印象;尤其到了面试时,张口结舌,露出狐狸尾巴,落得个"聪明反被聪明误"。

简历只是一块敲门砖,关键还在于要有真才实学。用人单位告诫求职者们,在简历中一定要写有把握的,没有把握的不要写,要实事求是,千万不要夸张。

◎"深情款款"≠亲和力

"给我一个机会,我会还你一个惊喜","本人团结同事,能吃苦耐劳","让我们风雨同舟"……

诸如此类的语句是否也出现在你的简历中呢?如此表白果真能让用人单位动容?用人单位则反映,很多求职者在表现个人能力时,总爱用一些抒情的句子,要不就是"团结同事、能给公司带来如何如何的效益"等的空话、虚话,甚至有的在结尾还不忘加上一句"我热切期待着一个大展宏图、共创辉煌未来的良机"之类的口号。这样的表达看起来充满激情,实际上"无谓的抒情显得多余,还是实在一点的好"。这是大部分用人单位的忠告。

8.目标明确、有的放矢是写简历最基本的要求

通常来说，那种"一目了然""用一张纸就能把自己的特点描述清楚"的简历最受欢迎，而那些把简历写成"我的前半生"式的被淘汰的概率也最大。那究竟什么才算是一份"一目了然"的简历呢？这样的简历要满足一个最基本的要求——目标明确、有的放矢。

◎ **把"求职目标"写在最醒目处**

在申请大公司的职位时，一定要在简历最醒目处，明确表述清楚自己希望工作的"目标城市""目标部门"以及"目标岗位"。求职目标是锁定一个具体职位最简单、最迅速的方法。

写上"求职目标"对两种人最有用：一是清楚地知道自己想要什么工作的人，二是职业目标没有清晰地反映在简历上的人。

如果你有一个"求职目标"，直接把它放到你的名字和联系方式下面。通常典型的求职目标以助动词"to"开头，比如："求职目标：为了利用我所擅长的分析和人际技能，我希望在金融机构找到一份初级账户管理职位。""求职目标"一定要简短、明确，不超过两到三行。每次发简历申请职位之前检查你的"求职目标"，确保它适合你所申请的职位。就像你应该准备好几个不同版本的求职简历一样，你的"求职目标"也应该有多个版本。

假如你适合于多个职位，并且没有特别明确的"求职目标"时，可以考虑不加这一条，这样不仅占空间，还会把你限制在某个职位上。

◎ **注重"业绩"而不是"职责"**

招聘者更关注你能给公司带来什么，而不是你希望从他们那里得到什么。因此，简历要根据招聘职位的要求，明确分析自己是否具备该职位所必

需的各项能力,并紧紧依据职位的要求,给出你认为自己称职的几点理由。比如,"你能给公司带来什么?""你最出众的能力是什么?""怎样才能把事情做得更好、更有效率,成本更小?""你因为什么赢得过荣誉?"这些都是很重要的信息,要显示出来,这样才会吸引招聘者的目光,会让你的简历获得优先考虑。

◎挑重要的写

用人单位需要了解你的教育背景、工作背景、经验,但并不需要了解一切。所以,你所参加的实践、项目以及自己写的论文等不要全部写出来,只需描述与应聘职位要求所相关的经验、经历就可以了;教育背景从最高学历写起,采用倒序的手法,最远追溯到高中就可以了;一些重要的培训、资格考试的证书则要重点列出来,如注册会计师证、驾驶证等,都有利于增加你的求职资本。切记,只选择那些对招聘单位来说极为重要的部分,无关紧要的信息要去除,否则,反而会掩盖有用的资料。

◎个人信息要醒目

永远把你的全名放在简历的最前面,姓名可放在最上面一行的右边,也可放在中间或左边,也可把姓名放进标题中,但必须使姓名突出、醒目;把你的联系地址、电话号码与你的姓名一起放在前面,别忘了加上邮箱。尤其是电话等联系方式一定要写在最醒目的地方,让看简历的人想联系你时一眼就可以找到。

◎电话号码书写要准确、好记

电话号码前一定要加区号,尽可能给招聘方提供便利。要知道,现在是招聘方市场,如果你的资料不全,招聘方有的是其他候选人。

书写电话时可以考虑分节,以免太长,造成拨打错误。可以参考国际上通用的方法,固定电话采用"三四分"或"四四分",手机采用"四三四"或"三四四"。切忌采用过长的分节方式,如"六五分",这样容易出错,如果遇到没有耐心的秘书,你的机会就没有了。

◎选用大网站的E-mail,用户名最好就是你的名字

尽量选用知名大网站的E-mail,不用大家不熟悉、不知名的小网站,这样会避免丢失信件。邮箱名要庄重,最好是你的名字,这样一来HR容易识别,也不容易拼写错误。

千万不要用类似"I love you"、"sweet cat"、"彻夜狂欢",或者带脏字的名字来命名邮箱,这会显得你幼稚或者粗俗。还要提醒一点,在接听电话面试时,"@"的读音要规范,不要读成"圈a"或"花a",标准读音类似于"at"。

◎**避免使用模糊语言,用阿拉伯数字代替汉字**

几乎每个HR心中都有一个不喜欢的词句表,比如 "协助完成某某工作""有显著的提高""有很大的进步"等很难评判的模糊用语。最好用数据说话,它可以让人更客观地进行衡量比较,也便于查证。

简历中如果有数字,一律写成阿拉伯数字,这样可以吸引人们的目光。例如,不要写成"建设了一只包括八名顾问的团队",而应写成"建设了一只包括8名顾问的团队"。

◎**把最大特点放在简历前面突出的位置**

千万不要让筛选简历的人,从你的简历里挑选、寻找有价值的信息。这样的简历也是被淘汰的对象。比如把最高学历放在最前面,就是这个思路。

◎**不要把证书附在简历后面**

很多求职者在第一轮递简历时就附加很多证书,千万不要这样做,也不需要这样做。一份厚厚的简历只会让筛选简历的人员生厌。其实公司的人力资源部门,以及招聘部门负责人,在第一轮筛选简历时,几乎不会花时间去看简历后附加的内容。最好的做法是:在用人单位通知你参加笔试、面试时,才提交那些与申请职位相关的证书,而且必须是如实提供相关证书。

9.善用数字语言提高简历的"含金量"

在众多的简历中,任何人都想成功地描述过去的工作成果,这里有个含水量与含金量的区别,不少人写简历喜欢采用一些华丽的辞藻进行描述,给人的印象是华而不实,令人生疑;相反,采用具体实在的语言陈述,就会让人感到信服。求职者要学会使用数字语言,以提高简历的含金量。

虽然大部分求职顾问主张在简历中突出业绩,但是鲜有应聘者真正重视这一建议。相反,在他们的简历中,全是职务名称、日期和职责等方面的内容。

一些招聘者估计,他们看到的75%的简历未包括任何一项数量化的成果。每一个人事经理都欣赏不滥用能力形容词的应聘者。诸如"主要贡献""富于活力的方案"和"显著提高"之类的描述均非客观事实,它们只是简历作者的观点,多少会被打些折扣。另外,对"积极地""主动地"和"卓有成效地"等夸张的程度副词也比较反感。

你可以用头衔、数字和名字来突出你过去所取得的成就。数字具有两种功能,首先是可以展现出业绩的卓著。同简单表示"提高了生产能力"的应聘者相比,一个在"7个月内将工厂产量提高156%"的人无疑会令你印象更加深刻。另外,"管理350名技术设计人员"同"领导工程小组"相比,前一种陈述能更好地证明你的能力。

其实,数字可以提供令人难以质疑的具体证据,最具有说服力。

如果你是一个求职者,你会愿意挑选下面两句话中的哪一句加入你的简历?

A："实行新的人事政策，提高了员工的士气。"

B："实行新的人事政策，使缺勤率和人员调整率分别降低了27%和24%。"

显然，第二句中的详细数字令人们对工作成果有了更加深刻的印象。即使无法以金额、数字或百分比表示的成就也能产生效果。以下陈述也有可能打动潜在的招聘单位："开发出一套存货控制系统，从而避免了重复供货"；"通过工程创新降低了产品责任风险"；"提前将产品推向市场"。

还有，把"接管了一个问题成堆的地区，开发出新的客户服务及市场营销技巧"，改写为"接管了一个问题成堆的地区，开发出新的客户服务程式及市场营销技巧，并于两年内将市场占有率从4.8%提高至6.5%"。于是，更具说服力的表述方式出炉了。

强调成功经验，必须列出具体数据，仅有漂亮的外表而无内容的简历是不会吸引人的。记住，要证明你以前的成就及你的前任招聘单位得到了什么益处，你就应学会用数字说话，包括你为他节约了多少钱、多少时间等，说明你有什么创新等。强调以前的事件，然后一定要写上结果，比如："组织了公司人员调整，削减了无用的员工，每年节约55000元。"事实上，求职者必须将成就在简历中灵活现地展示出来加以证实，或许竞争者的成就比你更辉煌，但他们若不能有效地予以表述，那些成就就等于不存在，从而令你获得很大优势。

如何使自己的简历量化呢？具体地说，用数据或百分比指标来量化你的业绩和技能，如多少数量、多少次、占多少百分比等，你的表述越具体，未来的招聘单位就越容易判断出你是否适合去他的公司工作。

例如：

列举一项或多项你参加或承担的重要项目或计划，你在其中的职责和贡献（哪怕你在其中只是作为服务支持或行政管理人员），在达到或完成规定的工作任务之外，你还作出了哪些其他贡献？

你是否有什么建议曾被上司、部门或是公司采纳？若有，说明其内容，在实施这项建议时你的作用以及你因此取得的业绩和资历。

你是否做过管理别人的工作？若有，有多少人在你的领导之下？他们是哪种层次的员工(文秘类、技术类、业务类、行政管理类等)？

你是否处理过紧急或危险情况？并对此加以说明。

第四课

面试礼仪

——获取职业入场券的重要环节

  有幸进入世界500强企业的人都知道,你的一举一动、一言一行,都让面试官尽收眼底,服饰打扮、举止言谈、气质风度、文明礼貌,无一不在影响着你的形象,决定着你的前程和命运。所以面试礼仪是最为重要的一个环节。

1.时间观念是第一道考题

时间对于每一个人都是公平的，但由于每个人对时间的观念不同，最后导致了不同的结果。

张华终于有幸与另一名入选者一起参加最后一轮面试。张华在面试即将开始时才赶到现场，在接下来近半个小时的面试中，他从容不迫地回答了该公司老总的提问。面试即将结束时，老总问张华："你能告诉我现在的确切时间吗？"张华看了手机后，随即说出了时间。上午面试结束后，张华被告知未被录取。原因是，张华的手机时间比准确时间慢了将近10分钟。即使他比另一名应聘者有着技能上的优势，但因为时间观念淡薄，最终被淘汰。

曾经有一家企业因误时而白白赔偿美国公司70万美金，也曾为提前完成项目赢得商机而欢欣鼓舞。守时已经成为职业道德的一个基本要求。对于参加面试的人来说，提前10~15分钟到达面试地点，稍作休息调整，熟悉一下环境，稳定一下心神，就可以以最佳的状态去面试。如果在面试时迟到或是匆匆忙忙赶到是致命的，同样面试迟到的话，不管你有什么理由，也会被视为缺乏自我管理和约束能力，即缺乏职业能力，给面试者留下非常不好的印象。不管什么理由，迟到会影响自身的形象，这是一个对别人、对自己尊重的问题。

如果迟到，不要解释说城市很大、交通拥堵、地方陌生等那些借口和理由，因为，主动权在你的手里，如果路程较远的话，你可以提前一两个小时出发,宁可早到半个小时都不要迟到3分钟。

一个对自己负责的人就会先去探一次路,熟悉交通线路、地形,甚至事先搞清公司洗手间的位置,这样你就知道面试的具体地点,同时也了解路上所需的时间。你只有做一个非常守时的人,对方才有可能信任你,继而将重任交给你。

一家公司面试快结束的时候忽然跑进来一个女孩,她气喘吁吁、大汗淋淋。因为是夏天,她的汗臭味顿时扑鼻,让人格外不舒服。还有一个女生坐到面试官的对面时,发现她的扣子是用不同颜色的线缝的,和整件衣服格格不入。或者有的女孩的嘴角还有没有擦干净的辣椒油的痕迹。

这些细节都大煞风景。职场很残酷,不需要同情,要的只有守时和认真。因此郑重建议参加面试的人一定要提前到场,抽出时间整理仪容,哪怕早到几秒钟,你却可以给面试官留下一个良好的第一印象。

这里需要说明的是,强调时间观念是相对于应聘人员而言的。招聘人员是允许迟到的,这一点一定要清楚,对招聘人员迟到千万不要太介意,也不要太介意招聘人员的礼仪、素养。如果他们有什么不妥之处,你应尽量表现得大度开朗一些,这样往往能使坏事变好事。否则,招聘人员一迟到,你的不满情绪就流于言表,面露愠色,招聘人员对你的第一印象就大打折扣,甚至导致满盘皆输。因为面试也是一种人际磨合能力的考查,你得体、周到的表现,自然是有百利而无一害的。

2.等待面试时要把自己调整到最佳状态

有一家公司,在人都到齐后,故意推迟了5分钟进行面试,然后HR坐在办公室里,通过走廊的监控器清晰地看到每一个面试者的表现。里面的情形真的是五花八门。有玩手机的,有交头接耳聊天的,有嗑瓜子的,有靠在椅子上打盹的,还有一位和陪同而来的情侣抱在一起亲吻的……

这是他们最真实的时刻,也是最能看出一个人品质的最佳时机。

面试中的一举一动、一言一行,都是个人礼仪的体现,找工作不仅仅是与面试官最直接的"短兵相接",通过这些找工作要注意的"面试礼仪",可以让面试官对照应聘者的职业素质给予更高的分数,从而在竞争激烈的求职中脱颖而出。

按照预约的时间进入公司之后,你首先要到前台把访问的主题、有无约定、访问者的名字和自己的名字报上。到达面试地点后应在等候室里耐心等候,并保持安静及正确的坐姿。如果可能,建议你最好借此机会多了解一下公司以及产品信息,也可以准备一些有关面试的习题练习,把自己调整到最佳状态。

试想如果你现在是这家公司的员工,在此时此刻应该做什么?至少不应该是走来走去,或者旁若无人地大声讲话或者坐在那里织十字绣吧。

求职者在等候面试时,不要旁若无人,随心所欲,对接待员熟视无睹,自己想干什么就干什么,给人留下不好的印象。对接待员要礼貌有加,也许接待员就是公司经理的秘书、办公室的主任或人事单位的主管人员。如果你目中无人,没有礼貌,在决定是否录用时,他们可能也有发言权,所以,你要给所有的人留下良好的印象，而并非只是独自面对HR。面试时，自觉将手机调成静音模式或者关机。

另外，应聘时不要结伴而行。无论应聘什么职位，求职者的独立性、自信心都是招聘单位对每位应聘者的基本素质要求。

人生就是选择。选择优质人生，还是懒散地度过，那其实都是你的选择。既然选择了职场，那就认真对待你的选择，等待面试时的表现，是你职场顺畅的第一步。

3.根据不同岗位着不同的衣装

常常在面试场合见到一些穿着奇装异服的人，有穿着吊带衫贴着文身贴的，有穿着肥大的宽腿裤的，有化烟熏妆衣着过于暴露的，还有穿类似乞丐服的……其实，这都是面试时典型的不和谐音符。

洋洋有满满一衣橱的衣服，从衣服的质地、款式，到鞋子、包包的搭配，她都是个非常讲究的人。可这次她要应聘德资企业的涉外秘书。她开始犯了难：穿套装很优雅，穿休闲装很个性，穿运动装很舒服，穿裤子显得双腿修长，穿裙子显得身材窈窕，究竟该穿什么样的衣服呢？

一位有经验的人士建议说，应聘文员穿着要显得优雅、美丽、精致，最好穿套裙，但要记住上衣要盖住腰部，裙子长不过小腿。洋洋打破砂锅问到底："那衣服是色彩鲜艳点好还是淡雅点好？要不要化妆？可不可以喷香水？高跟鞋多高合适？……"

的确，洋洋遇到的问题也是大多数应聘者遇到的着装问题。

这里根据不同岗位,给大家推荐不同的着装款式:

行政类:服装风格以典雅为原则,选择套装,给人以简洁、干练的感觉。

技术类:简单素色、中性的西服套装是最佳选择,选择冷色调一般来说都比较合适。

市场类:主要选择能够让人感觉舒服和干练的服饰。

会计与律师:比其他行业更需要简单、干练、质感佳且色调中性的服饰。

艺术类:兼具时髦与沉稳,有创意色彩穿着会更合适些。

服装款式比较丰富,穿的时候在款式和颜色上都需要注意。如果你应聘广告、设计、策划之类重视创意思维的行业和领域,可以不必塑造过于沉稳、内敛的形象,个性的休闲装、形象鲜明的T恤、高档的丝质衬衣、颜色发白的牛仔裤等都是不错的选择。其他岗位则根据上面的建议有选择地穿衣。

妆容要和衣服搭配,这也是最基本的原则。有时在面试现场可以看到个别女性的口红颜色是深红色的,但套装的颜色却是浅色的,这种一冷一暖的色调当然是不和谐的。还有的眼影、腮红、口红颜色属于完全不同的色系,那张青春的脸就变成了"色板",不但让自己丢了"面子",而且让考官觉得有失尊重。最简单的办法就是口红、腮红、服装的颜色比较接近,眼影可略有差别,但不宜反差太大。香水也是如此,可以选择一些淡雅的味道,不能过于浓烈,如果连面试官都要捂鼻子,你想还能有好结果吗?

不要求你一定要穿得多珠光宝气,但至少要整洁得体,穿着标准也就"五个原则"。

一、必须干净整洁。想想,如果你去应聘做护士,结果你的衣服上都是汗渍污渍,这样的话,恐怕患者见了都会产生惊恐心理,谁知道那些诸如感染或者拿错药的事情不会在你身上发生呢。

二、符合潮流。不能太超前,也不能太复古。颜色不应过分鲜艳,款式不应太杂乱,更不能穿着太暴露、紧身,合身的正装最合适。这里不是T台,工作的效率毕竟还是要靠严谨的。

三、符合身份。譬如说董事长、总经理在职场中的着装要求就应当高一些，而一般的工作人员的着装要求则可稍微低一些。

四、扬长避短。比如肚子上有赘肉，那就穿得松一点，但是你的腿很漂亮，裙子就可以穿窄一点……你越懂得自己那就越好。

五、遵守惯例。惯例就是上班穿上班的衣服，舞会穿舞会的衣服，在家穿在家的衣服。你要是上班工作穿一件无比华丽的礼服，那肯定不搭调。

其实，找工作也如同商业行为，雇主是买方，你是卖方，要吸引买方，除了"慧中"外，还要"秀外"，用得体的穿着，给面试官留下得体舒适的印象，既有助于你面试成功的概率，也是尊重他人尊重自己的表现。

4.树立良好的第一印象

在日常生活的人际互动中，我们经常可以见到"一见钟情"式的交往：当两个素不相识的人见面后，他们往往会惊叹于对方的老朋友般熟悉的感觉或是美好的气质，从而升起愿意与之深入交流的想法。事实上，在求职面试的过程中，此类现象也会出现。当然，若你让对方感受到的是你并不美好的一面，你的面试也将就此终止。

李良是一家大型企业的人事部经理，他曾经为所在企业猎取了为数不少的优秀人才。有一次，一个应聘者的简历吸引了李良，对方高学历、出色的工作履历使他这个资深职业人心动了。此时，虽然还没有面试，但李良已经在心里给对方打了很高的分数，求贤若渴的李良将其他工作推迟，专门为这个应聘者安排了一场面试。

这天中午，在约定的面试时间里，李良见到了他。对方虽然穿着整洁，但头发凌乱，连胡须也没有修剪。这个形象让李良大跌眼镜。此时，虽然李良有些反感，可还是决定给对方一个机会。

在两个人的交谈过程中，这位面试者小动作不断，不是伸懒腰，就是摆弄衣服，更过分的是，他甚至还在面试的过程中接了一通长电话。在经过深思熟虑之后，李良决定不录用他。

"你永远没有第二次机会去树立第一印象"。不管在何种场合下，我们往往会在与他人见面后最初几秒钟的时间里对他人作出迅速的判断，而这种第一印象对人的影响往往十分强烈，在心理学上，心理学家将这种作用称为"首因效应"。

在求职面试的过程中，面试官往往会因为个人对于求职者的第一印象而影响最终决策结果。可以说，在面试完成后，第一印象的作用往往会持续很长时间，而其作用也会比日后得到的信息对于整体印象所产生的作用更强。可以说，首因效应既可以让人获得机遇，亦可以令人产生误解。

美国著名人际关系专家阿尔伯特曾经提出过一个有关第一印象的"7/38/155定律"。一个人留给他人的第一印象往往会受到几大方面因素的影响，其中，个人说话的内容本身占7%，具体的说话方式(如语调、语速、音量等)占38%，非语言信息(身姿、面部表情、服饰、行为等)占55%。由此可见，个人的外在信息对于留给他人的印象有着举足轻重的作用。

心理专家认为首因效应与人的外表、肢体语言和其他细节相关。一旦第一印象形成，日后便很难改变，而平日里的自我修炼对个人把握好这仅有的"第一面"极有帮助。个人能否借助一定的技巧，将自己的知识、能力、素质充分地展现出来，是一门值得每一个人细细研读的艺术。

除了着装问题外，我们还可以从以下方面着手。

对外表进行表情修饰

一个无心的眼神，一个不经意的微笑……这些细小的动作在第一印象中往往会起到意想不到的作用,更有可能会决定个人求职的成败。若你在面试过程中能够保持良好的眼神交流、直挺的姿势,并在恰当的时候展示出一个微笑、一个理解的眼神,便会让面试官认为,你是一个自信且可亲近的人。

恰当利用身体语言

在形成首因效应的因素中,重要性仅次于外表吸引力的是身体语言。有大量研究表明,在人际交往过程中,身体语言所透露出来的信息要比有声语言的内涵更加丰富。在现实生活中,大多数人习惯以直观、迅速的方式对他人的肢体语言进行理解,有时候,这种理解方式对于发现积极或者消极信号有一定的帮助作用。

为了给面试官留下良好的第一印象,在面试时,求职者最好两脚着地,在坐与站的时候,不要手臂交叉,并要与面试官进行一定的眼神接触。

求职者特别需要注意的是,只有当你的身体语言表达出来的信息与你所说出来的内容相符合时,你才有可能赢得他人的信任。有心理学家研究发现:若要求不同的受试者分别向他人进行事实与假话的陈述,说假话的受试者往往会不自觉地与对方保持一定的距离,而且身体会微微靠后,肢体活动较少,但是面部笑容反而会增多。

不要以高谈阔论的方式展现自己

也许你自信满满,并期望在面试时充分地展现自己的口才,期望可以捞足"印象分"。但事实上,不仅仅是在求职面试时,就连在人们普通的初次见面场景中,过分高谈阔论都不适宜。

展开有效的谈话当然是树立良好个人形象的关键部分,但是,在面试这一特定场景下,求职者应该简明扼要地表述自己的经历与能力,懂得适可而止。在与面试官进行问答的过程中,求职者切忌迫不及待地争辩或者抢话,而是应以自然、谦逊的谈吐来增加自我可信度与亲和力。

5.女士着装要领

女士的着装，无论从款式、搭配还是档次上都有无穷无尽的变化。但对于求职来说，女性着装应尽量朴素自然，保持衣服的干净整洁即可，质朴美丝毫不亚于豪华美。

有一个应届女生去应聘一家著名国企，身穿一件大号的西服套装，由于衬衣过于宽松而且低胸，里面的性感内衣一目了然，以致被误认为是"靠女性本钱"来应聘"小蜜"一职。

这位女生显然对于正规公司有所误解，爱美之心人皆有之，清秀端庄的外表自然能赢得不少好感，但妖艳性感就不是正规公司所追求的了。一般的正规公司不会雇用一名性感而不检点的女性职员来兴风作浪、扰乱军心。企业里的高级管理层也很警觉，唯恐招来一些"花瓶"摆在办公室里晃眼。因此招聘经理很容易把这种人打入冷宫。短、露、透的服装是绝不可取的，内衣外穿、内衣外露也都不被正规公司所允许，反而越保守的着装越能获得招聘经理的好感。有的公司一到夏天，就要迫不及待地发布着装规范，以避免眼花缭乱的"非典型性"工作氛围。

女士面试着装，主要从以下9个方面来考虑：

宜留短发

近年来，在很多商业企业中能够看到一些精明的职业女性，她们具有的共同特点之一就是"一头短发"。也不是所有的优秀职业女性都留短发。这里没有必要强迫准备参加面试的女生都去剪断长发。只是提供给大家作为参照：年轻的职业女性以短发为多。

长发并非不可，公司里的女秘书通常都留披肩发或中长发。有一些女性能够将长发打理得服帖、恰到好处，但并不是所有人都善于打理自己的长发。面试过程中，满头秀发甩来甩去难免会被招聘经理认为是故意"放电"。因此从"保险"的角度来看，短发更易于打理，更显得专业。有些同学为了面试而大费周折地去烫发，其实大可不必，因为烫发显得一个人朴实不足、成熟有余，与学生身份太不相称。

宜化淡妆

一般去正规企业面试，女性需要稍微化一些淡妆，显得更有朝气，如果素面朝天地去面试，很容易会因为"面黄肌瘦"、"灰头土脸"的本色而丢分。通常，女性应该至少在眉、唇、颊三个部位上稍下功夫。面色红润、朝气蓬勃才显得更有亲和力，更加干练，也更会受到同事及客户的尊敬。

切忌浓妆艳抹，那不是职业女性尤其是年轻女性应该有的精神风貌。一来，与崇尚效率的公司风格不相符，你很可能因为每早"刷墙"而在早上迟到个把小时；二来，万一碰上挑剔的女上司，你的浓妆艳抹加上青春的朝气有可能会招致她的嫉妒和排挤；三来，作为尚未毕业的学生，带有朴素学生气质的淡妆既符合自己的身份，也与面试的要求吻合。

忌涂指甲油与留长指甲

如果你不是艺术家，也不是阔太太，而是一个追求正规职业的女性，就不要涂指甲油，不要留长指甲。作为求职的毕业生，一切装扮都应当以专业化为原则。你不妨观察一下正规公司的女性，她们很少有涂抹指甲油的，而且会经常修剪指甲。

谨慎选择饰物

为了在过于素净的套装上做一些点缀来提点精神，有些女性会选择一些小巧、精致的饰物来进行搭配。所配饰物不用名贵，不要太大，只要简单、明快、大方就可以了，过于扎眼和烦琐的饰物反而会喧宾夺主。面试评估表上，HR的评分与你身上佩戴饰物的市场价格并不成正比。

不必刻意追求套装

女式套装在选配方面较男士西装更为讲究，也更为复杂。男装要求同色配套,而女士套装可以在不同套之间进行搭配,不同颜色之间也可以互相映衬,但总的原则是以深色为宜。不同季节和不同的区域可以适当变通,秋冬季节宜选深色,春夏颜色可稍浅,南方可穿浅色,北方深色更适宜。但不论什么季节和地区,如果只买一套正装,深色套装是最稳妥、保险的。可以在招聘宣讲会及平时多观察正规公司的职业女性是如何穿着的。

很多人知道,在外国极正规的公司,职业女性经常穿着裙子和长袖套装,且无论春夏秋冬、天气冷暖都如此。但是在中国许多外企女性穿着裤装和短袖上班同样显得非常专业,而且已经被外企文化所接受,所以在准备面试着装时不必完全拘泥于外国的规矩。

裙子的长度与宽度

女性的裙装不要太短、太暴露,开衩不能太高,否则稍一有动作就很尴尬。在坐着的时候,双腿还需并拢。讲到裙装的风格,建议大家平时多观察正规公司职业女性着装的色调和品位,在不同风格中找出适合自己气质与体形的样式。

备上一双袜子

袜子以肉色为宜,黑色和白色只要与服装搭配得当也是可以接受的,搭配的风格和品位可以在平时的观察中多积累经验。另外,至少准备一至两双备用袜子放在包中,以便"丝袜勾破"时可以随时换上,免得尴尬。丝袜的长度应该以坐下来之后不会露出腿的本色为宜。

选好鞋子

黑色的皮鞋最为传统,也最为保险。鞋子上不要有太多的花饰点缀,不要太花哨。鞋跟不能太高,走起路来容易崴脚,每一步都小心翼翼也会显出你不自信。鞋跟也不宜太低,平底皮鞋通常是休闲时穿的,正规场合不合适。

环保无处不在

正规的职业女装不包括皮衣、皮裤和皮裙。由于全世界保护自然的意识越来越浓厚,出于对动物的保护,杀生而来的面料不能被普遍接受。

6.男士着装要领

西装

(1)版型。总体而言,西装有3种版型,求职者可以根据自己的身材选择合适的版型。

①欧版西装。这种版型的西装呈倒梯形,它的肩宽收腰,多为双排扣,适合身材高大魁梧的男士,身材瘦小的男士不宜选择此款西装。

②美版西装。这种版型的西装呈O形,整体形状比较宽大,它强调的是舒适、随意,适合休闲场合穿,不适合面试时穿。

③日版西装。这种版型的西装呈H形,比较适合亚洲男人的身材,多是直线条、单排扣,且衣后不开衩,是求职者面试时西装的最佳选择。

另外,求职者在购买西装后,一定要记住将袖口的商标剪除,否则会给别人一种炫耀品牌的感觉,这是很不礼貌的行为。

(2)颜色。男士西装应该保持同色配套,且以主流颜色为主,如黑色、藏蓝色、灰色,以给人稳重、干练的印象。夏季参加面试时可适当选择浅一些的颜色,如米色、浅灰色等。

(3)面料。一般情况下,求职者应选择中、高档的西装,这样不仅能提升个人形象,而且穿的时间也会比较长久,而求职者身着低档西装等于在自毁形象。

常见的西装面料有6种:

①纯羊毛精纺。此类面料属于上等。其特点是质地轻薄,呢面光滑,纹路清晰,光泽柔和,身骨挺括,手感柔软而富有弹性,基本无褶皱,通常用于春、夏季西装。

②纯羊毛粗纺。它也属于上等。质地厚实,呢面丰满,色光柔和,呢面和绒面类不露纹底,手感温和而富有弹性,通常用于秋、冬季西装。

③羊毛与涤纶混纺。中档面料。在阳光下表面有闪光点,柔润不足,弹性较好,挺括但有板硬感,会随着涤纶含量的增加而明显突出。

④羊毛与粘胶混纺。中档面料。它的光泽比较暗淡,精纺类手感比较柔软,粗纺类则手感松散,弹性和挺括感不足,但价格适中,护理简单,穿着舒适。

⑤涤纶与粘胶混纺。此类面料也属于中档。它的质地较薄,表面光滑有质感,易成形不易皱,护理简单,轻便潇洒,保暖性差,适用于春、夏季西装。

⑥纯化纤仿毛。此类面料属于低档。其材质手感柔软,缺乏挺括感,弹性较差,易出现皱折,浸湿后发硬变厚。

男士在选购西装时,最好选择纯毛面料,因为西装面料中羊毛的含量越高,代表面料的档次越高。但纯羊毛的面料易起球、不耐磨损,易被虫蛀和发霉,需要很高的护理成本,求职者可根据自己的经济实力选择不同面料的西服。

(4)尺寸。上衣尺寸:西装讲究剪裁合身,衣长应超过臀部,标准的尺寸是从脖子到地面的1/2长;袖子长度以袖子下端到拇指11cm左右最为合适。裤子尺寸:腰围以求职者穿好裤子后自然呼吸状态下刚好能插入一只手掌为宜,且应保持裤腰前低后高;裤子的长度从后面看应刚好到鞋跟和鞋帮的接缝处。

(5)扣子。西装扣子的扣法很讲究,如果求职者面试时把西装所有的扣子都扣上,不仅显得很呆板,也在向HR透露你连最基本的着装礼仪都不懂的信息,你的面试得分可想而知。

一般情况下,如果是单排扣的西装,最下面的扣子是不需要扣的,如果只有一粒扣子是要扣上的;如果有两粒扣子,就扣上不扣下;如果有3粒扣子,就只扣中间一粒或者上面的两粒;如果西装上有4粒扣子,就应该扣中间两粒,上、下两边的不扣。

如果是双排扣的西装,应该将扣子全部扣好,有时也可以不扣最下面的一粒扣子。

(6)口袋。西装的口袋不是用来装东西的,它的主要作用是装饰。所以求职者穿西装时应尽量不往口袋里装东西。如果口袋显得鼓鼓囊囊,会使西装整体外观走样。上衣外侧口袋原则上不应放任何东西,尤其是上方的口袋,更不应该装钢笔或挂眼镜之类的东西。上衣内侧胸袋可用来放钢笔或名片,但不要显得过大过厚。

(7)西裤。裤子的臀部处不能有中折线。裤管的中折线要不偏不倚、笔直垂挂到鞋面。西裤侧面的两个口袋只能放纸巾等轻柔的东西,后面的两个口袋不应放任何东西。

衬衫

(1)色彩和图案。面试时所穿衬衫应首选白色,也可以选择和西装同一色系的衬衫。如果是深蓝色的西装,则可选浅蓝色的衬衫;如果是浅灰色的西装,也可选择深灰色的衬衫。需要注意的是,如果要穿带条纹的衬衫,则条纹要细小一些,且最好避免与带条纹的西服或领带相搭配。

(2)面料。一般衬衫的面料常见的有5种,求职者可以根据自身的实际情况进行选择。

①纯棉。这种面料穿着舒适,柔软,吸汗,但易皱、易变形、易染色或变色。

②棉和化纤混纺。这种面料不易变形,不易皱,不易染色,但是质感较硬,穿着不如纯棉舒服。

③100%化纤。这类材质的衬衫色彩鲜艳、质地柔软、悬垂挺括、清爽舒适,但吸湿性、透气性较差,遇热易变形,易产生静电。

④亚麻。这是很好的制作衬衫的材料,穿着舒适、柔软,吸汗,但极易皱,易变形,易染色。

⑤羊毛精纺。具有保暖、厚、视觉效果好等优点,但易皱、易变形、易虫蛀、易缩水,护理比较麻烦,一般在冬季才购买。

(3)领子。领子是衬衫最讲究的一部分,衬衫的领子不能太紧,也不能太松,它最靠近人的脸部,对改变人的形象起着很重要的作用。求职者应根据自己的脸型、身材并配合西装的风格选择合适的领型。

常见的领型有5种:

①标准领:领子在脖子处形成一个标准的三角形,顶角约75°,是最常见和最普通的领型,大多与西装搭配,不受年龄限制,与脸型无关。

②敞角领:左右领子的角度为120°~180°,领尖多为直角或钝角,适宜与欧版西装搭配。

③纽扣领:领尖以纽扣固定于衣身,多属于运动休闲风格,与西装搭配时起到固定领带的作用。

④长尖领:线条流畅洒脱,大多不需要系领带,适于搭配休闲时装。

⑤立领:领子垂直立起,是把普通衬衫外面的领圈去掉,仅留里面的领子,是一种时装衬衫。

值得注意的是,衬衫领子在系上领带之后不能翘起来,衬衫领口应与衣身相贴。衬衫领子应高出西装领子1cm左右,且领边要遮在西装领子的下面。而且,衬衫里面贴身穿的内衣绝不能露在外面。

(4)袖子。严格意义上的正规衬衫都是长袖子的,参加面试时最好不要穿短袖衬衫,并且注意衬衫的袖子一定不要卷起来。衬衫袖子的长度也很讲究,袖口应该刚好到手腕,规范的长度是从拇指尖向上约12cm,且袖口应有1~2cm露在西装袖外,这既能体现着装的层次感,又能保持西装袖口的清洁。

(5)纽扣。当衬衫系领带时,不管是否与西装搭配,都要将领口、袖口的扣子全部扣上,以彰显男士的刚性和力度。不系领带配穿西装时,衬衫领口处的一粒纽扣不要扣上,而门襟上的纽扣则应全部扣上。否则就会显得太随意和缺乏修养。

值得注意的是,求职者单穿衬衫参加面试时,应尽量选择袖扣衬衫。因为袖扣衬衫的袖口是翻边的,袖口可选用专门的袖扣固定起来,这样会显得求职者更加专业、得体、有品位。

(6)下摆。衬衫的下摆也有讲究。衬衫下摆有平摆和圆摆之分,圆摆较宽松肥大,属于休闲服装,所以,在搭配西装时应尽量选择平摆的衬衫。同时,求职者在配穿西装时,切忌将衬衫的下摆穿在裤腰之外,遮掩既显得不伦不类,也穿不出西装的品位。

领带

(1)色彩与图案。领带是穿着西装的画龙点睛之笔,男士面试着装得体与否,领带也发挥着重要作用。选择领带的颜色时不仅要注意尽量与西装颜色相协调,还要尽量与衬衫的颜色相匹配。领带颜色有单色和多色之分,单色领带多为蓝色、灰色、紫红色等;选用多色领带时一般不应超过三种色彩,且图案应简洁,以条纹、点、格子最佳,均不要显得过于艳丽和花哨。

此外,还可遵循"深—中—浅"或"浅—中—深"的配色原则来选择"西装—衬衫—领带"的搭配。不管怎样,能做到色彩搭配和谐统一即可。

(2)面料。领带的质地也很有讲究,高档、正宗的领带一般都是真丝或纯毛的,价格也不菲,尼龙面料的领带也可以选用,但档次较低。

我们常见的领带的面料有4种:

①色织真丝:多是100%桑蚕丝产品,使用多种颜色的真丝混织而成,色彩润泽、手感柔和、细腻、通常能防皱、防水。

②印花真丝:多是100%桑蚕丝产品,使用单色丝线织成,表面印刷花纹,手感细腻,色彩润泽,通常能防皱、防水。

③仿真丝:材料多为尼龙,色彩发亮,易起皱,质感稍差,价格低廉。

④涤丝:材料多为涤纶,颜色黯淡,手感粗糙,价格低廉。

(3)尺寸。

宽度:常见的领带宽度多为8cm左右,最宽的可达12cm,最窄的可至5cm。通常,领带的宽度应与人体的宽度成正比,求职者可根据自身情况选择不同宽度的领带。

长度:领带打好后,最佳长度应视领带下端刚好落在皮带扣的上端,稍微长一些或者短一些也可以,但不能过长或过短,否则会显得极不雅观。

另外,领带的上端应与衬衫领子相贴,打好的领带应遮在衣领里面,不可露出衣领的下缘。

(4)搭配原则。求职者选好西装、衬衫和领带后,还要注意三者颜色的搭配,如果颜色搭配不好,再好的西装也穿不出好的效果来。

一般来说,西装与衬衫、领带的搭配原则有3条:

①三单原则:西装、衬衫、领带同属一个色系,只是颜色的深浅不同,不管是由外到内还是由内到外,只要颜色逐步减弱或加深即可。

②二单一双:西装、衬衫、领带只有一个有花纹,且花纹或图案的颜色是其他两种颜色中的一种。

③二花一单:此时要注意区分图案或花纹的走势,如直条纹衬衫要避免使用直纹领带,最好用斜纹、圆点或草履虫等没有方向性的领带。

鞋袜

与西装搭配的自然是皮鞋,且以黑色为首选颜色。黑色、深蓝、深灰色的鞋子都可以搭配很多颜色的西装。袜子的颜色也首选黑色,与西装皮鞋搭配时最忌白色。袜子是纯棉或纯毛的为佳,同时也要注意选择袜筒要有一定的高度,否则抬腿时露出腿部的皮肤就会显得很不礼貌。

7.注意眼神之间的交流

眼睛是心灵的窗户,要想与人很好地沟通,就要打开这扇心灵的窗户。

在一个非常严肃的面试场合,苏小明正在紧张地做着准备。这个面试会综合考评一个人的人际关系、沟通技巧、职业素养,最强调的是客服方面的能力。在苏小明之前,的确有一个漂亮姑娘给了她很大的挑战,那姑娘非常机敏,但是表现并不好,她语言不多,而且身体语言一点也没为她加分。她握手时只用指尖轻轻一握,和HR基本没有眼神交流。细节之处似乎流露出一些傲慢,感觉对面试大局充分把握。相比之下,苏小明在面试时身体语言就很适度而且丰富,她表现得很谦虚,这一点,让她在面试中大占优势。

　　眼睛是心灵的窗户,这是公认的名言。对此,生理学家在科学上也找到了相对应的根据。生理学家指出:人的眼睛上面有上万条神经连接大脑,它们是大脑从外部获得信息的渠道,同时又受着大脑的反弹控制,即反映着大脑的工作情况,人的所有秘密又都可在瞳孔的变化中反映出来。人的情绪和态度从积极状态转为消极状态,或从消极状态转为积极状态时,瞳孔就会随之扩大和缩小。人在极度恐慌和极度兴奋时,瞳孔甚至可能会比常态扩大四倍以上。反之,在悲伤或态度消极时,瞳孔又会缩小许多。在日常生活和工作中,有人就充分地表现出了这些变化。例如,人们在欣赏一幅优美的画面时,目光会显得炯炯有神。一对初恋的男女之间,目光的使用频率往往超过有声语言。我国著名外交家陈毅,为了遮掩思想情绪的外泄,在谈判时总喜欢戴上一副墨镜。

　　眼睛的语言除了瞳孔大小的变化外,还包括眼睑和眉毛的变化。一个人的眼睑可以有23种不同的开闭方式,睁大双眼,睁一只眼闭一只眼,眯着眼……都可以表现不同的神态情绪和心理。眉毛的变化有近40种不同的方位,双眉竖起,双眉侧挂,眉飞色舞……也是各种心理状态的昭示。印度诗人泰戈尔说:"学会了眼睛的语言,在表情达意上是无穷无尽的。"既然造物主赋予了人类一双眼睛,我们就应当好好利用它,充分发挥眼睛在日常交际中的作用。

　　社会心理学家认为,目光接触是非语言沟通的主渠道,是获取信息的主要来源。人的眼睛不仅仅有"看"的功能,而且更能体现一个人的修养、道德情操。科学证明,人们对目光的感觉是非常敏感、深刻的。我们可以从对方的眼睛中探出心灵深处的各种秘密。这种通过目光的接触来洞察对方心理活动的方法,我们称之为"睛探"。在求职面试时,目光接触可以促进双方谈话同步化。

一般说来,眼睛能表现出自卑、自信、诚实和伪装。在你进门之后,HR会叫你的名字,与你打招呼;在问的过程中,他会用眼睛注视你。如果你的眼光游移不定,逃避他的注视,这既表现出你还比较拘谨,也表示你对于他的问题有一种自卑心理。如果你与对方打招呼或提问时都能热情地注视对方,则显示你既有坚定的性格又有自信心。一个女人诚实与否,可以从她的眼睛里反映出来。如果她的内心为某种事实担心,而又无法坦白地说出时,眼睛是忽东忽西的。有的人会突然做出一些姿态转移别人的眼神。而诚实的眼睛哪怕是避开别人,也会显得是在认真地思考,而不是在打其他主意。

所以,在与对方交谈时,既要注视对方,又要避免凝视带来的副作用。我们可以适当采用虚视,要让对方从你的视线中感到你的真诚、友善、信任、尊重的情感。切忌视线向上,这是傲慢的表示;视线向下,这是忧伤的表示;环顾左右,这是心绪不宁的表示。而且那种得体、自然、柔和、活泼的表情,往往可以给听者一种美的享受。

8.面试中应避免的负面动作

毋庸置疑,对于求职者来说,面试这一过程有着巨大的身心压力。尤其是在当前经济危机的情况下,用人单位对求职者的各方面要求高了许多,求职者的面试机会不断减少,面试的成功率也在急速下滑,特别是对于那些刚刚步入社会的学生而言,找工作的压力更大。在这一形势下,求职者能否入职，全看这面试中的"临门一脚"。因此，想要在面试中成为胜利者的话，唯有做好万全的准备，才可获得入职的门票。

可是在现实中，许多求职者由于紧张或者是自己平时的一些习惯，在面试官面前会做出一些下意识的小动作，这些负面小动作往往会影响面试官对求职者的评判。

杨梅在求职前已经听说现在工作难找，招聘信息虽然看上去铺天盖地，可好岗位对于她这样缺乏实践经验的应届毕业生来说却是大海捞针，所以杨梅一开始就把目标定得较低，打算应聘一个文秘类的岗位，她认为自己是本科学历，又有一些相关的实习经验，面试应该是十拿九稳的事情，也就没把别的竞争者放在心上。

面试当天，杨梅把自己的简历熟悉了一遍，也没做什么准备就来到了该公司。到了现场，杨梅发现已经有几个求职者在等候了，而且那几位求职者看样子都经过一番细心打扮，一个个嘴里念念有词，看上去非常认真。相比他们，杨梅明显有些准备不足，她感到有些紧张。

终于轮到杨梅面试了，她走进那间办公室，看见两位表情严肃的面试官，用审视的目光打量着她。杨梅不由得更紧张了，头不由自主地低了下去，事先准备的说辞全忘了，脑子里一片空白。这时候比较年长的面试官让杨梅做一番自我介绍，而她几乎是将自己的简历生硬地背诵了一遍，语调就像一根直线，声音虚飘无力。在做自我介绍的时候，杨梅的手指还习惯性地去拨弄自己的一头长发，让两位面试官看得直皱眉头。

好不容易介绍完毕，杨梅还没松口气，另一个面试官又提出了问题："你觉得自己应聘这个岗位的优势在哪里？"其实之前杨梅也做过这方面的准备，对于自己的特长、经验等也把握得很清楚。可偏偏一紧张，平时的那些小动作全出来了，一会儿摸摸头发，一会儿挖挖耳朵、碰碰鼻子……都不知道手该往哪儿摆，两位面试官显然也有些不耐烦了，随便问了两个问题就叫杨梅出去了……

不难想象,当着人挖耳朵、擦眼屎、剔牙缝、擦鼻子、打喷嚏或用力清喉咙等行为会给面试官留下多么恶劣的印象。也正是由于这些负面动作,让杨梅失去了一个难得的机会。这个例子带给求职者的警示就是:在面试时一定要努力避免这些令人难堪的、难登大雅之堂的小动作。其实,只要求职者意识到这些小动作会误了自己的大事,想避免这些小毛病是完全可以做到的。

下面是一些求职者在面试的过程最容易出现的小动作,在面试的过程中应尽力避免出现:

扮鬼脸

有些求职者总爱在脸上表露出对面试官说话的反应,或惊喜,或遗憾,或愤怒,或担忧。表达这些情绪时,他们总是歪嘴、眨眼、皱眉、瞪眼、耸鼻子,这就是扮鬼脸。这种鬼脸在平时的人际交往中或许有好的效果,但在面试时却有害无益,会让面试官觉得非常不雅,因此应加以克服。

跷二郎腿

二郎腿是一种很不端庄的坐姿,如果求职者平时有这种坏习惯,在面试中就要有意识地克服,最好双脚平放,采取最基本的坐姿。

拉裙子

部分女性求职者在面试时总觉得自己穿着的裙子太短,坐下时生怕"曝光",而不断地拉裙摆,这样容易让面试官觉得求职者的个性太过于浮躁。因此,为避免这种窘境的产生,女性求职者在面试前不要穿过短的裙子。

拨弄头发

留着长发的求职者,与面试官交谈时,常常会不自觉地拨弄头发,这在面试官看来,是一种不尊重人的表现。因此,为避免这种习惯影响到面试的结果,求职者最好将长发扎起来,或理个有层次、清爽、整齐的发型。

夸张的肢体动作

面试时,太过于活泼、夸张的动作,易招致不稳重的印象。因此,求职者在面试中要尽量避免肢体动作过多、幅度过大。

手提服饰袋

面试时,随手提个服饰袋,容易给面试官留下不够尊重或太轻浮的印象。因此除非不得已,求职者可将服饰袋先行存放好,再参加面试。

不停地看手表

在和别人交谈的过程中,不停地看时间,会让人有一种压迫感产生,在面试考场上这一动作一方面会让面试官觉得反感,另一方面,自己也会因怕时间不够用而草率地回答问题以致影响面试结果。因此,在面试时,求职者如果戴着手表,一定不要不停地看时间。

咬嘴唇

在面试过程中,经常会有一些求职者,不自觉地咬嘴唇。这一动作传递给面试官的信息是求职者不够自信,或过于紧张,这对面试成功没有什么帮助。

9.肢体语言也是重要的公关手段

这是一位著名女舞蹈家的真实经历:

她在十四岁时,舞蹈技能已经十分出色,于是去一家专业剧团应试。考场设在练功房,考官们整齐地坐成一排。当她进入考场后,茫然四顾,然后看到主考官们后,用手指搅着衣角,站在那里很不自然。

主考官手执一大头针对她说:"这是什么?""针。"旋即考官将针掷向地上(实际上并未扔出),说:"请把它捡起来。"女孩趴在地上认真寻找,终无所获,急得直掉泪。几分钟过去,考官说:"考试结束,请叫下一名考生。"小女孩急于表白:"我会跳小天鹅,会演白毛女!"结果无济于事,还是客气地被"请"出了考场。

几天过后,经过专家的点拨和女孩的苦苦努力,她又获得补考的机会。在得到应允之后,女孩推开门走进去,向考官们深鞠一躬,然后面带微笑地看着老师们。考试的题目是:"请你把眼镜找出来,戴好。"小女孩心领神会,立即用自己熟悉的舞蹈"词汇"表现没带眼镜时的彷徨、呆滞及找到并戴好眼镜后的喜悦、明亮。

主考官面露喜色,示意她可以离开了。女孩再次深鞠一躬,然后说谢谢。转身出去时没有忘记轻轻带上门。从此这位小女孩踏上了舞蹈事业的成功大路。

正确解读"无声"的肢体语言最为重要,这一方面需要日积月累的扎实训练。另一方面也需要临场发挥、灵活机动。

除了讲话以外,肢体语言也是重要的公关手段,主要包括手势语、目光语、身势语、面部语等,通过仪表、姿态、神情、动作来传递信息,它们在交谈中往往起着有声语言无法比拟的效果,是职业形象的更高境界。一个微笑的表情,一个恰当的手势,以及一个优雅端庄的坐姿对于别人来说无不都是赏心悦目的事情,何况这样美好的情形出现在面试官的眼里。

也许你还不知道,在你和面试官打过第一个照面时,你所有的行为都被他尽收眼底,因此礼仪举止在此刻显得尤为重要。要想在礼仪中为自己加分,就要正确地使用形体语言,准确而恰当地表达自己的意愿,以便得到面试官的认可,为自己多争取一份就业机会。

你坐对了吗?

你可能会说:谁还不会坐?但事实上很多人的确不会坐。有些面试者未经面试官允许就走过去,一只脚踢开椅子,然后一屁股坐下去。还有的人坐在那里一边抖腿,一边不时把玩着圆珠笔。我们提倡面试时保持轻松自信的状态,但过于随便就等于自毁前程。

即使一个简单的坐姿也要体现礼仪修养。一个内外兼修的人对别人尊重的表现形式之一就是得体有礼地坐好。伴随着一声"请坐"就此拉开了你和面试官的礼仪之序。到此第一道关卡开始了,坐下时应道声"谢谢",这是很多人会遗忘的事情。第二道关卡便是良好的坐姿。坐椅子时最好坐满三分之二、上身挺直,这样显得精神抖擞;身体要略向前倾表示你对面试官很关注,你在聚精会神地听他提问。不要弓着腰,也不要总把腰挺得很直,这样会给人留下死板的印象。即使面试官看不到你的双膝,我依然建议你膝盖并拢,双手自然地放在上面。跷二郎腿并不停抖动、两臂交叉在胸前,或者把手放在邻座椅背上……这些动作都会给别人一种轻浮傲慢、有失庄重的印象。

你看对了吗？

在和面试官打过照面后,你的目光应该落在哪里？有人说,当然是看面试官了。回答正确！但这里还有一个问题,你是目不转睛地看着他,还是眼神四处飘忽不定,或者低下头做羞涩状不敢看面试官？

看,并且正视面试官,但不必总看着他的眼睛,你可以将视线不时停留在他的鼻子,即所谓面部三角区内。要特别注意眼神的交流,这不仅是相互尊重的表示,也可以更好地获取一些信息,与面试官的动作达成默契。回答问题前,可以把视线投在对方背面墙上两三秒钟做思考,不宜过长,开口回答问题时,应该把视线收回来。

你笑对了吗？

有个女孩去面试,她秉承着微笑是礼貌的宗旨,从进门开始她就一直微笑,一直到最后离开,这种笑让面试官从开始的欣赏到后面的不自在,最后面试官实在忍不住说了一句:"放松就可以,不必太紧张太拘泥。"女孩顿时收住笑容,说:"我笑得脸都疼了。"

该笑时笑,不该笑的时候不要笑。微笑可以体现出一个人的自信,也能为你消除紧张。面试时面带微笑会增进你与面试官的沟通,会百分之百地提高你的外部形象,改善你与面试官的关系。有调查表明:赏心悦目的面部表情,应聘的成功率远高于那些目不斜视、笑不露齿的人。但也不能为了达到这个效果一直笑着,时间一长会给人留下表情僵硬的感觉。也不要板着面孔,苦着一张脸,否则不能给人以最佳的印象。对方说得对时,微笑并且点头肯定,对方的话听懂时,笑一笑表示自己听明白了,一切都要顺其自然。

你的手势表达对了吗?

人在说话的时候,都会自然地借助手势来配合表达。如果一个人的手势过多,会让对方看得眼花缭乱,也会给你留下轻浮不稳重的印象。交谈很投机时,可适当地配合一些手势讲解,但不要频繁耸肩,手舞足蹈。有些求职者由于紧张,双手不知道该放哪儿,一会儿放在桌子上,一会儿放在裤兜里,一会儿背在后面,一会儿又抓耳挠腮,这些行为都不可取。手势不宜多,能够表词达意就可以,如果你把握不准的话,可以借鉴一些成功的案例,多学习学习。

虽然面试只有短短的几分钟时间,但在这几分钟内,你的所作所为无不关乎你的面试结果。平时多积累相关礼仪知识,才能游刃有余地应对自如。

10.面试之后记得说感谢

一个人讲不讲礼貌,懂不懂感恩,那真的是修养的问题,但也能从这个问题的认识上判断一个人的礼仪层次。

有一家公司,招聘一批员工,当然都是女孩子,前来应聘的很多女孩也很漂亮,文凭也不错,公司的面试和笔试都十分烦琐,一轮轮淘汰下来,最后只剩下5个人。其实这5个人个个都很优秀,都有较好的外表条件和学识,而且都毕业于名牌大学。公司通知5个人先回家,等待公司最后的决定。

几天后,其中一位的电子邮箱里收到一封信,信是招聘公司的人事部发去的,内容大概是:经过公司研究决定,你落选了,但是我们欣赏你的学识、气质,因为名额有限,实是割爱之举。公司以后若有招聘名额,必会优先通知你。你所提交的资料录入电脑存档后,不日将邮寄返还于你。另外,为感谢你对本公司的信任,随寄去本公司产品的优惠券一份。祝你开心。

有一个女孩在收到电子邮件的一刻,知道自己落选了,十分伤心。但又被公司的诚意所感动,就顺手花了几分钟时间用电子邮件给他们人事部的人发了一封简短的感谢信。最后不用猜想,当然她被录取了。

其实这只是招聘公司的一个小游戏而已。可在那个游戏里,只有她一个人是胜出的,因为她懂得感恩。

以后去面试,不管最后是不是通过,都记得给面试的公司写一封感谢信,用葛优的话来说就是:散买卖不散交情。这次不行,也许以后还有机会呢。再者,对方给了你一次面试机会,让你获得锻炼,你不应该感谢吗?就是这个道理。但要让这份感谢的心情得到对方的共鸣,就是要认真对待的事了。

最好手写

现代化的通信工具已经很多, 但一家单位的工作人员为你做了些好事,或者竭力帮助了你的时候,没有什么能比你亲手写的致谢信更有意义了。怀着感激的心情,花一些时间坐下来,想一想帮助你的人,用真诚的态度非常认真地写一封亲笔信表达你的谢意，无论最后结果如何，都已经传递了你的感激之情。一封简短的特别的致谢信也许只需要几分钟，但是得到的可以说是1千倍的回报。人们会记住你的感谢，即使他们已经忘了曾经为你做过些什么。

用高质量的书写纸

与其买一些印有"真诚感谢"类文字的普通书写卡片，不如买一些高档的商务明信片，卡片上有浮雕效果的你的姓名或者独具匠心地写上你的相关资料。对方会仅凭你使用的书写纸的质量，来判断你的综合素质甚至未来的前途。

内容简短

致谢信不是写情书，不需要很长的篇幅，也不需要华丽的辞藻。感谢信的开头应提及自己的姓名及简单情况以及面试的时间，并对招聘人员表示感谢。感谢信的中间部分要重申对公司、应聘职位的兴趣，增加一些对求职成功有用的新内容。感谢信的结尾可以表示对自己的信心，以及为公司的发展壮大做贡献的决心。

正确书写姓名和地址

当给别人写致谢信的时候，最糟糕的错误就是写错对方的名字，写错了对方的职务头衔。因此在发出信件之前一定要核对信息，确保信息正确再发出。

及时发出

在面试结束后一两天之内将你的致谢信发出，即使你觉得已经拖延了很长时间，也要发出你的致谢信，因为迟到的致谢总比没有表示要好。

徐娇应聘度假村公关人员的职位，被要求去见销售主管、公关部主管和酒店的总裁。在面试的过程中她用心注意观察每个人的办公室是如何装饰的。在走到销售主管的办公室后，她立即就看到销售主管用旧了的高尔夫球杆，很明显，他喜欢打高尔夫球。酒店总裁的办公室墙上装饰的都是打马球用的马匹的照片,公共关系部主管则在电话附件中有一套黑白相间的瓷器奶牛。面试之后,徐娇去购物中心去买带有马和高尔夫球的卡片。然后在每张卡片上写了很好的致谢词,分别寄给酒店总裁和销售主管。至于那位公关部主管,她给他买了一个白色的13cm×18cm的拼图。她用带颜色记号的笔在拼图上写下了自己的名字,同那封感谢信一起寄了过去。一周后,她被雇用了。

如果你特别想得到那个岗位,那么不妨像当初制作简历那样别出心裁地写一封感谢信,这样不但适合那些面试你的人,同时也可以彰显你的个性,提升你的竞争力,毕竟一封感谢信也是需要创造性思维的。只要你能想到,就一定能做到;只要能做到,就一定能得到!

11.不要过早地打听结果

对于每一个求职者来说,最巴不得就是面试结束后就有人对他说:你明天就可以来上班了。但这种情况出现的可能性是很小的,因为有那么多人应聘,面试官也不是超人,所以耐心等待是必需的一个过程。

在一般情况下,考官组每天面试结束后,都要进行讨论和投票,然后送人事部门汇总,最后确定录用人选,可能要等3~5天。这段时间一定要淡定,不要过早地打听面试结果。过早追问面试结果,最后只能适得其反,即使有幸被录取,也可能会给人事负责人留下不好的印象。

有一个女孩毕业后差不多一年都没有找到工作,随着时间的推移,她的心情越来越差。后来朋友介绍她去黄石找工作,就在朋友的推荐下去面试了一家企业，由于生活没有着落所以求职心切，面试结束后她就询问面试结果，人力资源经理委婉地告诉她有结果就会通知她。可她还是不甘心，她认为她的资历绝对够格，加上朋友本身就是这家企业的员工，所以她胜券在握，后来又几次追问，最后被连人带简历地赶了出来。

女孩很纳闷，她没明白自己做错了什么，用她的话来说就是："我太想得到这份工作了，所以有些迫不及待，可为什么就不能当场告诉我结果呢？"

要知道，现在任何一个岗位都会有几百上千人去竞聘，在招聘没有结束时，就连人力资源经理也不知道谁会是最理想的人选，当场追问结果显然是不明智的行为，这样不但会给面试官不够稳重的印象，同时也对你能否胜任未来的工作产生怀疑。只有面试结束之后，从众多的简历中挑出最优秀的，加上面试印象，面试官才能初步筛选出理想人选。

一般来说，如果在面试两周后，或主考官许诺的通知时间到了，你还没有收到对方答复，就应该打电话或写邮件给招聘单位或主考官，询问是否已作出决定。你可以写信、发E-mail或打电话询问面试结果。一是提醒一下招聘方，表示自己对这个公司很感兴趣；二是在面试官难以作出判断时，你的信件可能为自己增加入选的机会。即使未被录用，最好能与主考官保持联系，这也是建立职业关系网的一个重要组成部分，很可能在今后你仍有机会进入你所心仪的单位。电话要简短，最好不要超过5分钟。一是打电话可能干扰别人的工作，二是如果招聘方感觉不便回答可能陷于尴尬，三是会显得自己太着急。

另外，还要摆正心态，面试之后，回到家里，应该仔细记录整个面试经过，每个面试提问，每个细节，都要记载在面试记录手册里，对自己的面试情况做一个客观的评估。面试成功与否并不是最重要的，最重要的是从上一次面试中分析各种因素，学到经验，下次面试会更加出色。

如果你同时向几家公司求职，就要很快收拾好心情，全身心投入到第二家公司的面试中,因为,未有聘书之前,仍未算成功,你不应放弃其他机会。

　　总之,心态要坦然,尽力而为,量力而行,不要勉强自己去做不能力所能及的事,在每一个面试环节都尽可能给面试官留下良好的印象,追问面试结果或者走后门托人打听都是不礼貌的行为,更糟糕的是,很可能因为你的这些"小动作"而使得你前面的努力功亏一篑!

第五课

自我营销

——善于推荐自己才能走向金牌岗位

世界500强企业的成功者都认为，面试其实就是一门自我营销的艺术——"这个自我营销大有文章可做。如果不会营销自己，即便你有很好的个人能力也很难被录用；学会超强的自我营销，即使你个人能力并不很强也会顺利地被世界500强录用！"

1.机遇不等人,善于推荐自己很关键

在求职过程中,你不仅应该是一个伟大的制造商,善于生产社会最需要的产品,还应是一个伟大的推销员,善于使别人认识和接受自己的产品,把自己"推销"出去。

很多人由于传统观念的根深蒂固,有一种极其矛盾的心态和难以名状的自我否定、自我折磨的苦楚。在自尊心与自卑感地冲撞下,他们一方面具有强烈的表现欲,另一方面又认为过分地出风头是卑贱的行为。但在竞争激烈的今天,想做大事业,必须放弃那些不痛不痒的面子,更新观念,大胆地推荐自己。

常言道:"勇猛的老鹰,通常都把它们尖利的爪牙露在外面。"巧妙而适度地推荐自己,是变消极等待为积极争取、加快自我实现的不可忽视的手段。精明的生意人,想把自己的商品推销出去,总得先吸引顾客的注意,让他们知道商品的价值。要想恰如其分地推销自己,就应当学会展示自己,最大限度地表现出自己的优势。给人生的每个阶段一个合理的定位,然后信心十足地为自己创造全方位展示才能的机会。

对于一个刚刚毕业的大学生来说,一定要学会推销自己。如果你和其他同期毕业生一样,只会散发履历表,墨守成规地做事,绝不会有什么出人意料的结果。如果你想短期内就有好消息,你就必须另辟蹊径,敢于推荐自己,对于那些已经工作并有了一定事业基础的人来说,建立一个受公众欢迎的形象是一种长期投资,对事业的长远发展具有不可估量的价值。其中,采用主动引起他人关注的方法就是一种捷径。

我们之所以要主动推荐自己,引起别人的关注,主要是因为机遇是珍贵的、可遇不可求的、稍纵即逝的，如果你能比同样条件的人更为主动一些，机遇就更容易被你掌握。因此，主动出击是俘获机遇的最佳策略。另外，世界上总是伯乐在明处，"千里马"在暗处，并且"千里马"多而伯乐少。伯乐再有眼力，他的精力、智慧和时间都是有限的，等待可能会耽误你的一生。

既然我们都知道"守株待兔"的行为是愚蠢的，那么我们就没有必要去坐等"伯乐"的出现，而应该主动寻找"伯乐"。更值得注意的一点是，时代在前进，岁月不饶人，随着新人辈出，每个立志成才者都应考虑到自己所付出的时间成本。一次机遇的丧失，便可导致几个月、几年甚至是一辈子年华的错失。明白了这个道理，我们就会有一种紧迫感，在行动上更多几分主动，以便有更多的机会，使更多的人来注意自己。

但是，毛遂自荐对很多人来说并不是一件容易的事情，这是需要一定的胆识和勇气的。不自信的人、害怕失败的人是不敢尝试的，只有具备勇气的人才能获得成功。

世界歌王帕瓦罗蒂到中国来的时候，去北京中央音乐学院做访问。学生都在争取机会，以求得在这位歌王面前一展歌喉。要知道，这可是一个难得机会，哪怕是得到歌王的一句肯定，也足以引起中外记者们的大力宣传，从而加快自己在歌坛的发展。在学院的一间教室里，帕瓦罗蒂正耐心地听学生演唱，不置可否。正在沉闷之时，窗外有一男生引吭高歌，唱的正是名曲《今夜无人入睡》。听到窗外的歌声，帕瓦罗蒂的眉头舒展开了："这个学生的声音像我。"接着他又对校方陪同人员说："这个学生叫什么名字？我要见他！并收他做我的学生！"这个在窗外唱歌的男孩就是从陕北山区来的学生黑海涛。以他的资历和背景，难以有机会面见到帕瓦罗蒂，他只能凭借歌声推荐自己。

后来，在帕瓦罗蒂的亲自安排下，黑海涛得以顺利出国深造。1998年，意大利举行世界声乐大赛，正在奥地利学习的黑海涛又写信给帕瓦罗蒂。于是，帕瓦罗蒂亲自给意大利总统写信，推荐他参加音乐大赛，黑海涛在那次大赛上获得名次。黑海涛凭着他那敢于推荐自己的勇气和不断努力的精神，在他的音乐道路上取得了非凡的成就，现在黑海涛是奥地利皇家歌剧院的首席歌唱家。

这似乎是一个奇迹，但这个成功的例子也足以让一些怀才不遇的人沉思：机遇稍纵即逝，善于推荐自己很关键。著名数学家华罗庚也曾说过："下棋找高手，弄斧到班门。"他认为，应敢于在能人面前表现自己，敢于和高手"试比高"。当他在乡镇小店里自学时，就敢于对大数学家苏家驹的理论提出质疑。正是凭借这种可贵的精神，使他早早闯进了数学王国的神秘宫殿。

机会可遇不可求，机会在很多时候是由我们主动争取的，那些不敢也不愿意推荐自己的人，往往会与机会失之交臂。所以，如果你是一个真正有才华有特长的人，关键的时候大可不必过分"压制"自己，要适时做好自我推荐，以求得发展的机遇。

2.用心听出HR的"弦外之音"

黄建就任一家美资跨国公司中国区总经理后，一个朋友向他求教，问他取得成功的关键是什么，黄建沉思片刻，说起他的第一次求职经历。

那是德国一家大公司招聘的人事经理，经过层层筛选后，黄建成为最后三名决赛者之一。面试前黄建的准备工作做得十足，他期望能够凭借着一次应聘的成功迅速在德国站稳脚跟。

没有想到面试是三个人同时进行的，面试的考题也异常简单：把一份紧急公文送到公司对面的一家酒店的公司谈判代表手中。

黄建和另外两个求职者拿着相同的公文走出总经理办公室，向公司大门疾步走去。

公司与谈判代表所在的酒店只隔着一条马路,但在公司大门和马路之间却有一片圆形的大草坪,公司的大门刚好对着草坪的中间部位。

黄建出了公司大门,沿着草坪旁的人行道向前跑去,他想用最快的速度绕过草坪,将公文送到酒店的谈判代表手中。一名竞争对手和他并肩一同向前跑着。

跑出大约十几米时,黄建回头,发现另外一名竞争对手正穿越草坪向对面跑去。见状,黄建也改变了方向,也踏进草坪。

最后的结果,那名一开始就横穿草坪的人第一个将公文送达,黄建第二个送达,而一直坚持绕过草坪的人最后送达。

聘用结果很快就出来了:绕过草坪的人被聘用为人事部经理。

总经理说:"虽然他是最后送达公文的人,但他能够坚持原则,这种原则第一的观念就是人事经理最应该秉承的。"

让黄建感到更加诧异的是:穿越草坪,第一个将公文送达的人同时被破例聘用为公司经销部经理。

总经理说:"这种打破常规,不按部就班的精神能够为公司带来另外的收获。"

三个人中只有黄建落败。

黄建讲述完,感慨道:"一个求职者能坚持什么不是最重要的,最重要的是不能飘摇不定、缺少主见。正是这次失败校正了我此后处理问题的准则,我才有了今天的收获。"

HR提出问题的背后,都有潜规则的,有他们想要考察的东西。求职者要能听出HR的潜台词。

在面试前,用人单位总是让求职者等待很长的时间,直到求职者望眼欲穿,几近绝望,才会收到面试通知。HR的面试花样繁多,面试题目并不非常注重数理化试题,而更注重分析思路和推理等方法层面的东西。有的竞争辩论、有的估算存活价值,有的当场测试打字速度,让求职者防不胜防。

用人单位希望找到一个成熟、活跃、聪明的新员工。HR提的问题,通常是"旁敲侧击"型,比如"你有什么缺点?"如果你简单地回答诸如"粗心"、"交际能力不强"等,那么,这样回答的求职者就会得0分。HR其实质想了解求职者能通过什么方法克服缺点。如果不能听出问题的潜台词,那么面试的机会就会被浪费。

求职者可以通过HR的提问,探查出用人单位想要了解自己什么。

为此,专门列举一些实例,希望能给求职者提供一些帮助,来识破面试当中HR提问的玄机。

HR问:"你谈恋爱了吗?"

玄机:用人单位想考察求职者的人生观、价值观。求职者别天真地以为,问你这些面试题,HR是为了获知你的个人信息。其实求职者是否恋爱,用人单位并不关心,这道面试题是为了考察求职者的成熟程度和处理生活事务的能力,以及考察应试者的人生观和价值观。

HR问:"能谈谈你选择这份工作的动机吗?"

玄机:这个题目看似简单笼统,但想要答好并不容易。这道题目,除了测试面试者对这份工作的理解程度及热忱之外,企业还将根据这道题目筛选掉因一时兴起、暂时找不到工作,而将企业当跳板的人。所以这道题目回答恰当与否,直接影响你的应聘结果。

作为成熟的企业,能理解应聘者追求更高职位的想法,但企业不能容忍的是到处找"跳板"的员工,没有老板喜欢跳蚤式的员工。

HR问:"你认为自己最适合做什么?"

玄机:HR是想考察你的思想性、主见性,所以求职者的回答必须明确。在面试过程中,这道题目是个坎,一些原本笔试成绩不错的应聘者就是因为这道题目而落马的。他们被淘汰的原因:一是对自己的职业目标不明确;二是性格原因,怕暴露自己的欲望。

求职者记住:不管HR的潜台词背后有什么,你必须把用人单位想要的一面彰显出来。面试时求职者有什么能力不是最重要的,重要的是用人单位需要你有什么能力。很多求职者最容易犯的是有机会就猛吹,却不了解用人单位的需求。所以一定要了解用人单位的心态,只给对方想要的。

3.恰如其分地自我"揭短",拉近与招聘者之间的距离

在面试过程中,人们总想把最好的一面展现给招聘者,即使有不足和缺点,也本能地藏着掖着,生怕被招聘者知道,仿佛要是有人知道他过去的"污点",他的光辉形象就大打折扣。这是完美主义在作怪。其实,在适当的时候,偶尔暴露一下缺点,会让你在面试中更自信,更胜一筹,更能赢得招聘者的信任。

美国著名的心理学家纳特·史坦芬格做过这样一个实验:要求4名前来求职的人,要一边做自我情况报告的录音,一边用小型的煮炉煮牛奶。

第一位求职者声称:自己学习成绩优秀,而且有出色的社会活动能力。他在报告最后特意提到牛奶煮得很好。

第二位求职者的报告的内容与第一个人相差无几,但他在报告的最后说,他不小心碰翻了煮炉,牛奶也煮煳了。

第三位的情况和前面两位不同。他说自己的学业很糟糕,而且社会组织活动能力不怎么样,但他的牛奶煮得相当棒。

第四位的自我报告和第三位相似,并且牛奶也煮得差劲。

史坦芬格认为,所有求职者都可以归于上述四类人之中,第一类人:十分完美,毫无欠缺;第二类人:非常完美,略有欠缺;第三类人:欠缺,有小长

处;第四类人:毫无长处。

表面上看,第一类人很优秀,企业的发展需要这类人才;但事实上,第二类人最受企业老板的欢迎。因为人毕竟还是现实的,都会有或大或小的缺点,不可能做到面面俱到,才能出众但也犯一点小差错的人,通常是最受欢迎的。

完美是一种高深的境界,可以说每个人都在追求着完美,但是物极必反,太过于完美的东西,往往令人产生怀疑。在求职招聘中,太过完美的东西,往往会令主考官产生两种想法:一是误认为你华而不实,企图用欺骗的手段蒙混过关;二是主考官会认为你才华过人,并非池中之物,有朝一日会跳槽或自立门户。因此,就出现了因表现太过完美而找不到工作的反常现象。

所以,当你在谋职推荐自己时,如果表现得过于完美,那么只会引起招聘者的不信任,甚至遭到排挤,而一旦招聘者从心里对你产生怀疑,那么你的面试也就会断然受到阻碍。

小秦和小陈是一对要好的同学,毕业后,两人一同到某公司应聘。主考官要求她们在一个星期内翻译一本日文材料。小秦的日文基础比较好,只用了3天时间,就把材料翻译完了,但是她并不满意自己的劳动成果,她主动找到学校的一位日文教授,并请他帮忙修改,然后将材料交到主考官手里。而小陈的日文基础比较差,她用了一个星期的时间才把材料翻译完,而且没有请任何人帮忙,就这样"原风原味"地把材料交了上去。

主考官看完二人交上来的材料后,认为小秦翻译的材料几乎挑不出错误,但是太过于完美了,令人产生怀疑;小陈翻译的材料虽然能挑出许多错误,但是却反映出了"真实"二字。结果,小陈接到了该公司的录用通知书,而小秦却被淘汰了。

在面试过程中,很多人有掩饰自身弱点的习惯,他们总认为这样就能在招聘者面前展现最完美的自己,但结果往往适得其反。其实,当你在与招聘者交往作自我介绍的时候,对方就是想了解你的真实情况,而一旦你所说的和对方所了解的相反,那么必然会引起对方的质疑,给对方留下不踏实的感觉。所以,与其把自己夸得天花乱坠,不如恰如其分地自我揭短,拉近与招聘者之间的距离。比如,有一位大学刚刚毕业的学生在向用人单位负责人介绍自己的情况时首先就说:"由于我平时喜欢打球,所以,我的成绩并不怎么好……"结果,有些成绩比他好的未被录用,而他却被录用了。还有一个前去应聘建筑设计的人,是这样自我暴露缺点的:"我对建筑设计工作非常热爱,业务也很熟,但我个子矮了些,还有些胖。"注意,此时,他说的缺点都和应聘职位无关,而且即使你不说,招聘者也能看出你胖、个子矮。个子矮、胖等缺点,经过你主动暴露后,反而会成为"优点",招聘者认为你很诚实,比一味自我表扬,成功的概率更大。

王芳是某大学的一名教授,在安逸的象牙塔中享受着优厚的待遇,过着舒心的日子。一次,学校里评选高级教授,凭王芳的资历,获得这项荣誉是理所应当的。可是,事实却出人意料,由于某种特殊原因,王芳落选了。因为心理不平衡,她决定辞掉学校的工作,到企业中去应聘。

王芳在人才市场中寻觅了很长时间,一次她参加了一个广告公司的招聘会,当主考官问她"为什么放弃大学教授的工作,到企业上班"时,王芳坦诚地说:"我们夫妻两人收入差距较大,为了能让家庭生活富裕一些,我选择到企业工作。"主考官继续问道:"你可曾有过失败经历?"王芳把评选高级教授失败的经历,坦诚地向主考官叙述了一遍。

虽然她并不确定自己的应聘方式是否正确,也没有十足的把握获得应征职位,也不知道主考官听到她真诚的表述,会给予什么样的评价。但她还是一个诚实的人,她不想把自己的经历美化得令人羡慕不已,也不想用虚假的东西遮盖曾经的失败,她希望用真实的经历获得一份工作。

主考官被王芳的真诚感动了，虽然王芳没有在企业工作的经验，但她那良好的心理素质与高尚的人格魅力，给主考官留下了深刻的印象。结果，一场严肃的应聘却以洽谈的形式结束了。王芳顺利地获得了该公司部门经理的职位。

在常人看来，王芳的这种做法是愚蠢的、不冷静的，在考官面前大胆讲述自己的失败，纯属往"枪口"上撞。可是，王芳的面试结果却出乎意料，主考官不但没有因为她的坦诚、直白而不悦，反而非常欣赏她那诚实的品性，对她不掩盖曾经的失败而表示赞叹。

求职者应该明白这一点。企业用人并非只看应聘者的优点，还要审视其缺点，将优点与缺点进行权衡后，才能判定该应聘者是否适合公司需求，能胜任哪项工作。应聘者还需明白一个道理，在追求完美的过程中，会暴露许多缺陷，而这些缺陷是真实存在的，不能用任何东西加以掩盖。如果为了追求完美而让主考官发现自身的缺陷，那将是一件令人羞愧的事情。与其这么做，还不如把真实的自己展现在主考官面前。

俗话说："金无足赤，人无完人。"把自己说得过于完美，反而会引起招聘者的不信任。倒不如坦率地承认自己的弱点，让招聘者更加全面地了解自己，这样他会觉得你比较真诚可信。

4.3分钟做好自我介绍

求职者的自我介绍，在时间上，一般控制在3分钟左右，有些HR可能只给求职者仅1分钟的时间来介绍自己。在如此短的时间内，如何"秀"出自己呢？该做哪些准备？有什么问题值得注意？

第一，求职者自我介绍时，如何把握好时间？

袁明是个健谈的求职者，口才很棒，觉得在面试时的自我介绍不在话下，所以他从来不准备，看什么人说什么话。他的求职目标是图书策划，有一次，应聘一家大型文化公司，在自我介绍时他大谈起了图书行业的走向，由于跑题太远，HR不得不把话题收回来。自我介绍也只能"半途而止"。

求职者要记住：1分钟只谈一项与面试有关的内容。求职者面试时的自我介绍，一般控制在3分钟左右，在时间的分配上，第一分钟可谈谈学历等个人基本情况，第二分钟可谈谈工作经历，第三分钟可谈对本职位的理想和对于本行业的看法。如果自我介绍要求在1分钟内完成，自我介绍就要有所侧重，突出一点，不及其余。

有些求职者不了解自我介绍的重要性，只是简短地介绍一下自己的姓名、身份，其后补充一些有关自己的学历、工作经历等情况，大约半分钟就结束了自我介绍，然后望着HR，等待下面的提问，这是相当不妥的，白白浪费了一次向HR推荐自己的宝贵机会。还有一些求职者则试图将自己的全部经历都压缩在这几分钟内，这也是不明智的做法。合理地安排自我介绍的时间，突出重点是首先要考虑的问题。

第二，求职者自我介绍时，千万别太做作。

马璐去应聘一家旅游杂志编辑，面试环节在一个大的办公室内进行，五人一小组，围绕话题自由讨论。HR要求每位应聘者先作自我介绍，马璐是第二位，与前面应聘者一句一顿的介绍不同，她早做了准备，将大学四年里所干的事，写了一段话，还作了一些修饰，注重韵脚，听起来有些押韵。马璐的介绍极为流利，但美中不足的是给人留下在背诵的感觉。

求职者切勿采用"背诵"的方式来做自我介绍。求职者的自我介绍可以事前准备,也可以事前找些朋友做练习,但自我介绍应避免书面语言的严整与拘束,而应使用灵活的口头语进行组织。切忌以背诵朗读的口吻介绍自己,如果那样的话,对HR来说,将是无法忍受的。自我介绍还要注意声线,尽量让声调听来流畅自然,充满自信。

第三,求职者自我介绍时,如何来谈自己的成绩?

李波去应聘某电视节目制作机构的文案写作,面试时,HR首先让李波谈谈相关的实践经历。李波所学的专业是新闻传播类,偏向于纸质媒体,对电视节目制作这一块没有什么深入接触。无奈之下李波只好罗列自己平时参加的一些社会活动,听起来挺丰富,但都与电视沾不上边。

求职者要记住,只说与应聘职位有关的特长。自我介绍时要投其所好摆成绩,这些成绩必须与现在应聘的岗位有关。

在面试中,你不仅要告诉HR你是多么优秀的人,更要告诉HR,你如何地适合这个工作岗位。那些与面试无关的内容,即使是你引以为荣的优点和长处,你也要忍痛舍弃。

求职者在介绍成绩时,说的次序也极为重要,应该把你最想让HR知道的事情放在前面,这样的事情往往是你的得意之作,也可以让HR留下深刻的印象。

5.巧妙回避面试中的"死穴"

求职者在顺利地通过简历关、笔试关后,大多数在面试关被淘汰了。很多求职者百思不得其解,觉得自己比其他求职者优秀,HR为什么会将自己淘汰。其实原因很简单，是求职者在面试中碰到了"死穴"，让煮熟的鸭子飞了。

身在面试中的求职者，有时会失去冷静，忽略了一些重要的细节，在或拘谨或张扬中，一次次点中自己的"死穴"，结果是一次次"死"在面试场上。那么，求职者应该回避哪些"死穴"呢？

求职者的"死穴"之一——不自信

孙明参加了很多的招聘会，大大小小加起来有十多场。在一次招聘会上，HR对孙明非常满意，最后就和孙明谈论他的薪水问题。

孙明觉得如今工作比较难，自己能找到一份就不错了，所以就没有怎么细想就回答HR："薪水无所谓，多少都可以！"

HR马上阴沉着脸，请孙明回去等通知，就再也没有消息了。

薪水薪资是求职者对自己水平的一个衡量标准，也是对求职者工作满意程度的回报，更是求职者谋职的重要目的之一。孙明连自己的薪资都无所谓，会被用人单位认为，他对以后的工作和公司没有干劲、没有热情；同时，这种不自信，也会让HR对他的工作实力产生怀疑。缺乏自信的求职者，会让HR产生其学习能力差、推诿塞责的联想，从而不受用人单位欢迎。

求职者的"死穴"之二——抢风头

徐佳到一家文化公司去应聘，通过筛选，进入面试的还有9个人。他们被分成三组来面试，面试时，徐佳为了脱颖而出，表现异常积极，在回答问题的时候总是抢在别人前面，喜欢比别人多说几句。几天后，徐佳收到通知，却被告知不需要参加复试了。因为用人单位觉得徐佳没有团队合作的精神，爱抢风头，不符合他们的用人要求。

求职者的自信和骄傲往往就在一线之间，骄傲的求职者令人生厌，没有团队合作的概念，不合群，用人单位绝不会喜欢一个单打独斗的求职者。

面试时求职者无须炫耀自己的口舌。一般来讲,每个求职者的面试时间都不会太长。因此,求职者都会想方设法在规定的时间内尽可能地展现出自己的才能。但求职者在推销自己的同时,还是要记住中国的一句老话——言多必失。一旦求职者面试时面对HR滔滔不绝、喋喋不休,他们就会认为求职者是个办事拖拉、缺乏归纳能力的人。因此,面试时最好是有话则长,无话则短,越简洁越好,句句说在关键处最好。

求职者的"死穴"之三——缺乏独立性

周彤接到了自己心仪已久的公司的面试通知时,心里非常兴奋,赶紧跟父母交换了一下意见:该公司开出的各方面条件都不错。于是,周彤做了很多专业上的准备,然后去面试。

除了她,其他闯入面试的都是男性求职者。面试场地是在一个很小的会议室进行,中间是一张圆桌。周彤面试结束时,面试官说:"根据你的性格特点,我们想把你安排在服务部门,不知你的意见如何?"

周彤左思右想,轻轻咬着下唇说:"那,我跟父母商量一下。"

HR突然愣了一下,"好吧。"然后微笑着说:"不过要记得,以后你参加面试的时候,不要说'和父母商量',因为这样会显得你没有主见,明白吗?"

凡事依靠父母的求职者,是个没有独立性的人。在如今激烈的就业竞争中,面试场犹如战场,只有知己知彼,方能取得最终的成功。

求职者的"死穴"之四——抱怨原工作单位

在面试中,HR对徐亮说:"说说你为什么要离开原来的公司?"

听到HR提问后,徐亮开始大吐口水,对HR说:"我以前的老板能力一般,却总对自己的员工要求特别高,最可恨的还是他耳根子软,一些人根本没有什么作为,就因为会粉饰自己的成绩,老板就会格外赏识,这样没眼光的老板,当然要炒了他。"

不少求职者在面试中会被问及离职的原因,然而面试并不是让求职者来找机会倒苦水的,要知道此时HR正在观察你的一言一行,在考虑是否录用你。求职者试想一下,如果是你,你愿意和那些经常抱怨、批评别人的人一起工作吗?

答案肯定是否定的。现在的用人单位强调团队意识、合作精神,求职者抱怨其他人,正是暴露了自己不能够和谐处理人际关系,无法面对工作中的冲突等弱点。

一些求职者往往会数落原单位的不是,如薪水过低、原雇主不能知人善任、同事间钩心斗角……这会使面试官认为求职者善于逢迎、善于推诿,是一个不可信任之人,从而会引起HR的反感。

求职者要记住:别拿面试当"复仇",即使离职问题源于曾经的公司,在面试中借机抱怨也不是明智的做法。凡事要换位思考,如果求职者总在抱怨上一个老板不好,你的现任老板也会觉得将来有一天你也会这样讲他。求职者抱怨原来工作的不好,说明自己的适应能力、合作力以及执行力都存在问题,求职者要明确,换工作不是因为现在的工作不顺而换。求职者应尽可能避开关于前公司的"死穴"问题,侧面提出自己依然热爱那个公司,只是为寻求更好的发展。

求职者的"死穴"之五——弄虚作假,不懂装懂

孙静在面试时为赢得HR的好感,大赞应聘的这家公司的企业是如何知名,自己是如何向往,一副虔诚的模样,但当HR人员要求孙静做一下企业和业内对企业间的竞争力对比分析时,孙静却哑口无言,显然孙静对企业的了解仅停留在表面,很难同HR人员产生共鸣。

求职者在面试回答问题的时候，要"知之为知之，不知为不知"，切忌弄虚作假，不懂装懂。面试的时候面试官经常是HR资源经理及一些相应部门的负责人，大多是业内高手，因此，求职者在被问及一些专业性的问题时，如果一旦涉及自己不懂的问题，千万不要慌张，切忌不懂装懂，最好是坦言告知对方，并虚心请教，给面试官留下诚实的印象。

6.面对"意料之外"的题目，要稳定自己的情绪

如今，很多公司为了考察面试者能力以外的东西，常出一些"意料之外"的题目。

这样的题目没有对错，也很难说出道理来，甚至没有标准答案。

比如，有一个公司的面试题是这样的：

你开着一辆车。

在一个暴风雨的晚上。

你经过一个车站。

有三个人正在焦急地等公共汽车。

一个是临死的老人，他需要马上去医院。

一个是医生，他曾救过你的命，你做梦都想报答他。

还有一个女人/男人，她/他是你做梦都想娶/嫁的人，错过这次就没有机会了。

但你的车上只能再坐下一个人，你会如何选择？

老人快要死了，你应该先救他。

你也想让那个医生上车，因为他救过你，这是个报答他的好机会。

还有就是你的梦中情人。错过了这个机会，你可能永远不能遇到一个让你这么心动的人了。

……

你的选择是什么？

最后，答案是五花八门的，当然每个人的答案都有自己的原因和解释。后来只有一个人被录取了。他的答案是这样的：

"让医生开车送老人去医院，而自己留下来陪梦中情人继续等公共汽车！"

我们再来看一个面试的故事。

在英国，一家知名的银行要招聘一个市场部经理，招聘启事见报后，一连数日，应聘者都把招聘单位人事部的门口堵得水泄不通。他们大多是有着较高的学历和丰富的工作经验的人。

然而，当他们走进招聘办公室时，却看见考官身后的墙壁上贴着一张"告示"：

"为了节约面试时间，您务必在进来五分钟之后自觉退出室外。请您合理支配时间！"

于是，许多应聘者一进屋便抓住有限的时间，向考官滔滔不绝地介绍自己的经历和经验，即使考官的办公电话响起，也不愿轻易中断。直到考官拿起电话，他们的介绍才被迫尴尬地中止。

五分钟到了，有些应聘者认为面试被考官接电话占去了大半时间，而恳求考官再宽限一会儿。

但是，他们被考官责令退到室外。

走出门外的应聘者，纷纷抱怨考官的不仁和刻板。

在轮到一位叫布鲁斯的年轻人面试时，谈话进行了没几句，考官办公桌上的电话便响起来了。布鲁斯心想："与电话相比，面试总还是次要的。"

于是他便浅浅一笑，在铃声响过两遍后拿起电话递给了考官。

就在这时，这位面若冰霜的考官突然露出了难得的微笑："恭喜你，你被录取了！"

后来，布鲁斯与这位考官成了好同事和好朋友。

一天，他带着当初的不解问考官："当时为什么录取我，而不是别人？"

考官笑着说："还记得面试中的那部电话吗？那是我们为每个应聘者故意安排的现场测试。能够主动中止面试而不影响我接电话的人，肯定是一位深识商务、宽宏大度、顾全大局的人。其实对于那次我们招聘的职位来说，应聘者不需要太多的时间，几秒钟足矣！"

许多管理者认为一个人的能力和经验至关重要，但这些公司的面试告诉我们，比这些更重要的是一个人的素养和态度，是应聘者的应变能力和处事能力。这时，你需要的是稳定情绪，千万不可乱了方寸。

一位清华大学研究生，去面试思科系统(中国)网络技术有限公司的技术支持职位。

面试官提了一个问题："有一个10人的软件项目，但经济光景不好，预算要减掉一半，但上司还要求要做得更好。你怎么办？"

研究生略显紧张，但还是不假思索地答道："最重要的是企业的文化和人情味。朋友对我的评价是有困难的时候，总喜欢找我。作为一个项目负责人，我可以通过自己影响他们。我相信他们会支持我在这种情况下做好项目的。"

应聘技术支持的岗位，被考察项目管理的知识，可以算作是对应聘者的意外"袭击"。这个时候首先要做的事情其实是稳定情绪，不要慌张，先思考一段时间，给出一个比较完善的答案。而这个研究生不假思索地就给出了一个自认为完美的答案,结果如何呢?

面试官是这样点评的:

"预算砍掉一半,你没说不能做,说明你有一定的能力,但你的回答很难看出你的技巧。我对你的印象是:人情味很重,关心下属,譬如你可能不会因为预算减半而裁员,但可能对生意并不是很敏感。其实,更好的答案应该是:'老板,我可以做得更好,但我是否可以帮助您来解决那个使我的预算要减掉一半的危机?'至于具体如何去做,应该和你的老板去商量。"

面试场上,考官往往会针对求职者的薄弱点提出一些带有挑战性的问题。例如:

"你只有大学4级英语水平,是不是很难胜任我们的岗位?"

"你的学历离我们的期望有一定的距离,你对此有什么解释吗?"

……

面对这样的考题,你一定要心平气和、较为委婉地加以反驳和申诉,绝不可情绪激动,更不能气急败坏,以免引起考官的反感而招致面试失败。

7.世界500强企业的几种"非传统面试"

下面,我们综合了世界500强企业的多种面试,总结出"非传统面试"的9种方式,希望应聘者在遇到它们的时候可以轻松地取胜。

(1)不考即考

就是在没有言明或没有任何迹象表明是在面试的情况下,面试早已开始了。

有一次,大学毕业生小牛前往三星公司应聘。他到场后,发现除了自己是普通大学的毕业生外,其余都是名牌大学的毕业生。当他与最后二十多名候选人进入会议厅准备接受公司经理最后面试时,经理却迟迟没有出现。

小牛突然意识到:这也许就是一种考试。于是他马上对在场的应聘者说:"同学们,我们相互认识一下吧,难得有这样一次相识的机会,不管我们中间谁被录用,我们仍可以多加联系。"

接着,他开始介绍自己,并主动与人交谈……当时,有些应聘者对他的举动还不以为然。最后,三星公司录用的唯一一名大学毕业生就是小牛,而且进公司不久,他便被任命为部门主管。

(2)即席发言

就是考官给面试者一个题目,并在发言之前向面试者提供有关的背景材料,让面试者稍做准备后即按题目的要求进行发言。

即席发言的内容可以是公司面临产品销售的暂时困难,向全体员工作一次动员,要求大家齐心协力共渡难关;可以是就新产品的推出在一次新闻发布会上的发言;也可以是在新年职工联欢会上发表祝词等。

通过即席发言,可以测试面试者的快速反应能力、理解能力、思维的逻辑性及发散性、语言表达能力以及风度举止等。

(3)与人谈话

就是通过让面试者与他人谈话的方式来考察面试者。与人谈话测试一般有以下三种类型:

一是接待来访者。来访者可以各式各样,根据特定的需求,或者是来谈生意的,或者是来推销产品的,或者是来叙旧的,或者是来纠缠的……这些来访者当然都是由考官来扮演的。

二是电话交谈。这方面的面试题可能是让你接电话,或者让你按照提供的几个号码打电话,而对方就是面试的考官。

三是拜访有关人士。这些人士当然也是由考官扮演的。通过拜访有关人士的测试,可以考察应试者待人接物的技巧、语言表达能力、有关的专业知识、应付各种困难的能力等。

(4)设计路障

就是在面试者面试时必经的道路上或在面试过程中故意设计一些有路障的题目,通过观察面试者经过路障时的各种表现来测试面试者素质的一种方式。

例如,考官要求面试者用最快的速度跑到楼顶大厅观察,然后尽快返回,用英语描述自己的所见所感。楼道里有的地方横着拖把,有的地方堆放着杂物。

一些面试者只顾上楼,见了拖把一脚踢开,或者横跨而去,只有少数人弯下腰来将拖把或杂物拿开。考官们跟在面试者身后,给那些俯身扶好拖把或清除杂物的面试者加了分。

(5)事实判断

就是给予面试者少量有关某一问题的资料,要求他作出对这一问题的全面分析。面试者可以通过向考官提出一些问题,从而获得更多的资讯。

事实上判断测试的目的是为了测试面试者搜集资讯的能力,特别是从那些不愿意或不能提供全部资讯的人那里获取资讯的能力,以及把握事实、作出正确决策的能力。

(6)角色扮演

就是设计一系列尖锐的人际矛盾与人际冲突,要求应试者分别扮演不同的角色,去处理各种问题和矛盾。

测试应试者如下的能力:

一是角色把握能力;

二是处理人际关系的技能,如缓和气氛、化解矛盾的技巧、行为策略的正确性、情绪控制能力等;

三是对突发事件的应变能力等。

(7)编组讨论

就是将面试者编成一个或几个不同的小组,每组四至八人不等,考官要求他们讨论某些有争议的问题或实际经营中存在的某种困难,要求讨论组员最后形成一致意见,以书面形式汇报最终讨论的结果。

考官或者坐在一边,或者坐在讨论室隔壁的房间里,通过电视荧幕或单向玻璃屏观察整个讨论过程,倾听讨论发言。

考官将根据每一个面试者的表现,从以下几个方面进行考核:领导欲望、主动性、说服能力、口头表达能力、抵抗压力的能力等。

评分的依据是:

发言次数的多少,是否善于提出新的见解和方案;

是否敢于发表不同的意见,支持或肯定别人的意见,坚持自己的正确意见;

是否善于消除紧张气氛,说服别人,调解有争议的问题,创造一个使不大开口的人也想发言的气氛,把众人的意见引向一致;

是否尊重别人,是否倾听他人的意见,是否侵犯他人的发言权;

……

还要看语言表达能力如何,分析问题、概括和总结不同意见的能力如何等。

(8)随便聊天

表面上看似乎与传统一问一答面试方法相差无几,但在实际上却有很大的区别。随便聊天测试,最大的特点就是看上去很随和,应试者几乎感觉不到是在面试,而像是在聊家常。

考官就是在这种聊家常的轻松气氛中,将你彻底考察。

(9)面谈模拟

就是让面试者与他假定的某个上级、下属、同事或顾客进行面对面的谈话,其具体形式有许多种:或者是应试者模拟中层行政管理人员,考官模拟上层主管,讨论绩效考核问题;或者是面试者类比作高层主管,考官类比作记者……这种测试方法的目的是考察面试者的口头交流技巧、人际关系处理技巧以及解决问题的能力等。

8.世界500强企业的用人之道

每个员工心中都有一个最佳雇主标准,每个企业也有自己独特的选人方式,这是一个双方互相选择的过程。让自己努力去适应企业的需求,这是求职能否成功的关键。我们为大家总结了世界500强企业的一些用人标准。

微软:寻找"聪明"人

微软一直在寻找自己需要的聪明人,而聪明人的含义又很特别。微软有自己的一套办法考察人的"聪明"程度。比如,微软的招聘人员会给你"3388"四个数字:看你能不能在最短时间内通过加减乘除得出24。

还有一些问题,更是"刁钻古怪",比如考官会问你"美国有多少加油站"等。而这些问题当然不是考你的记忆力和常识,事实上也没有什么标准答案,关键是考察你分析问题的能力,如何找到一个切入点。

微软是赫赫有名的IT行业巨头,但这并不意味着它只招聘计算机人才。

以清华为例,微软全球技术中心2001年在清华招了19个学生,其中计算机及相关专业的学生有9个,而精仪、化学、生物、核能等非计算机专业的学生有10个,突破了以往"计算机及相关专业的学生占大多数"的模式。

"微软之王"比尔·盖茨认为:当一个人为生计发愁时,他就会发挥自己的潜能,进行创造性思维。

因此,盖茨一旦发现本行业中比较出色,但又因所在公司经营败落而失业的人才,就会在适宜的时候聘用他来微软工作。

微软还青睐具有冒险精神的人。要想成为微软的一员绝非易事,你要对软件有浓厚的兴趣,还要有丰富的想象力和敢于冒险的精神,微软宁愿冒失败的危险选用曾经失败过的人,也不愿意录用一个处处谨慎却毫无建树的人。

世界银行:须跳过3次槽

应聘世界银行,起码要跳过3次槽。因为世界银行认为,对于经常需要考察、验资的银行人员来说,知己知彼非常重要,所以,应聘世界银行的基本条件是至少要有3种以上不同行业的工作经历。

SAP:注重发展潜力

德国SAP公司成立于1972年,发展势头异常迅猛,很快便成为全球第四大独立软件供应商,也是软件解决方案供应商。1998年1月1日,SAP北京开发中心成立,在上海、广州等地设有分公司。

SAP看重于一个人的素质潜力,因为在SAP看来,技术和知识都是可以经过实践来获得的,而人员的素质、品德是与生俱来的,与学历的高低并没有必然的联系。

SAP在招聘员工时并不在乎对方现有的学位和文凭,而更在乎他还能吸收多少新知识,还能提高多少,只要一个人有这个空间,进入SAP之后,经过培训、学习以及具体企业文化的熏陶,就有可能成长。

UPS:第一要求是清廉

UPS(United Package Service,美国联合包裹速递服务公司)创办于1907年,现在已经成为全球速递行业的"四大巨头"之一。清廉是UPS对员工素质的第一要求。

为了保证员工具有较高的清廉素质,UPS着重采取了三条措施。

首先是在招聘过程中,通过"目测"和"心测"的方法来选人。

其次是通过试用期选人。

最后是采用一套行为科学的测试机制,给员工打分。

宝洁:热心社会活动者优先

尽管时代一天天在变化,但那些具有传统的"侠义之风"的应聘者是宝洁最期待的。这些素质可以概括为：诚实正直、勇于承担风险、积极创新、发现问题和解决问题的能力、不断进取。这几方面的素质是密不可分、相互联系的。其中，诚实正直是放在第一位的。

此外，如果你去宝洁公司应聘，常常会被问到是否经常参加学校的活动或组织过哪些活动，而热心社会活动的学生，宝洁会优先考虑聘用的。

英特尔：青睐"得3分"的人

客户第一、自律、质量、创新、工作开心、看重结果——这是英特尔的企业文化和企业精神。英特尔聘人的首要条件就是认同这个精神、这个文化，因为这是英特尔的凝聚力所在。

在英特尔看来，得3分(成绩中等偏上)的人也许更可取。英特尔在人们的印象中是一个不断推陈出新、升级换代的品牌，其创新精神在招聘过程中也有充分的体现。英特尔在各高校招聘应届毕业生时，愿意招各种成绩虽是中等偏上却富有创新意识的学生，最好是在校期间就完成过颇有创意性的项目。

英特尔公司对人才有更高的要求。首先要有专长，比如计算机、公关等，这是最基本的素质。此外还需要与人相处的能力，因为经理得与大家一起，依靠大家来开展工作。

英特尔对经理的评价也是看他所领导组织的业绩，而不是看他本人。所以，作为经理人才，英特尔看重的是既有个人专长又有领导才能的人才。

雅虎：热爱生活的人

美国雅虎公司是一个新兴的创新企业，对于什么是合适人才自有一套标准。主要包括以下几个方面。

热爱生活：应聘者要对生活充满热爱，只有热爱生活的人，才能替公司干大事，而且在生活中可以成就大事。

影响力：雅虎所聘用的人必须结识一批英才，因为雅虎常常利用企业内部员工的关系网网罗人才。

人际技能：雅虎聘用的任何员工在短期内都要负责管理他人的工作，

因此,雅虎的员工必须具备良好的建立人际关系的能力。

联想:有上进心、悟性强

联想集团董事局主席柳传志选人有两条标准:第一是看有没有上进心。"年轻人能不能被培养,上进心强不强非常重要。企业要真正做好,总得有一批这样的人,真的是为国家、为民族富强,把职业当成事业的人。纯粹求职的人,在联想没有大的发展。"

第二是看悟性强不强。"什么能妨碍悟性的发展呢?是自己对自己的评价过高。悟性无非是善于总结的意思,但过高地看自己,容易忽视别人的经验,不能领悟别人的精彩之处,这种人挺多。有很多人有一定的能力,但仅是聪明而已,达不到智慧的程度。有的人个性很强,强到外力砸不破的时候,这个人也没有什么培养前途。"

9.另类求职,找工作也可以不走寻常路

有人才就会有需求,很多求职者在找工作的时候都非常迫切,总担心找不到工作。其实不然,无论什么时候,总有一个职位或者一份工作等着你去填补。如果你现在正在求职,但是还没有找到适合的,先不要着急,只要你多动脑筋,发挥自己的创造性,就能找到合适的工作。

独辟蹊径

在经济大萧条时期的美国,一个小伙子去求职,但他的条件比不上别人,所以被挡在门外。他想只有亲自见到老板,才会被赏识。于是他避开了求职的人群,来到老板的车前,脱下自己的衣衫来卖力地擦车。老板出来看到他在擦车,很不解地问他为什么,他说:"我要当你的伙计,我不怕卖力

气,也肯动脑筋。"老板拍着他的肩膀,最终录用了他。后来他凭着自己的努力和智慧跻身于美国的富翁行列。

这个故事告诉求职者们,做事情要动脑子,讲究创意,只有让对方赏识才会成功。

精心设计

一位大学生进一家报社问道:"你们需要一位好编辑吗?"言下之意自己当然就是"好编辑",言语很是自信。

"不。"拒绝却是那么干脆。

"那么,好记者呢?"言语还是那么自信。

"不。"拒绝还是那么干脆利。

"那么,印刷工如何?"言语依然是坚定。

"不。"看来是没戏了。

"可是,那么你们一定需要这个东西。"这位大学生从公事包中拿来一块精美的牌子,上面写着:"额满,暂不雇用。"报社主任笑了,但也开始用一种新的眼光来审视面前这位年轻人了。最后这位年轻人被录用为报社销售部经理。

求职者开动脑筋,多想些点子,设计一些细节让考官感动,变被动为主动,往往能收到意想不到的效果。值得注意的是这种方式要设计合理、运用得当,像上面的例子,幽默自然、合情合理,不会引起考官的难堪与反感。

逆向思维

张芳是某财经学院管理系的高才生,但是,因相貌欠佳,找工作时总过不了面试关。

经历了一次又一次的打击，张芳几乎不相信所有的招聘广告，她决定主动上门，并专挑大公司推销自己。她走进一家化妆品公司，老总静静地听她"卖嘴皮"，她从外国化妆品公司的成功之道说到国内化妆品行业的推销妙计，侃侃道来，顺理成章、逻辑缜密。这位老总很兴奋，亲切地说："小姐，恕我直言，化妆品广告很大程度上是美人的广告，外观很重要。"张芳毫不自惭，她迎着老总的目光大胆进言："美人可以说这张脸是用了你们的面霜的结果，丑女则可以说这张脸是没有用你们的面霜所至，殊途同归，你不认为后者更高明吗？"老总写了张纸条递给她："你去人事科报个到，先搞推销，试用期3个月。"张芳十分珍惜这份来之不易的工作，满腔热情地投入工作中，一个月下来，业绩显著，她现在已是该公司的副总经理了。

求职竞争中，貌美者可能更容易得到职位，但是具有创造性，敢于用新的观点、新的角度、新的方式研究和处理问题的求职者更具有竞争力。

无薪求职

有一位年轻人毕业后来到美国西部，他想当一名新闻记者，但人生地不熟，一直没有找到合适的工作。于是，他想起了大作家马克·吐温。年轻人写了一封信给他，希望能得到他的帮助。

马克·吐温接到信后，给年轻人回了封信，信上说："如果你能按照我的办法去做，你肯定能得到一席之地。"马克·吐温还问年轻人，他希望到哪家报社工作。

年轻人看了十分高兴，并马上回信告诉了马克·吐温。于是，马克·吐温告诉他："你可以先到这家报社，告诉他们我现在不需要薪水，只是想找到一份工作，打发我的无聊，我会在报社好好地干。一般情况下，报社不会拒绝一个不要薪水的求职人员。你获得工作以后，就努力去干。把采写的新闻给他们看,然后发表出来,你的名字和业绩就会慢慢地被别人知道,如果你很出色,那么,社会上就有人会聘用你。然后你可以到主管那儿,对他说:'如果报社能够给我相同的报酬,那么,我愿意留在这里。'对于报社来说,他们不愿放弃一个有经验的熟悉单位业务的工作人员。"

年轻人听了,有些怀疑。但还是照着马克·吐温的办法做了。不出几个月,他就接到了别的报社的聘任书。而这家报社知道后,愿意出高出别人很多的薪水挽留他。

故事中的年轻人听从劝告选择了一条独特的求职道路,把求职作为一种提高自己才能、积蓄力量的手段,变被动为主动。在职位竞争激烈的今天,这种办法值得一试。

面对越来越善于自我包装、越来越会作"秀"的求职大军,许多用人单位也是心存疑虑,只有靠亲眼所见才能相信你的才能。如果你真是一个人才,建议不妨找个为对方"义务"打工的机会来表现自己,一时的"免费"试用也许会给你带来长久的收益。

破釜沉舟

一位留学生刚到美国的时候,为了找一份能糊口的工作,骑着一辆自行车沿着公路走了几天。在这期间,他替人放羊、收庄稼、割草、刷盘子,只要有人能给他一份工作,他就会暂时停下他那疲惫的脚步。

有一天,正在一家餐馆刷盘子的他,偶然在报纸上看到了一家电讯公司的招聘启事。他担心自己的英语不地道、专业不对口,就选择了线路监督的职位去应聘。

通过初试、复试,他过五关斩六将,终于赢来了面试的机会,眼看着就要得到那年薪3.5万美元的职位了,不想招聘主管却问了他一个出人意料的问题:"你有车吗,会开车吗?这份工作需要外出,没有车寸步难行。"

4天之内要买车、学车谈何容易，但为了生存，留学生豁出去了。他在华人朋友那里借了500美元，从旧车市场买了一辆外表丑陋的"甲壳虫"。

第一天他跟华人朋友学简单的驾驶技术；

第二天在朋友屋后的那块大草坪上摸索练习；

第三天歪歪斜斜地开着车上了公路；

第四天他居然驾车去公司报了到。时至今日，他已是那家公司的业务主管了。

我们不清楚这位留学生的专业水平，但我们不得不佩服他的胆识。这位中国留学生当初在应聘时如果稍一犹豫，不拿出一点置之死地而后生的劲儿，不把自己置于悬崖边上，断了自己的后路，说不定至今仍在哪家餐馆刷着盘子，或者给哪个农场主剪着羊毛呢。

如今的时代是崇尚个性的时代，在日渐激烈的求职竞争中，传说的固有模式在许多人眼中已经陈旧，如果你能以独特的方式吸引老板的注意，你就会有意想不到的收获。

值得注意的是，另类求职是有风险的，个性化的求职者首先要了解应聘企业的文化背景，要有针对性，不然只会弄巧成拙，得不偿失。

10.失败并不可怕，它赋予你重新定位自己的机会

当你把"工作希望"投递出去，在志忑中等来面试通知，结果却是面试被拒时。大部分人是这样认为的："哎，这次我又失败了，下次失败是在什么时候呢！"

其实，一旦有了这种灰色心理，就很容易一蹶不振。此时，为何不这样想："我现在又多了解了一些关于这个岗位的情况，离这个职位又近了一些。"

应该这样看待面试：面试对你而言只是一个锻炼机会而已，应聘成功或失败都不是判断你这次面试是否成功的唯一标准。面试失败的原因有两种：一种是你能力不够，达不到公司对此职位的期望；还有一种是你没有正常发挥出水平，你的表现与你的能力不相匹配。

一次面试失败，并不能代表什么，哪有不面试几次就能找到一家"凑合"的公司的。此时，最重要的是不要气馁，须知成功本来就是一个逐步积累的过程。在失利的过程中逐步学习，学习各种技能，吸取失败的教训，学习应聘的技巧。面对日益加剧的职场竞争趋势，只有不断学习，有针对性地充电，不断补充新的"血液"才能满足不断变化的职场需求，避免遭遇淘汰的厄运，驰骋于风云变幻的职场。这一点你清楚吗？

彭顺的职业梦想是去某国际知名公司上班，他甚至偷偷告诉朋友："哪怕去做一个小小的保安都行，只要能够加入那家公司，便圆了我至今为止最大的心愿。"

每当有那家公司的招聘信息，他总是特别地留意。一旦有适合自己的职位空缺出现，甚至是自己离职位要求有偏差，彭顺都会精心准备，然后混进浩浩荡荡的求职大军。遗憾的是，彭顺总不能如愿，总会由于这样那样的原因，被那家公司拒之"门"外。原因无非是学历不够、经验不足之类，有一次面试主考官甚至直截了当地说："小伙子，想进大公司可不是那么容易的，没有能力面试一百次也没用。"显然，主考官已经认识彭顺这个"熟客"了……

彭顺依旧不气馁，在待业的日子也没闲着，不断地充电提升自己，以期在未来的面试中获得先机。当然，在一些朋友的建议下，彭顺不再"胡子眉毛一把抓"，而是缩小了求职意向的范围。

前不久，彭顺又去那家公司面试时，他想争取的是业务员的职位。这是他第十一次去那家公司面试，不过结局和前十次不一样，他被录用了。事后，彭顺询问已成为同事的面试主考官，为什么第十一次给他机会？主考官实话实说："屡败屡战的求职中，你不忘适时地充电和调整，这是很可贵的。更可贵的是，你在同一个地方跌倒了十次，仍然能勇敢地面对，这实在让人赞赏和钦佩。"

面试是职场人士将要伴随一生的恋人，需要我们耐心地去经营。可是，我们许多的求职者缺乏的却是耐心，在第N次失败后却没了第N+1次努力的欲望。其实只要有继续努力的欲望，再加上正确的处理方法，离成功就不远了。

总结自己面试失败的原因

找出自己面试失败的原因只是第一步，也是你应从面试失败中学到的最基本的东西，而面试失败能为你带来的最大转机，是它赋予了你一个重新进行选择、重新塑造自己的机会。

当然，面试失败是对事件的评判，从某种意义上说，是你自己、社会和他人对结果的一种解释。在你从失败中汲取力量，重新驾驭自己的人生航向时，不仅要学会客观地寻找其失败的原因，尤其重要的是，要用积极的眼光看待过去，从中寻找成功的种子。

不要让输的感觉影响自己

一位著名网球运动员谈及失败时说："不知怎么，在我们心中输的感觉都比赢的感觉更强烈。"任何一个运动员都明白这点，都必须搏击这种情绪。你可能打了十个好球，失了最后一个，但最后的情形会在你的脑海里反复显现，我们都把输看得比赢更重。因此，面试失败后，我们一定要清除自己心中这种输的感觉。

从面试失败中总结经验

人生是一个不断探索的过程，失败有时并不是由于你的能力、学识的不足,而是由于你错误地选择了目标。而失败过后正是给予了你一个重新思考、从错误中解脱的良机。

许多职业专家认为,一个人一生中至少要经过两三次转换,才能最后找到适合自己特长的事业。而确定自己合理的目标,则需要同样长的一段时间。

生活往往借失败之手,促使你进行一次次的探索和调整。然后,才会使你找到真正的事业方向。

第六课

安全"着陆"

——成功度过试用期

对于刚刚进入职场的新人来说,顺利地度过人生的第一个试用期,对即将开始的职场生涯有着特殊的意义。所以,世界500强企业提醒新入职员工,一定要重视自己在试用期期间的表现,争取给自己打个满意的分数,这将会给你的职场生涯建立一个良好的开端。

1.迅速适应工作环境

有这样一则小故事：

哈佛大学里有一位著名的经济学教授，凡是他教过的学生，很少有顺利拿到学分毕业的。原因出在，这位教授平时不苟言笑，教学古板，布置的作业既多且难，学生们不是选择逃学，就是打混摸鱼，宁可拿不到学分，也不愿意多听教授讲一句。但这位教授可是美国首屈一指的经济学专家，国内几位有名的财经人才，都是他的得意门生。谁若是想在经济学这个领域内闯出一点儿名堂，首先得过了他这一关才行！

一天，教授身边紧跟着一名学生，两人有说有笑，惊煞了旁人。后来，就有人问那名学生说："为什么天天围着那个古板的老教授转？"那名学生回答："你们听过穆罕默德唤山的故事吗？穆罕默德向群众宣称，他可以叫山移至他的面前来，等呼唤了三次之后，山仍然屹立不动，丝毫没有向他靠近半寸；然后，穆罕默德又说，山既然不过来，那我自己走过去好了！教授就好比是那座山，而我就好比是穆罕默德，既然教授不能顺从我想要的学习方式，只好我去适应教授的授课理念。反正，我的目的是学好经济学，是要入宝山取宝，宝山不过来，我当然得自己过去喽！"

这名学生，果然出类拔萃，毕业后没几年，就成为金融界响当当的人物，而其他同学，都还停留在原地"唤山"呢！

可见，与其试图改变环境适应自己，不如自己去适应环境。在当今这个适者生存的时代，只有学会适应社会环境，个人才能生存与发展。对于正在试用期的职场新人更是如此。

　　张婷大学毕业后，被武汉的一家杂志社看中了，并获得了试用的机会，张婷为此兴奋不已。要知道，在武汉这样人才济济的城市里，拥有硕士、博士文凭的人数不胜数，而她一个本科毕业生竟然能进入杂志社，而且从事自己心仪的编辑工作，的确是一件令人兴奋的事。更让她高兴的是，如果能顺利度过3个月的试用期，她就可以按照合同，在公司工作3年，而且自己的保险与户口问题，也都可以得到解决。这样优厚的福利待遇激励着张婷努力工作，她决定在试用期内好好表现，争取能顺利度过试用期，成为公司的正式员工。上班的第一天，由于路上赶上塞车，张婷迟到了5分钟。人事经理什么话也没说，下班后却将她留下，给她上了一堂课，并要求她每天提前半个小时到公司，做好工作前的准备，比如打扫办公室卫生，为大家准备好开水。当时，张婷只想着尽力地表现自己，所以就非常爽快地答应了。

　　第二天，张婷按照人事经理的要求早早地来到了公司，扫地、擦桌子、打开水，等其他同事到了以后，张婷以为可以松口气休息一会了，不料令她不满意的事情发生了，张婷俨然成了一个名副其实的打杂工，其他同事都悠闲地看着报纸喝着茶，而她却被指挥得头晕眼花。不是这个请张婷帮忙打印稿件，就是那个请她给读者回复个信件，整个办公室里最忙的就属她了。但是张婷却不因为事件琐碎而不认真，相反她认真仔细地完成了每个人"布置"她的工作。

　　3个月很快就过去了，张婷已经成了该单位的正式员工，而且很快就进入了编辑工作状态。那些端茶倒水的事她再也没有做过了。事后，她才知道，原来之前指挥她的同事，都是人力部门对她的考核，因为该杂志社认为一个合格的编辑是要甘于为他人做嫁衣的。

　　由张婷的就业经历来看，公司对新员工的要求与老员工是没有差异的，无非是在试用期里主管尽可能会多布置一些工作给新人，考察他们在一个新环境下的实际工作能力以及适应能力。新人要做好的就是:适应新公司的文化、价值观;适应新老板的管理风格;适应新工作环境中与老员工的关系;做好可能会"被欺负"的心理准备。如果一个人不能尽快地适应工作环境,而是意气用事,很可能丢掉就业机会,那么先前的努力就白白浪费了。

如果你想在职场的竞争中生存下来,就要学会适应周围的工作环境,养成良好的适应性,找到适合自己的生存法则。如果你适应不了新的工作环境,就可能被淘汰。

2.尽快熟悉自己的工作岗位

一位某国家级电视台的节目策划人曾说,最难以理解和忍受的是,一些新到岗的员工对自己的工作"完全不开窍",不知道自己具体该做什么。有一个新招聘来的名牌大学的研究生,跟随他一起工作已半年时间了,却一直不知道自己具体该做什么,有时候还忍不住向制片人抱怨说"太闲了""没什么正事儿可做"。消息传到这位节目策划人的耳朵里,他忍着不悦把这个大学生叫过来:"你能告诉我,怎么给我们的节目作市场推广吗?"大学生倒也不含糊:"不就是发发信、打打电话吗?"结果可想而知。

那些对自己的工作岗位情况不了解的人,是不可能在短时间内很快适应工作的。作为新员工一定要熟悉下面几点:

熟悉内部组织

当你初到新公司上班时,首先,你必须了解公司的内部组织,如公司有哪些部门或哪些科室,每个部门主管是谁,所负责的主要工作是什么。除此以外，你还要了解公司的经营方针和工作方法。

熟悉企业文化

企业文化是企业生产经营实践中形成的一种基本精神和凝聚力，以及企业全体职工共同的价值观念和行为准则。也有一些公司会把这些"行为"形成文字并编印成册。如有家著名的IT公司曾一度规定男士员工不能穿平底鞋，不能打绿领带。而大多数公司则没那么多繁文缛节，甚至没有成文的规定。为了尽快融入公司，你必须学会察言观色，并且要不耻下问。因为每个公司都有成文或不成文的规定。

熟悉规章制度

你在员工手册中已看到了公司的规章制度，那么在现实生活中你还得领会：哪些规章制度正被严格地遵守着？哪些不是？公司里不成文的规章制度又是什么？如果你不能很好地领会，就会在日后的工作中"碰钉子"，并且永远意识不到你在哪里犯了错。

当然，要熟悉公司的繁文缛节得花上一段时间。但是，一个新员工起码应该像林黛玉一样，用谦虚的态度去认真学习。

用心观察

每个公司都有自己的流程，这和公司的文化、制度密切相关，包括如何发邮件、是否要抄送、汇报材料用PPT还是word等。其次，要尽快了解自己的工作职能，包括工作职责、渠道、工具、联系人等。

作为新人，没人教，没关系，但是要注意观察细节，看看别人是怎么做的；其次，要自学。比如，完成一天的工作后，发现自己的EXCEL表格用得不熟练，下班回家就要找资料学习一下，多练习几次，尽快熟练起来。最后，向同事请教。但不要一有小问题就不分时间和场合地问同事，先自己找找答案，实在解决不了，再找同事不太忙的时候去请教。

态度要谦虚

职场和校园是两个概念，很多在学校表现出色的学生在职场却频频碰壁，往往是自视甚高，缺少谦虚的态度和学习精神。

只有了解了自己的工作岗位,知道了自己的职责所在,才能更好地进入工作状态。

学会主动问一声

有很多职场新人嘴上说要改变自己,可是在相当长的一段时间内,还是一种学生的心态和习惯——不清楚上司对自己的要求与期望是什么,而且又怯于询问。如果上司没有说清楚你的职责范围,也没说明对你的工作要求,那么,你应该谦虚求教,向上司讨教清楚在工作中你的具体职责,直到完全明白为止。你不必担心上司对此会有什么不满,反倒是如果你闷不吭声地乱做一气,最后把事情弄得一塌糊涂,你的上司更有可能要炒你的鱿鱼。只有弄清自己在公司所扮演的角色,搞清楚自己的职责,正确履行自己的职责,才能准确高效地完成工作,才能更有利于工作的开展。

了解"隐形掌权人士"

新员工来到新的工作环境,除了要仔细了解自己的工作内容、职责之外,就是要了解这个工作体系中哪些人是掌控命脉的重量级人物。在这个名单中,不仅要紧盯着拥有各种管理头衔的各级上司,还要关注那些职位不算高、职称不算响亮却掌握着一定特殊权力及资讯的所谓"隐形掌权人士"。例如总经理的特别助理、上司的秘书、上司的朋友、各部门的部长、科长,还有员工之中人人都尊敬的老大哥、老大姐们等。

3.几个途径帮你融入公司"圈子"

许多职场新人,入职后最大的难处不是无法开展工作,而是不知道怎么融进"圈子",不知怎么处理办公司复杂的人际关系。每个职场都有自己的"圈子"、派系。新入职的人往往搞不清楚,因为得罪一个人,而得罪一个

"圈子"，或者在两大"圈子"的派系斗争中成为牺牲品。新人要特别注意，进入职场，少说多听，更不要随便传流言，搬弄是非。

具体来说，我们可以从下面几个途径中尽快地融入公司"圈子"：

利用好与人合作的机会

与人合作的过程，实际上就是结交朋友的过程，是扩大社交范围的好机会。众所周知，志同道合的人才能成为真正的朋友，共同的事业是寻觅知心朋友的前提条件。因此，在工作中不要拒绝任何与人合作的机会，并且还要发掘共同的事业，这样才能广交各路好友，为实现自己的人生理想推波助澜。

培养自己的好奇心

一个兴趣、爱好广泛的人，在人际交往中占很大优势，易于与各种人结交朋友。但如果你的爱好单一，在与人交谈的过程中就要注意一些问题。比如对方谈论的一些事你并不擅长，你也要表现出强烈的兴趣，这样就能博得他人的欢心，赢得他人的好评。如果对方恰好能对你的工作提供帮助，他肯定会毫无保留地帮助你。不管什么样的集体活动，不管受到谁的邀请，都要兴致勃勃地去参加。只有这样才能让人感受到你的魅力，让人感受快乐的气氛，同时也能让自己快乐。

尽量克制自己的性格

俗话说：物以类聚，人以群分。志趣相投的人凑到一起，很容易成为朋友，因此许多人在选择朋友时习惯性地选择志趣相投的人。但是，社交与结交朋友是两码事，社交圈中结交的"朋友"，并不是我们平常所说的朋友，而是生意或工作上的伙伴。因此，在公司的社交过程中，不能以结交朋友甚至是知心朋友为标准，而应该抱着互相学习、互相借鉴的心态，接受各种各样的个性。

积极参加集体活动

有些公司每逢周末、节日都会举办联谊会、舞会、茶话会等庆祝活动，许多人一起参加。如果你想多结识一些朋友，多寻找一些发展机会，那么即使你喜欢独处,也要积极参加。

由于团体活动参加的人数众多,因此是结交各种层次人士的绝好机会。平时大家工作都很繁忙,压力很大,在活动中非常容易放松自己的心情,敞开自己的心扉,从而更容易结识到志趣相投的好朋友。

在现实生活中,有些人只知道埋头做自己的事,拒绝与他人一起合作。他们认为参加集体活动是浪费时间,因此只做自己想做的事,从不顾及他人的感受。一个把自己孤立于集体之外,不顾他人感受的人,必然是一个对团队合作意识淡薄的人,不仅无法结交朋友,工作中也很难取得突破。

需要注意的是,参加聚会、联谊会等集体活动时,绝对不能流露出一丝不情愿、不耐烦的感情。这样的行为,不仅会败坏周围人的兴致,你自己也会不愉快。一旦参加活动,就要竭尽所能使自己以及身边的人都快乐,充分展现自己的性格魅力。而一个有性格魅力的人,一定是受大家欢迎的人。

4.学习"座位的文化"

昨天是任婷婷第一天到单位报到,任婷婷被分在策划部,做文案。

作为新人,任婷婷已经做好了从基层开始的准备。昨晚早早入睡,还特意把闹铃调早了半个小时,她想,自己早点到办公室,应该能给部门领导和同事一个勤快认真的好印象吧。

果然,任婷婷是部门里第一个到的员工,她擦完桌子,扫了地,坐到办公桌前,想象着一会儿领导同事进来看到干净整洁的办公室对自己的夸奖。这时,电话响了,是部门主管桌上的电话。任婷婷过去帮接电话,对方要任婷婷记录下来代为转告,任婷婷找到纸笔,为了记录方便就顺势坐到部门主管的椅子上。她正记录着,部门主管和几位同事陆续到了,主管看到她坐在自己的位置上，脸色明显不好看，"你在这里干什么？"语气带着责备。

任婷婷看到主管紧绷的脸，赶快解释："刚电话响了，我就过来帮您接，刚在记录电话内容呢。""好了，没你事了，回到自己座位上去。"部门主管依然是冷冰冰的语气。

任婷婷一脸委屈。自己是好心帮忙啊，到底哪里错了，难怪别人说多做多错，早知道自己不如什么都不做。她抬头看向周围的同事，想从他们那里寻得一点答案，但大家都开始忙自己的事，视她如空气般，没人搭理她。

周一早上九点半，公司例会时间。任婷婷学着同事的样子拿了本子、笔到会议室。就按大学的习惯在第三排靠边坐下，别的部门的一个同事过来站在她旁边，她以为那人找位子，就说那边还有空位。这时她办公桌旁边的小李在后面叫她："任婷婷，过来，坐这儿吧。"任婷婷不明原委，不过有同事主动和自己说话，当然高兴了，就赶快走到同事身旁坐下。

"你怎么傻乎乎的，也不会看一下，座位可不是随便坐的。"同事小声说。

"啊，还有这样的规定？"任婷婷一脸不解。

同事耐心解释说："哎，这是公司约定俗成的规定。第一排都是各部门经理坐，第二排是各分部主管坐，第三排是给公司带来最多效益的市场部坐。我们策划部在公司不属于重点部门，就得靠后坐。"

职场真复杂啊，任婷婷不经意倒吸一口凉气，想起早晨自己无意间坐在部门主管的椅子上，原来，主管是为这个不高兴啊。

回到家，任婷婷就开始给同学抱怨自己上班第一天的各种狗血事件。令她没想到的是，原来"座位"文化不仅在自己的公司有，同学也碰到了类似的事情。

可见，每个公司都有自己潜在的职场江湖，在这里自有它的排序。"座位"在职场里就是职位的象征，侵犯了别人的座位，就会让对方形成你要侵犯他职位的心理暗示，自然对你产生敌意。

职场新人要学下"座位的文化":

场景一：上车

如果跟领导出去办事，千万别自己先上了车把领导晾在后面。一定要先打开后座车门，等领导上车后，关上车门，自己坐到副驾驶上。

场景二：餐桌

出去见客户或跟领导同事吃饭，最一般的规律是左侧为上座。即便西方人也会认为坐在右边的人用左手袭击他的可能性较低，所以这个座位是留给你最需要保护的上司的。如果可能的话，你可以考虑守住靠门口的座位，当然不要先一屁股坐下，但可以把包或外衣放到椅子上，然后先请大家到里面就座。让同事们背后朝向墙壁不仅会让人更放松，也会让你显得更谦逊和周到，因为这个位置通常还是上菜的通道。

场景三：开会

开会时一般前排都是领导，估计一下自己部门的情况，跟自己部门同事保持一致尽量坐在一起。要不，自己坐到前面同事会觉得你野心太大，想引起老板注意，坐在太后面又会说你没上进心。

5.第一天上班先记住同事的名字

第一天上班，你肯定想赢得大家的好感，而对任何人来说，与自己关系最密切的莫过于自己的名字。如果别人忘掉了你的名字，那该是多么令人不快的一件事，对那种善忘的人，你怎么能产生亲切感？同样，作为新人的你，如果连同事的名字都记不住，又怎能去苛求他们主动帮助你呢？

戴尔·卡耐基说过："一种既简单又最重要的获取别人好感的方法，就是牢记别人的姓名。"善于记住别人的姓名是一种礼貌，也是一种感情投资,在人际交往中会起到意想不到的效果。

有一家餐馆,每天顾客盈门,座无虚席。别人问老板:"你们的生意如此兴隆,是不是有什么秘诀呢?"

老板说:"记住客人的名字,客人一进门,马上叫出他的名字。"

他知道,名字对一个人而言是多么悦耳的声音,只要是常来的主顾,这位老板就一定会设法记住他们的名字。

就是靠着用心记忆,日积月累,凡是第二次上门的客人,这位老板大多能立即喊出他们的名字,顾客往往感到又惊又喜,心里有一种暖洋洋的感觉。生意自然也好起来。

作为新人,如果遇到事情请教前辈,或者在走廊电梯间碰到领导、同事,能叫出名字,带上合理称呼,问好,就更容易引起对方谈话的兴趣,让对方留意到你的存在。

作为职场新人,你不妨多留心一下领导同事的样貌特征和穿衣风格,这样能帮你快点记住他们的姓名,也能从其穿衣风格中看出其性格。如果你所在的单位要求穿职业装,没有鲜明的记忆点提供给你,那就在见面时赶紧用眼睛扫一下对方的胸牌,快速记住对方的名字。

有位专家曾讲过,要记住名字和面孔有三条原则:印象、重复、联想。

印象

心理学家指出,人们记忆力的问题其实就是观察力的问题。面对初次见面的人,如果想要记住对方的名字,可以仔细观察对方的相貌、衣着打扮等,尽量将名字与对方的某一特征关联起来,以便下次再看到熟悉的外表时,能够立刻想到对方的名字。如果没有听清其名字,那么恰当的说法是:"您能再重复一遍吗?"如果还不能肯定,那么正确的说法是:"抱歉,您可以告诉我怎么写吗?"

重复

你是不是有过这样的情况:新认识的人在10分钟之内就叫不出他的名字了?除非多重复几遍,否则,一般都会忘记。如果一个人的名字较难发音,最好不要回避,可以问:"您的名字我念得对吗?"人们是很愿意帮助你把他们的名字念对的。

联想

我们是怎么把我们需要记住的事物留在头脑中的呢?毫无疑问联想是最重要的因素,成功学大师卡耐基的一次经历恰恰从另一个角度说明了这个道理。

卡耐基开车到新泽西大西洋城的一个加油站加油,加油站的主人认出了他,虽然他们已经40年未见了。这太让卡耐基吃惊了,因为以前他从未注意过这位先生。

"我叫查尔斯·劳森,咱们曾在一所学校上学。"他急切地说道。卡耐基并不太熟悉他的名字,还在想他可能是搞错了。他见卡耐基还是有些疑惑,就接着说:"你还记得比尔·格林吗? 还记得哈里·施密德吗? "

"哈里! 当然记得,他是我最好的朋友之一。"卡耐基回答道。

"你忘了那天由于天花流行,贝尔尼小学停课,我们一群孩子去法尔蒙德公园打棒球,咱们俩一个队。"

"劳森! "卡耐基叫着跳出汽车,使劲和他握手。

之所以发生这一幕恰恰是因为联想在起作用,有点像是魔术。如果一个名字实在太难记了,不妨问问其来历。许多人的名字背后有一个浪漫的故事,很多人谈起自己的名字比谈论天气更有兴趣。

6.新人"见老人儿"的五大准则

现在,在一些大公司,新人到岗后,会有人事部专员专门带领新人熟悉办公环境,给新人介绍各级领导。但很多新人出于羞怯,连脸都不敢抬,走了一趟,人脸都没看清,更别说记住人家的名字了。所以这里教几招"见老人儿"的常识,让菜鸟们有备无患。

主动示意,请"老鸟"带路

身为菜鸟的你,即使有很多意愿认识新的工作伙伴,但若贸然独自出击,往往不易掌握公司人际网络的真正运作模式,更有可能会给人"太过积极"的负面印象。所以请热心的"老鸟"同事帮忙,主动提出:"我想如果能越早熟悉别的部门有业务往来的同事,应该就能越早进入状态,从而完成工作任务。您这么资深,在公司中人头最熟,是不是可以麻烦您在方便时带我去拜会一下大家呢?"

出发前先做功课,熟记姓名职称

许多人在"拜码头"时,面对一张张陌生的脸孔以及一个个模糊的名字,觉得真是一个头两个大,再加上心中的"表现焦虑",满脑子只担心人家不知会如何看自己,所以往往一圈走下来,除了一叠名片,其实所获不多,因而错失建立第一印象的良机。

教你一个妙方,在出发前先找到公司的员工通讯簿,或是电话分机指引名册,再加上公司的组织架构图,这时你就可以掌握足够的信息了。接着赶紧请教一下身边的"老鸟"同事,哪些单位的哪些同事会是你最有可能的合作对象,然后就发挥准备高考的精神,花些功夫把重要的人名及职称印在脑中。

这么一来,等你见到他们本人时,不但会觉得轻松自在许多,更能因为记住对方的名字,从而让对方觉得受到重视,产生深刻的好感,"拜码头"的超级任务,也就完成了一大半啦!

重视名片,就是重视对方

在新同事来"见老人儿"时,习惯性地会递出名片,以做自我介绍。此时如果你只瞄了一眼,就把对方的名片随手收入口袋,或者更糟糕地,把它随手一放,或是紧张地拿在手中把玩揉捏,那可就大大不妙了。因为名片如人,你怎么对待他的名片,就如同怎么对待他的人,所以在对方的眼里,随着名片被忽视及摧残,他会觉得自己也被你忽视及摧残了。

高手的做法是,双手接过名片之后,先仔细地把上面的信息看一遍,然后有礼貌地复述名片上的重点信息,名字及职称当然是重点了,例如:"原来,您是财务部的王大德王副总";或者:"喔,陈副总,您是名校的MBA?"之后抬起头来,微笑地直视对方,表示很高兴能认识他,并希望他日后能多多照顾。

在谈话的过程当中,请尽可能把对方的名片拿在胸前的高度,一方面表示对对方的重视,另外,万一突然忘记他的大名,也只要再瞄一眼,就能解决困窘了。

准备令人印象深刻的自我介绍

"见老人儿"的时候,刚到职的你往往还没有名片可以投桃报李,所以自我介绍的工作就得特别用心。

要是带着你"见老人儿"的同事或上司,没能把你介绍得令人难以忘怀,只是报个名字就了事,那么这时就该轮到你接着补充,做个令人印象深刻的自我介绍。

首先当然是自己的姓名,想个让自己的名字好记又有趣的介绍词。例如有人这么介绍自己:"我姓丰,我妈本来说如果生的是女儿就叫'丰满';是儿子就叫'丰(风)流',但是一看到我的长相,觉得先天不足,所以就取了个'丰富'。"

只要多花心思，你一定能为自己的名字找到最佳的登场仪式；而万一名字有些复杂罕见，你可以事先将名字写在空白名片上，届时递出给对方作为辅助。此外，不妨帮自己取个绰号或小名，以方便大家记得你。例如，"请叫我陶子，跟陶晶莹同名哦"；或是英文名字："请叫我Amy。"

接着，别忘了提一提自己的专长："我从小就喜欢玩计算器，所以后来念了会计。"

总而言之，如果三五分钟拜完了"码头"后，每个人都能对你留下深刻的印象，那就对了。

表达热诚，虚心请教之意

当然，"见老人儿"最重要的工作，就是建立人脉，让自己早早脱离菜鸟期，所以最后别忘了诚恳地表明："我刚来公司才几天，有很多事情要多跟您请教、学习，也请您日后多多照顾。"说完别忘了附赠一个灿烂的微笑。

如此一来，"见老人儿"的你，就能真正赢得人心，迈出漂亮的第一步。

7.去个性化，融入企业文化

企业文化是企业生产经营实践中形成的一种基本精神和凝聚力，以及企业全体职工共同的价值观念和行为准则。为了尽快融入公司，必须学会察言观色，并且要不耻下问。因为每个公司都会有成文或不成文的习惯做法。

发挥个性，还是等你成为大腕级别的人物再说吧，作为新人还是不要特立独行，先学会融入企业文化当中。

现在有很多职场新人，自我个性过于鲜明，而这种自我会在一定程度上阻碍你获得工作的乐趣。

每个企业都有自己的规则。你既然要在整个企业中成就自我，就要融入这个企业的文化和游戏规则，而在这个规则之内，你尽可能把自己的才华用独特的方式给展现出来。

简单地说，新员工入职时通常都会有一个培训的过程，除了技能方面的培训以外，还会有一些领导或者老员工做一些企业文化的宣讲。

就拿联想集团来说，它的企业文化是多方面的，但从企业存在的角度来说，联想存在的理由就是"四为"：为客户，为股东，为员工，为社会。他们不断向入职员工灌输企业文化，包括各层领导人讲话以及单位墙刊、内刊中的文字展示等，都在向联想的员工不断进行着信息的植入。这个信息被吸收的过程就是去个性化的过程，其本质是通过职场培训粉碎、去除笼罩在真正个性之外的一些不良认知和习惯，是让自我个性真正焕发的必要途径。

面对职业生涯中的不同企业，你会发现一条共性，如果从根本上你和企业的文化相悖，还拒绝改变自我、接受对方，那企业老板留着你干吗？

那怎么将这种观念外化于形呢？给职场新人提几个建议。

第一，要尽可能地随和、随大流，任何事情都不要顽固地坚持。比如你刚到一个公司，同事们提议一块儿去吃饭，有同事说吃火锅，你说别吃火锅，吃完一身的味儿；同事们提议去看电影，大家都要看《让子弹飞》，你说你看过了，非得看《非诚勿扰2》……这种事情太坚持了，就是不考虑别人的感受，特别让人不待见。

第二，碰到集体活动，一定要多参与。比如同事说，今天晚上老板请客，大家一起去唱歌，然后你说你今晚有事儿不去。换位思考一下，如果你是请客的老板或同事，你肯定希望大家都去。人和人都是需要互相支持的，如果没有支持感，团队就会没有温情和氛围，最后人与人之间就传递出一种消极的信号，感觉大家都很冷漠。

第三，在别人面前，始终传递积极的信号。作为职场新人，肯定会被问到你对工作的感觉怎么样，这时你一定要先说好，即使你心里存在着疑惑，你也应该尽可能地说这个团队很好,我能够学到很多东西等。最后也可以说说让自己迷惑的地方,但是别光说不好听的。

第四,任何情况下,千万不要说别人坏话,这是很多职场新人做不到的。如果想说,请当面说。假如有一天,张三在李四面前说王五的坏话,李四肯定会想,张三和我说这些是什么目的呢?大家对彼此的人品都会有所看法了。所以,有意见还是直接去提的好。当然,意见也不能贸然地去提,应该先观察一阵子,有疑惑再说。

职场有太多太多的学问。"菜鸟"不能要个性,那会变成"傻鸟"。对于"菜鸟"来说,谦虚总是没错的,表现得阳光、积极、简单一些,"傻傻"地去努力就行。等到过了一段时间,你会惊喜于自己的成长。

8.学会独立成长——职场不是撒娇的地方

台湾最著名的女子组合S.H.E有一首很经典的歌叫《我不想长大》,当这三个年纪已经不能算小的女生一遍遍唱着"我不想不想长大"的时候,我们在觉得好玩的同时,不禁也要想,这哪里是三个女生的心声,它可是很多人共同的心声。

为什么人们有不愿意长大的心结呢?因为不长大好啊,小孩子可以不负责任,做错了事情大人会原谅,总被别人哄着,可以撒娇,想要什么就能得到什么。

曾经有位人力资源总监说,今年部门新招了几名女员工,这些女孩子有很可爱的一面,活泼开朗、心地单纯,但就是经不得一点批评。其中有个女孩子时间观念差,老是迟到,尽管负责人强调多次也没用。

有一次开会，她又迟到了，所有人都在等她。总监忍不住批评了女孩几句，谁知道女孩竟然当着大家的面哭了起来，先是默默掉眼泪，接着忍不住大哭起来，弄得一屋子的人面面相觑，最后不得不请女孩先出去，等情绪稳定后再进来。

他说，对有些新招聘的员工，说话得小心翼翼，要特别注意语气上的缓和，甚至交代他们做事的时候，都得尽量用"好不好"、"行不行"等这样哄人的词句，否则他们就会觉得你过于严厉、受了委屈。带这帮新人，只有一个字：累！

这或许是很多领导共同的感受。但职场毕竟不是家庭，领导也不等同于父母，如果意识不到这一点，那么你就永远不可能成长。

不愿意承担责任

具体表现为：做事马马虎虎，过得去就行，不是自己的事生怕多出一份力，一说要挑担子第一个反应就是"太难了"、"做不了"，一有困难和压力就恨不得能躲多远就躲多远，实在躲不过去，就勉强应付，或者干脆不干了，一有委屈就会想：单位不要我怕什么，家里还有爸妈呢，不行就找他们去。

从小到大没有承担的习惯，心理上也没有承担的准备和能力，自然就不会有负责任的精神。但工作就意味着责任，这是谁也改变不了的事实。如果认识不到这一点，还是把原来的习惯搬到职场里，无论走到哪里都会碰壁。

总希望别人包容

最典型的表现是：不管是自己做得不到位还是做错了，都希望别人能理解和包容，最好是自己做不好的事情，有经验的同事和前辈都能主动替自己去完成。如果做不到这一点，起码也不要对自己严加指责和批评，而只是和颜悦色、轻描淡写说两句就完了。

是啊，在家里做错了事，父母都不说什么，甚至为了照顾自己的情绪还会安慰自己,凭什么领导老是批评自己,同事总是那么多要求,嫌自己这也做得不好,那也做得不对？但反过来想想,领导和同事有什么理由要包容你？职场不是撒娇的地方,而是做事的地方,包容你就等于害了你,让你无法独立,得不到成长。既然进入了职场,你就有义务提升自己的能力,给你什么岗位,就应该发挥什么作用,不能成为单位和同事的负担。

受不得一点否定

最突出的表现是:只能接受表扬,接受不了批评。一旦遭到哪怕小小的否定,都会觉得天塌下来了,负面情绪一览无遗、情绪低落、消极怠工,觉得做什么都没有价值,甚至和领导、同事对着干、逆着来。

某公司新来了一位实习生,没几天,领导让他做一个方案,方案做出来后,领导觉得有很多不足的地方,于是给他提了一些修改建议。刚开始的时候,实习生还听得很认真,但被领导指出了三、四条之后,他脸上明显挂不住了,甚至和领导争辩起来:"我觉得自己的思路没有错,在学校里我就做过类似的方案,还得了二等奖。"他越说越激动,最后说了一句:"我想,我们的理念太不相同,我看我还是到别的公司去试试吧。"

每个人都渴望被肯定,希望在别人的肯定中体现出自己的价值,在别人的肯定中看到自己的成长。不可否认,肯定对于每个人的成长非常重要,因为只有在肯定中,才能找到自己的位置,坚定自己的信心。但光有肯定还不够,要在被肯定的基础之上让自己变得成熟,成熟的一个重要标志就是能够理性地认识自我和外界,并能够独立自主甚至挑大梁。而成熟,往往来自于"折磨"。

9.度过最痛苦难熬的"蘑菇期"

很多职场新人有这样的经历：本以为埋头苦学十几年，终有一日可以大展身手，却发现自己被分配到一个不受重视的部门；被安排做打杂跑腿的工作；得不到必要的指导和提携；像"蘑菇"一样，在"阴暗"的角落里自生自灭；经常还会遭受无端的批评、指责，代人受过。因此他们怨天尤人，觉得生活对自己太不公平，甚至还有人干脆放弃了当初千挑万选的工作。

新人往往会觉得这是企业对自己的歧视，然而事实并非如此。

这段毫无光彩的"蘑菇期"对企业和个人都大有好处，可以使企业和新员工之间进行最大限度的磨合和适应。充当一只默默无闻的"蘑菇"，是绝大多数职场新人走向成熟的必经之路。

对员工来说，做一些简单的、没有技术含量的基础工作，是了解企业的生产经营状况和客户的基础。对企业来说，管理者可以从一件小事、一个细节中发掘人才，充分发挥他们的优势，有利于促进企业的发展、壮大。

刚进入企业的大学生专业水平不相上下，人格特质却迥然不同，企业更愿意选择踏实肯干、责任感强、积极主动并善于思考的新人。持之以恒地完成简单任务、做好"小事"，会让你在周围的人中脱颖而出，领导才会放心地对你委以重任。而那些急功近利、心浮气躁的人，连芝麻绿豆大的事都做不好，怎么可能担当重任呢？换个角度去思考，如果你是领导，你也会做同样的选择。

但是从职场新人的角度来看，当踌躇满志的理想遭遇"暗淡无光"的现实时，自信必然会受到重大打击，从而丧失工作的热情，产生敷衍应付的态度。

因此，如何快速、高效地度过职业生涯中那段最痛苦难熬的"蘑菇期"，积累工作经验和人生阅历，是每个职场新人必须解决的问题。

积极认真的工作态度，是你脱颖而出的先决条件。认真对待你所从事的工作，不放过任何鸡毛蒜皮的小事和看似微不足道的细节，竭尽所能地把它们做到最好，为你的发展之路奠定坚实的基础。正如一位作家所言："无论做什么事情，都应该尽心尽力、一丝不苟，因为究竟什么才是大局，什么才是最重要的，这一点其实我们并不清楚。也许，在我们眼里微不足道的细节，实际上却可能生死攸关。"

要想改变环境，就要先适应环境，知己知彼才能百战百胜。对职场新人来说，进入一个并不满意的公司，被安排到一个并不起眼的岗位，做着无聊的工作时，适应环境是第一要务。能很快适应并融入环境的人，才能更好地完成自己的工作，反之就只能将自己置于痛苦的深渊。从这个角度来说，"蘑菇期"对新人至关重要，直接决定了他日后的工作，甚至一生。

低调做人能让你得到更多的注意。年轻人在做完工作、取得成绩后，总是渴望得到上司和同事的赞赏。但是，并不是你的每一点成绩都会引起别人的注意，并且这也不能完全证明你的真实水平。只有脚踏实地地做事，取得更大的成绩时，才能一举成名，成为上司和同事关注的焦点。

"蘑菇期"不仅是对一个人专业知识的考量，还对一个人的职业道德、耐心、毅力等多方面的能力提出了更高的要求。这时，很多年轻人选择逃避，但逃避解决不了任何问题。就算你侥幸绕过了这个难关，还会遇到千万个相似的难关，你总不能当一辈子的"逃兵"吧？

锁定一个目标，然后持之以恒地努力，只有这样才能帮助你更快地度过"蘑菇期"。厚积薄发，方能游刃有余。只有在这个艰难的过程中不断积累宝贵的经验，提高自己的工作能力和个人素质，才能为自己锻造出更强的竞争力，走上通往职业成功的道路。

10.少走弯路,学会职场快速进步的方法

企业里通常都有一些已经固化了的工作经验和方法,它们是在前人成功或者失败的基础之上,吸取经验、总结教训建立起来的,初入职场的人一定要积极地向老同事或者是上级了解和学习这些工作经验和方法,才能少走弯路,更快地走出职场"寒冰期"。

正确的观念、良好的心态,加上快速进步的有效方法,相信职场新人们一定可以尽快走出职场"寒冰期",找到自己合适的位置和喜欢做的事,更快地成为自己想成为的那个人。

方法一:接受工作问职责

在接受一项任务的时候要主动问清自己的工作要做到哪种程度,希望达到的工作结果的标准是什么?要明确工作的要求,界定自己可以做什么,不可以做什么。

某办公室文员接到一个工作,校对经理所写的一篇文章。她改得很努力,连续三天早来晚走。结果将这篇文章交给经理的时候,却受到了批评。因为她没有经过经理同意,根据个人判断,就将文章中的一些主体内容删减掉了。

她的动机是希望将文章修改得更好,但是否删减文章里的内容却不应该由她决定。原因在于这篇文章的作者是经理而非这名文员,经理请她校对,她可以提修改建议,并且可以与经理确认,哪方面内容可以改,哪方面内容不可以改,最后改不改内容应该由写文章的人决定,这叫职责界限。

当接受一份工作时,要问清楚:对自己工作的具体要求是什么?当要求明确时,如果没有做到,就是没有完成任务;而一旦做的工作超过了界线,就属于越界。

方法二:准备工作学经验

当我们准备开始做一项工作的时候,向以前做过这些工作的老同事或者上级询问他们的工作经验及注意事项,或者主动找一些参考资料,这样比自己重新摸索会节省时间、资源、财力和物力,可以少走很多弯路,并且更有可能获得良好的工作结果。

有位刚刚毕业的大学生进入一家企业后,担任市场部经理助理。因此有机会和经理一起参加一个项目的洽谈,事后经理让他起草一份合同。这位助理很为难,因为他在起草合同方面知道的并不多。于是只好找来几本与起草合同有关的书,认真研究了一个晚上,第二天他根据自己记录和理解,非常认真地撰写一份合同交给经理,结果遭到经理的严厉批评。经理说他起草的合同漏洞百出,甚至连行业里基本的条款都没有加进去,问他为什么不用公司已经非常完善的合同模板,这时他才知道这类合同基本条款每次都是一样的,他只要把公司已有的合同模板找出来,根据这次洽谈的记录把和以前不一样的地方修改一下就可以了。

企业里通常都有一些已经固化了的工作经验和方法,它们是在前人成功或者失败的基础之上,吸取经验、总结教训建立起来的,初入职场的人一定要积极地向老同事或者上级了解和学习这些工作经验和方法,才能少走弯路,更快地走出职场"寒冰期"。

方法三:请示工作说方案

请示工作时不要试图把自己的问题踢给上级,在向上级请示工作前做到自己先心中有数,至少准备解决这个问题的三个以上的方案。千万不要说:"老总,这事还做吗?要做我等您的指令。"作为一个合格的职业人,这种请示工作的方法是不够积极的,更不利于自己成长和发展。

请示工作的时候可以说:"关于这个工作我认为可以这样做,有三个方案供参考,您看是否可行? 方案一是……方案二是……方案三是……"

工作中,下级向上级提出方案时,可能会被接受,也可能会遇到另一种情况,即下级辛辛苦苦花了几天几夜的时间制订出来的方案,期待向上级提出时得到上级的赞扬和支持,但上级很可能只说了一句话:"这个方案不成熟,不能接受。"这时候,作为下级心里会感到有一些委屈,有一些气馁。有的人会因此而生气地说:"这么好的方案你都不接受, 你爱接受不接受,下次我不提了!"这样做就会失去机会,失去了免费向领导学习的机会。因为上级看问题的高度、广度、深度和自己是有区别的,因此上级不同意有他不同意的理由,而我们则可以从这个过程中学到上级思考问题的方式和工作经验。

请示工作是初入职场的人经常要做的一件事情,这关系到自己今后是否能有更多成长与发展的机会,也是自己免费向上级学习的一个很好的途径。

方法四:实施工作求效果

职场中我们必须把自己的注意力放在如何才能创造出有利于组织成长和发展的有效工作结果上,只有这样才能得到组织的认可,才能有机会和组织共同成长和发展。

某企业一位新入职的销售人员已经做销售工作三个月了,但销售业绩一直很不理想,部门主管问他为何业绩上不去时,他的回答是:"我已经很努力地在做了,每天都和足够数量的客户联系并定期去拜访他们,但是他们就是不买我们的产品,我有什么办法?"这位销售人员显然不明白企业需要的真正结果不是他和多少客户联系或见面,而是有多少客户通过他的这些行为愿意购买企业的产品。

效果就是有效的结果,也就是被人认可的工作结果。工作效果可能涉及数量与质量、时间成本与财务成本、局部效果与全局效果、目前效果与长期效果、业绩成果与人才培养等内容。应该在实施过程中注重信息反馈,及时调整方案,勇于克服困难,坚持对结果负责,直到达成预期的效果。

方法五:汇报工作说结果

初入职场的人在汇报工作时往往有意无意地将工作结果和工作过程混淆在一起,让上级听得一头雾水不知所云。

有一个下级曾这样向上级汇报签协议的工作:"王总,您昨天让我去见那个客户签协议,我八点半就去了,我去的时候他还没到。后来他来了,可是他说很忙,要开会,让我等一会儿,结果没想到等到一点多,我中午饭都没吃,肚子现在还'咕咕'叫……"这个人描述了半天还是没有汇报工作结果——协议是否签订。

人们在汇报工作说这些过程时往往是因为工作结果不好,所以急于说明过程中自己已经做了很多事,自己已经很辛苦了,有时是无意识地用描述过程来推卸责任。这种做法不应是一个职业人的做法,更不可能成为上级重用你的理由,作为职场新人尤其要注意这一点。

在电影《列宁在1918》中有一个非常经典的场面,列宁的忠诚卫士瓦西里运送粮食回来时,列宁问他:"粮食运来了吗?"他向列宁汇报说:"运来了,一共90车皮。"当时瓦西里已经长时间没有吃东西,以至于列宁到旁边接电话时,他饿得晕了过去,可是瓦西里没有说:"我还饿着肚子呢!先弄点吃的,边吃边说,我们这趟很辛苦,很危险,有几批人中途向我们开枪拦截……"因为他知道革命领袖现在最焦急等待的就是这个结果。

汇报工作时首先要说结果,如果上级需要了解过程,再说过程。企业是靠着一个个良性的结果运转的,作为职业人,首先要关注的、要汇报的就是工作结果,因为工作结果才是企业和管理者最关心的。

方法六:总结工作改流程

改进工作流程的能力是职业化素质最直接的体现,也是职场快速进步最有效的方法之一。关于一项工作,分几个工作模块?它们的先后顺序是什么?工作流程是什么?第一步做什么,第二步做什么,注意事项是什么?要学会将好的工作经验总结固化下来。

有一位青年在美国某石油公司工作,他的工作是巡视并确认石油罐盖有没有自动焊接好。当石油罐在输送带上移动至旋转台上时,焊接剂便自动滴下,沿着盖子回转一周,作业就算结束。他每天必须反复好几百次地注视着这种单调机械、枯燥乏味的作业。然而,此人却在这份了无生趣的工作中找到了乐趣和突破。他发现罐子旋转一次,焊接剂滴落39滴,焊接工作便结束了。他想,在这一连串的工作中,有没有什么可以改善的地方呢?一天,他突然想到:如果能将焊接剂减少一两滴,是不是能节省成本?经过一番研究,他终于研制出"38滴型"焊接机。这次发明非常完美,公司对他的评价很高。不久,公司便生产出这种机器,并运用到实际工作中。虽然节省的只是一滴焊接剂,但却给公司带来了每年5亿美元的新利润。这位青年,就是后来掌管全美炼油业95%实权的石油大王洛克菲勒!

任何一项工作都可以在工作流程上进行改善,以取得更佳效果。有意识地对工作流程改进是成为一个真正的职业人的起点,从这一天起你不再是一个被动工作的机器而成为一个主动工作的职业人。

第七课

脱颖而出

——职场常青树要与上司共同成长

没有伯乐的赏识,再厉害的千里马也只有被埋没。作为世界500强的员工,他们提醒我们,任何上司都是人,也需要被尊重和被重视。而那些见到上司就像老鼠见到猫,总想绕道走,对待上司就像对待自己的天敌的人,只会与机会擦肩而过。

1.经常找一些机会向上司汇报工作

人与人的感情是在频繁的沟通中产生的。要拉近与上司的心理距离，首先要从汇报开始，汇报的次数越多，印象就越深刻。经常找一些机会跟上司汇报工作，就能给上司一种受尊重的感觉，只有让上司体会到强烈的荣誉感，他才会对你产生好印象。

你也许会想，我的工作，老板都清楚，不需要汇报了。这种想法是错误的，要知道你汇报的不是工作，而是尊重！这种尊重是使上司欣赏你的基础。

比方说你是一个熟练的业务员，该怎么工作自然心里清楚，但还是要汇报，因为很多时候上司听的不是你汇报的内容，而是在确认自己有没有得到你的尊重；只有他感觉自己得到了足够的尊重，他才会关心你、帮助你，让你的工作开展得更加顺手。

如果你新到公司有陌生感，或上司有点怀疑你，那么汇报是消除隔膜的最好途径。从现在开始，往上司的办公室跑得勤一点吧！不过话又说回来，汇报总得有内容，如果你是一个懒姑娘，什么活儿都不愿干，那你往老板办公室跑无疑是找挨骂。脚要勤快，手也要勤快，多做事才能引起上司的重视。毕竟咱们是在职场，只有拼命做出成绩才是对老板最好的回报。一个既会做事又懂汇报的人，在任何环境里都能如鱼得水。

丁玲是一个非常懂得做事规则的女人：有些工作是她必须要做的，或者通过分析知道这事会轮到她头上，那她不会坐等老板分配任务，而是主动请缨，变被动为主动，这样一来就算工作完成得不是特别完美，上司也不太会挑毛病,因为这种主动工作的风格是上司们喜欢的。每到年终时,丁玲的奖金总比别人多一些。

记住,不仅要把大事做好,小事也不可忽视——小事往往决定你是上升还是下降或者被放逐、发配。你看,上司在考验下属(特别是新进公司的人员)时,不是拿世界上从未解开的问题,而是用最简单的问题,通过完成状况来对其进行综合评价,往往这些评价就决定了被考核者是被放入重点发展的行列,还是被归入可有可无的群体。

有些人心比天还高几丈,看到简单的工作就敷衍了事,觉得做那样的工作屈自己的才。这么想就非常幼稚了,因为再大的工作也是由小环节组成的,不把小环节做好,如何做大事?一个小环节不到位,可能所有的工作都会前功尽弃。所以,小事也要做好,这样才能给上司"能做大事"的感觉,才能让他继续欣赏你。

在职场中,要想得到上司的器重,最最重要的一点就是服从。如果你像头犟牛一样怎么都不听指挥,别说上司不会欣赏你,甚至第二天就有可能让你走人。

服从上司体现在哪些方面?做什么事都不要背着上司,工作进度要让上司知晓,听从上司的安排和指挥(如果你明明是个财务人员,每天不做账,却要跑去扫地或做其他与工作无关的事情,那么做得再好也无人欣赏)。只有在上司的关注下开展工作,你做的事才有意义,才能得到肯定与夸奖。

2.了解你的上司,才能得到他的关注与欣赏

在舞台上,变魔术的手法往往不止一种,魔术师在向观众展示才艺时,必须得考虑台下的观众是哪种类型。在职场中,上司就是你的观众,你必须先把他了解透彻,才能得到他的关注与欣赏。

你了解上司的为人吗?先问你四个问题:

你的上司是什么样的人

要想得到上司的欣赏,首先你得了解他。如果他喜欢温柔可爱型的,而你偏偏是个狂野型的,那么你们就很难走到一起。幸好工作不是婚姻,如果你想得到他的"宠爱",就要学会适当隐藏自己、改变自己。如果他是个喜欢把握大局的人,那么你向他汇报事情的细枝末节就会让他腻烦,你应该把所有的基础工作都做好,否则他就会不信任你。

你是否在帮上司完成任务

如果你清楚地知道上司想要达成的目标,最好能去帮忙。了解那些特别的目标,有助于你更好地把握部门的发展方向,通过这些信息,你就能采取前瞻性的措施来帮助上司达到目标,那么上司就会把你当成部门里有价值的人员,一旦他升迁,你就会得到提拔。

你是否知道上司的做事习惯

他是喜欢上午处理问题还是下午?如果你的上司不是一个喜欢下午处理问题的人,那你就要避免下午被他召见,特别是你们真的有问题需要商量时,你会发现上司在上午更容易听取别人的意见,更可能帮助你解决问题。

你是否尽全力为本部门增色

你和上司就是一根绳子上的蚂蚱。如果你的上司工作出色,那你也跟

着闪亮起来,所以你应该时时想着怎样让上司显得出色。如果你有什么能改善部门的主意,一定要告诉他,但记住一定要私谈,他不采纳也不要发生冲突。如果部门工作有所改善,他就会对你刮目相看、欣赏有加,这对你的前途很有帮助。当上司欣赏你时,你就会觉得你们更像是伙伴而不是上下级,作为伙伴,你当然更容易被委以重任。

3.运用策略向上司提供信息

但凡有见识的下属都一定知道向领导"灌输思想"的重要性。领导一旦接受了你的某种观点,你的种种想法便得以实现,这时你有可能已经成为领导不可或缺的"宠幸"之人,你将发挥着巨大的甚至是无可替代的影响力。

西方葡萄酒业巨头——卡尔森公司前行政副总经理罗伯特·加里说:"我发现,下级使自己受到重用和被赏识的最好办法是挖掘信息,即那些与正在被考虑的建议有关的资料和事实,以及对上司欣赏的观点表示出兴趣和赞赏,还有就是要提出新的方案。"他补充说:"没有什么比有助于上司作出更好决策的信息更令人欣赏的了。"

你提供的信息只有尽可能地客观才会有用,这并不意味着信息来源只能局限在计算机的打印结果和其他种类的数据上,从报纸和商业杂志中得来的数据当然也包括在内,甚至是在小饭店中听到的逸事和闲谈有时对你上司来说也是有价值的。

你提供的信息也应该是全面的,这并不意味着提供的信息必须包含每一个细节,而是要包括或考虑到有关问题所有方面,否则就难以准确地把握问题的实质,反过来又会导致错误的行动。如果你缺少一些重要的数据,但又感到应该提供你已经掌握的数据,这时就应该告诉上司你还缺少什么信息和你正在采取什么步骤来获得它们。

正如加里所指出的那样,信息为提建议作了最好的铺垫。事实上,信息经常能代替建议。你常常会发现让上司做一件事情的最好途径是向他提供足够的正确的信息,这种信息可能会很好地引导他给自己提出建议,不要担心这种方法会失去在你自己建议的情况下可能会受到的称赞,如果有什么区别,那就是他很可能更加赏识你,因为,他成了一个自己能作决策的上司,而你又证实了他对自己的关怀。

在整个"二战"期间,斯大林在军事上最倚重的人有两个,一个是军事天才朱可夫,一个则是苏军大本营的总参谋长华西里耶夫斯基。

众所周知,斯大林在晚年逐渐变得独裁,"唯我独尊"的个性使他不能允许世界上有人比他更高明,更难以接受下属的不同意见。在"二战"期间,斯大林的这种过分的"自我尊严"感曾使红军大吃苦头,遭到本可避免的巨大损失和重创。一度提出正确建议的朱可夫曾被斯大林一怒之下赶出了大本营,但有一人例外,他就是华西里耶夫斯基,他往往能使斯大林在不知不觉中采纳他的正确作战计划,从而发挥着杰出的作用。

华西里耶夫斯基的进言妙招之一便是潜移默化地在斯大林休息时对其施加影响。在斯大林的办公室里,华西里耶夫斯基喜欢同斯大林谈天说地地"闲聊",并且往往还会"不经意"地"顺便"说说军事问题,既非郑重其事地大谈特谈,讲的内容也不是头头是道。但奇妙的是,等华西里耶夫斯基走后,斯大林往往会想到一个好计划。过不了多久,斯大林就会在军事会议上宣布这一计划。于是大家都纷纷称赞斯大林的深谋远虑,但只有斯大林和华西里耶夫斯基心里最清楚,谁是真正的发起者。

正是在这些闲聊中,华西里耶夫斯基用自己的思想启发了斯大林的思想,以至于斯大林本人也认为这些好主意正是他自己想出来的。但不管怎样,从效果上看,华西里耶夫斯基达到了他的目的,使他的建议能够被斯大林所采纳,并成为斯大林最为倚重的人之一。

当然,有些问题是应该由上司来处理的。事实上,如果这些问题不让他来处理的话,他会很恼火。因为,这些涉及权力或会产生纠葛的事情是与你不相干的。当然,也有些问题在你的职责范围之内,而你又非常希望得到他的帮助,当你真的要向上司提出这种问题时,你最好向他征求建议,而不要恳求解决方法。

与其说"某某公司不愿付最后一笔贷款",然后等上司说应该怎么办,你还不如说:"我没有办法让某某公司支付最后一笔贷款。如果您有什么建议的话,我将十分感谢。"这种方法能诱使上司做出积极的反应,因为你不是要他承担责任,只是想获得他的专业性指导罢了。但是,这种方法也有其局限性,因为,如果你连续不断地向上司提出建议,他很快会感到厌倦,而且,很可能,他对你也会感到不耐烦。

所以,如果问题确实是你自己的,那么,最好的办法是将它留给你自己,并且你自己去解决它。

4.抓住与上司接近的机会,激活你的"人脉"

在职场中,资深员工都会告诫"职场新人":要努力,更要会沟通、搞关系。意思是说,与领导建立良好的关系并获得赏识,工作起来就会比较顺水顺风。可有的人偏偏认为与领导搞好关系是走旁门左道,只有拿出好的业绩才是真本事,便"闷头大发财"。这种观念正确与否值得商榷。

小A进入环宇公司三年来,工作兢兢业业、勤勤恳恳,凭着她吃苦耐劳的精神,总是能够出色地完成公司交给她的任务,成为大家公认的业务骨干。可小A哪里都好,就是与自己的顶头上司不对付。

她的顶头上司老吴是个职场"老油条",凭着多年的行业积累,在主管的职位上坐得四平八稳,甚至利用上班时间炒起了股票。这让性情耿直的小A看了很不顺眼。再说,接触的时间长了,老吴的一些缺点也在小A面前暴露无遗,比如气量狭小,爱在女同事面前讲黄段子等。这些毛病都让小A对她的上司产生了鄙薄之意,因此在平时的工作中,小A对老吴能躲则躲,甚至私下里对老吴牢骚满腹。

小A的这种心思自然而然地体现到她的日常表现上,老吴看在眼里记在心上,自然认为在工作中小A虽然业务能力强,但清高孤傲,不尊重领导,久而久之,便有"壮士断臂"之心、将小A扫地出门之意。

这不,年底公司准备给每位员工续签合同,业务骨干小A却在大家惊愕的表情中接到了公司人事部门"不予续签劳动合同"的通知。黯然神伤之余,小A很快便找到了问题的症结所在,经过深入反思后,她在自己的博客中这样总结道:在公司里,与领导处好关系比做什么工作都重要。

是呀,作为一名员工,在部门里唯一有资格对你进行综合评判的,便是你的顶头上司。你的业务能力再强、销售业绩再高,如果与上司之间缺少融洽的关系,甚至处于对峙状态,时间久了上司也会从"团队建设""是否安心本职工作"等其他方面挑出毛病,让你无法安心工作。上司也是人,会有许多毛病,但工作上肯定有本事,所以学习上司本事,忽略其缺点,是非常重要的。

因业务发展需要,H图书公司的编辑中心新招了五六个刚毕业的年轻人。为表达对这批"新鲜血液"的厚望和鼓励,他们的顶头上司龚主任决定宴请他们。酒店离公司不远,新人们三三两两结伴而行,唯独将比他们年长二十几岁的龚主任抛在了一边。也许他们觉得自己都是小字辈,跟龚主任难有共同话题；也许他们觉得龚主任是自己的上司，由敬畏之心而自然地产生了距离感，所以几个人都跟在龚主任后面十几米远。

新来的刘艳梅看在眼里，不免替龚主任尴尬。怎么办才好呢？于是，在进入酒店落座之前，刘艳梅借故先去了趟洗手间。回来一看，果然不出她所料，龚主任坐在中间位置上，他两旁的座位都是空着的，而其他几位同事都隔着龚主任坐着，或谨口慎言，或局促不安。看见龚主任强挤出笑容的样子，刘艳梅赶紧说："咱们都往一起凑凑吧，显得热闹！"说完，便很自然地坐在了龚主任身旁的空位上，并对龚主任投来的赞许目光报以会心一笑。

刘艳梅的做法巧妙而自然，很好地缓解了陌生环境下出现的尴尬气氛。可惜的是其他几位新编辑，本来这次龚主任就是想和他们亲近一下、交流一下，谁想他们却辜负了上司的美意，把他晾在一边。

那次晚宴，刘艳梅给龚主任留下了非常好的印象，觉得她是个可塑之才。在今后的工作中从选题策划到作者资源再到市场营销，龚主任都对刘艳梅知无不言、言无不尽。刘艳梅的业务能力自然得到了大幅提升，在同批进来的同事中脱颖而出。

所以，我们在不断地提高自身业务能力的同时，也要时刻寻找并抓住与上司接近的机会，激活你的"人脉"，让上司很好地、全面地认识你，对你产生好感、信任，乃至依赖，有朝一日，你便将成为上司的"左膀右臂"，那么你离在职场中生存得如鱼得水的日子就不远了！

请一定记住，上司也是人，也需要被尊重和被重视，而那些见到上司就像老鼠见到猫，总想绕道走，对待上司就像对待自己天敌的人，只会与机会擦肩而过，迟早会被上司逐出视野之外。

5.用上司的心态对待你的工作

有这样一则故事,主人公是一个贵族,他要出门到远方去。临行前,他把三个仆人召集起来,按着各人的才干,给他们银子。后来,这个贵族回来了,他把仆人叫到身边,了解他们经商的情况。第一个仆人说:"主人,您交给我5000两银子,我已用它赚了5000两。"主人听了很高兴,赞赏地说:"善良的仆人,你既然在赚钱的事上对我很忠诚,又这样有才能,我要把许多事派给你管理。"第二个仆人接着说:"主人,您交给我的2000两银子,我已用它赚了1000两。"主人也很高兴,赞赏这个仆人说:"我可以把一些事交给你管理。"第三个仆人来到主人面前,打开包得整整齐齐的手绢说:"尊敬的主人,看哪,您的1000两银子还在这里。我把它埋在地里,听说你回来,就把它挖出来了。"主人的脸色沉了下来:"你这个又笨又懒的仆人,你浪费了我的钱!"

这个仆人认为自己会得到主人的赞赏,因为他没有丢失主人给他的1000两银子。在他看来,虽然没有使金钱增值,但也没有丢失,就算完成主人交代的任务了。然而他的主人却并不这么认为,他不想让自己的仆人顺其自然,而是希望他们表现得更杰出一些。他想让他们超越平庸,其中两个做到了——他们自己站在上司的角度上,为上司所想,把上司赋予自己的东西增值了,只有那个愚蠢的仆人得过且过。

同上司一同成长不是毫无目的地跟随上司。

优秀员工的标准是不仅自己取得成功,还帮助上司取得成功,同上司一起取得成功,一同完成任务。

帮助上司获取成功有许多方式,但不是拍马屁。

欧阳是一位国际市场部总经理助理。他接到了一项紧急任务,根据上司的笔记,准备好业务进展曲线图表。起草图表时,他注意到上司写道:"美元坚挺,则出口就会增加。"欧阳知道,事实恰恰相反。于是,便通报上司,告知已经纠正了这一错误。

上司很感谢欧阳发觉了他的疏忽。当第二天向上呈报未出丝毫弊漏后,上司对欧阳做出的努力再次道谢,不久,欧阳发现自己的薪酬有所增加。

上司并非全才,在工作中他也会遇到许多难题。这些难题也许不是你的分内工作,可是这些难题的存在却阻碍着团队的前进,如果你能够帮助上司解决这个难题,无疑,你在成功的道路上会成长得更快。

如果你想取得像上司今天这样的成就,办法只有一个,那就是比上司更积极主动地工作。

与此恰恰相反,很多人认为,公司是上司的,我只是替别人工作。工作得再多、再出色,得好处的还是上司,于我何益。存有这种想法的人很容易成为"按钮"式的员工,天天按部就班地工作,缺乏活力,有的甚至趁上司不在,没完没了地打私人电话或无所事事地遐想。这种想法和做法无异于在浪费自己的生命和自毁前程。

怎样才能够把自己想成为公司上司的想法表现于行动呢?那就是要比上司更积极主动地工作,对自己所作所为负起责任,并且持续不断地寻找解决问题的办法。只有这样坚持下去,你的表现便能达到更佳的境界,为此你必须全力以赴。

比上司工作的时间还要长

不要认为上司整天只是打打电话、喝喝咖啡而已。实际上,他们只要清醒着,头脑中就会思考着公司的行动方向。一天十几个小时的工作时间并不少见,所以不要吝惜自己的私人时间,一到下班时间就率先冲出去的员工不会得到上司喜欢的,即使你的付出得不到什么回报,也不要斤斤计较。除了自己分内的工作之外,尽量找机会为公司做出更大的贡献,让公司觉得你物超所值。比如,下班之后还继续在工作岗位上努力,尽力寻找机会增加自己的价值,尽量彰显自己的重要性,使自己不在工作岗位上的时候,公司的运作显得很难进行。

抢先思考

任何工作都存在改进的可能,抢先在上司提出问题之前,已经把答案奉上的行动是最深得上司之心的,因为只有这样的职员才真正能减轻上司的精神负担。工作交到上司手中后,他就不用再为此占用大脑空间,可以腾出时间来思考别的事情了。

事实上,能够做到这一点的人并不多。也许可以说,能长期有本事跟上司在工作上竞赛,而且有本事把对方击败的,也差不多够得上资格当上司了。

为此,要成为上司的心腹,即使不能每一次都比上司反应得快,但最低限度要有一半以上的次数不要让他比下去。上司在知道你不是他的对手时,就很自然地会对你信任起来,此所谓"识英雄者重英雄",能力再出众的上司都需要有人才在身边的。

什么样的心态将决定我们过什么样的生活。当你具备了上司的心态,你就会去考虑企业的成长,就会去考虑企业的明天,就会感觉到企业的事情就是自己的事情,就知道什么是自己应该去做的、什么是自己不应该去做的,就会像上司一样去思考,就会像上司一样去行动。

唯有心态端正了,你才会感觉到自己的存在;

唯有心态端正了,你才会感觉到生活与工作的快乐;

唯有心态端正了,你才会感觉到自己所做的一切都是那么地理所当然。

以上司的心态对待公司的人,不管他从事什么样的工作,都会比那些只具备打工者心态的人更容易走向成功。

6.职责要到位,但不要越位

在职场中,每个人都会有单位分配给自己的一个位置,单位对于组织层次的划分是很清晰的,不同的人处于不同的组织层次,相对应的职能也就有所区别。对于自己所处的这个角色,第一要求是明确自己的职能和所需技能,对自己有一个清晰的认识。这就要求你兢兢业业地做好属于你这个位置所应该做的一切事情。这就叫职责上的到位。

然而总是有一些人激情过头,喜欢做些越位的事情,做些本不属于你职责范围内事。当然这个问题需要一分为二地看,但越上级的位,通常情况下不会有你什么好果子吃。作为下属,用四个字来概括你的定位就是:贯彻执行。贯彻的是上司的思想,执行的是上司的决策,在贯彻执行的过程中接受上司的考核。和上司相处,你是他的下属,当然必须尽己所能助他一臂之力,但是,请不要忘记自己"参谋"的身份,切莫自作主张、喧宾夺主。

一次,销售经理张友奇带黄刚出差谈生意,因为客户代表邵一鸣是黄刚的大学同学,张经理希望黄刚能以这层关系为突破口,搞好公关。黄刚确实很快就和老同学热乎起来,不仅给他详细地介绍了公司的产品,还天南海北地聊起来。然而,在谈到一些合同细节时,黄刚完全没有征询张经理的意见,最后,竟然自己拍了板,商定了合同,让坐在一旁的张经理很尴尬。

用餐时,黄刚又自作主张点了满满一桌菜,和邵一鸣继续神聊,把张经理撂在一边。看到满桌的菜肴剩下大半,餐费大大超过预算,张友奇心里更加不满意。在回公司的路上,黄刚得意地问张友奇:"张经理,我这次表现还可以吧？"

张友奇冷冷地说道："嗯，不错，给我留下了深刻的印象！"令黄刚意想不到的是，从此以后，他再也没有出差的机会了，彻底被张友奇给"雪藏"起来了！

虽然在这次谈判中，黄刚起到了重要的作用，然而，他却忘了职场上的规矩，凡事都自作主张，根本没把上司当回事，这样做，如何能得到上司的信任呢？因此，在与上司相处的过程中，大到与客户谈判、日程安排，小到出去买水、确定住宿标准，都应该明确自己的职责，先听听上司的意见，以免出现不合时宜的言行，最佳做法是当好"参谋"，提出建议，说明理由，把最终的决定权交给上司，切莫自作主张。

每个单位都像一部复杂而精密的机器，每一个部件都在固定的位置发挥着不同的作用，以保障整部机器的正常运转。作为下属，应对自己的职务、职权、职责负责，在任何情况下，先做好自己的本职工作，到位而不越位。

到位而不越位讲的是"度"的问题。有的员工长期在上司身边工作，深得上司的信任，就产生错觉，以为深受重用就消除了与上司之间的界线，从而不自觉地站在上司的位置上，替上司做起主来。虽然你的出发点是好的，是为上司分忧，也是为了维护公司的利益，但即使你做对了，上司心里也不会舒服，因为作决定的应该是他。所以，在工作中，无论你与上司的关系多么亲密，无论你的看法多么正确，也不要逾越与上司之间的界线。

然而有一部分人为了突出自己，老是喜欢搞越级活动，这些人大都对自己的顶头上司不信任或者不服气。这样做的后果是严重损害了自己与上司之间的感情，给自己的日常工作，甚至以后的晋升制造了障碍。因此，除非万不得已，到位即可，千万不要越位。

在职场沟通中，"到位"与"越位"之间，有时候是不好区分的，关键在于掌握"度"。但也并不是无章可循，具体原则是：

（1）明确工作权限，对自身的责任划分要做到心中有数

一个萝卜一个坑，每个人都有自己的岗位，伴之以明确的责任划分。对于这些，你要做到心知肚明，并成为你的行动纲领。只有弄清楚自己日常扮演的角色、应当履行的职责、应当遵守的行为规范，你才有可能做到"到位而不越位"。

（2）分清"分内"和"分外"

在其位要谋其政，分内的事情要刻苦努力，力争做到、做好；分外的事情当然也不能全部"事不关己，高高挂起"，而是在你做好分内之事的基础上，适当予以关注。更重要的是，要学会思考分析，对于分外的事情，无关宏旨的，可以做做，至于不属于你作的重大决策，你还是保持沉默为好。

（3）不可积极过度

我们提倡在工作表现中要积极主动，但凡事都有个"度"，如果积极过度，就很容易造成工作越位。比如，必须由上司亲自委派你干的某项工作，一般情况下不要主动要求，以免上司认为你插手太多，有越位之嫌。而不属于你自己职责范围内的事，要小心谨慎，尽量少插手、不插手。

7.永远不要为职场的不公平而抱怨

职场中似乎总是充满了各种不公平，激起我们的负面情绪，阻碍工作的积极性。

世界上没有绝对的公平，尤其是在职场中，面对纷杂的人际关系和利益冲突，被批评、受委屈在所难免。生气发火于事无补，那就学会幽默智慧地应对吧。

由于认知条件、信息误导、沟通不畅以及小人谗言等因素，职场工作的

每一个员工都可能被老板、上司误解。比如，被冤枉、被栽赃，不被理解，同事的失误导致自己被牵连，别人的过错却被老板、上司归在我们的身上等，每个人都有过这样的经历，谁都不是特例。

关键是，这个时候我们要学会正确对待。我们可以通过各种方式去消除误解，但是，如果我们不能正确地对待，而在内心里怨恨老板、上司，那么矛盾可能会越来越深。

人在职场，很多时候不得不承受一些委屈，比如，在工作中，本来一直尽心尽责，却因为某些客观原因，或者其他人的人为原因而造成我们工作中出现问题，老板却把问题算在了我们的身上，这样的委屈经常发生。解决这样的问题，首先要从自己身上找原因，或许也有我们自己的问题。

不过，误会和冤枉自然是应该有底线的，如果事件严重，影响到了公司的利益问题、形象问题，让老板或上司对自己产生很大失望和怀疑的时候，就一定要维护自己的声誉和利益了。因为如果这种误解或冤枉不能及时消除，可能会给我们造成心理压力和精神负担，还有可能会影响到我们的晋升，严重损害上下级关系。因此，面对老板或上司的误解，控制好自己的情绪，坦然面对并及时消除误解，这一点最重要。所以，要找到适当的机会，通过语言的沟通或行动上的表现为自己消除误解。

但更关键的是，我们不能只知道抱怨老板或上司，却不反省自己。忠实履行日常工作职责，全力以赴、尽职尽责地做好目前所做的工作，才能使我们渐渐地获得价值提升。只要我们把自己的工作做得比别人更完美，凡是正直的老板或上司，一定会改变对我们的偏见。

由于各种原因，老板或上司可能误解我们，但是我们要理解老板或上司对问题的真正想法，不要再误解他们，使我们的下一步工作走到与他们要求的反面。有时候，老板或上司对我们表现出来的误解，也许是他们对我们的一种考验，也许是一时的情绪反应，也许是我们真的做得还有问题，只是我们自己还没有意识到而已。

所以，一方面，我们要多从自身找原因；另一方面，我们要充分了解自己,对自己有自知之明。什么话该说,什么事情该做,我们自己心里要有一个标准,这样会减少一些别人的误解。

中国人常说,人贵有自知之明。这实际上是说,社会生活中的每个人都应当对自己的素质、潜能、特长、缺陷、经验等各种基本能力有一个清醒的认识,对自己在社会工作生活中可能扮演的角色有一个明确的定位。心理学上把这种有自知之明的能力称为"自觉",这通常包括察觉自己的情绪对言行的影响,了解并正确评估自己的资质、能力与局限,相信自己的价值和能力等几个方面。

有自知之明的人既能够在他人面前展示自己的特长,也不会刻意掩盖自己的欠缺。谈及自己的不足而向他人求教不但不会降低了自己的身份,反而可以表示出自己的虚心和自信,赢得他人的青睐。

能够正确地认识自己,正确理解老板、上司的意图,处理好与同事之间的人际关系,站在老板的角度去想问题、做工作,积极主动地把工作做圆满,我们就会少一些误解。要记住,帮助老板或上司成功是帮助自己成功的最好方法。

小时候我们总是觉得这个世界是公平的,只要你付出了,就会有回报。但是当你进入职场,就会发现,不公平的事情随处可见。我们身处职场,不能要求绝对的公平。过于执着只会让自己心里承受巨大的压力。哈佛商学院的职业教材读本上写到——如果你想成为一个职场的成功者,那么,请永远不要为职场的不公平而抱怨。

虽然面对办公室里的不公平,我们不可以抱怨,但我们是不是除了无可奈何就什么都不能做了呢? 不是,我们能做的还很多。

不可能事事公平,所以不必过于苛求

要知道,阳光公平地洒向大地,却还是有地方被阴影覆盖。公平是一种理想状态,但却不总是存在。过于苛求公平的人只是自寻烦恼。

有时候不是不公平,是你不够成熟

总有人觉得自己埋头苦干却没有那些"溜须拍马"的人得到的多,其实这是一种职场生存的技能,只是你没有学会而已。

与其抱怨不公平,不如努力找原因

当你觉得自己没有评上优秀员工的时候,为什么不多找找自己身上的原因,也许是某一点小小的因素掩盖了你的努力呢。

世界上没有绝对的公平,所以当我们生气地咒骂领导的不公平的时候,不妨换一个角度来想,为什么我会遇到不公平。发现原因后,再去改变它,岂不是比你怨天尤人要好很多?

所以,面对不公平,我们的态度应该是:坦然面对它!努力适应它!力争改变它!作为一个成熟的职场人,要时时刻刻明白这一点,以平常心、进取心来改变自己的生活和工作,最终到达成功的彼岸。

8.掌握恰当的说话尺度和适宜的办事分寸

任何一个人都想成为能说会道、能把事情做得漂亮、积极生活的人。有没有社交能力、办事水平,主要表现在能否把握说话尺度和办事分寸上。恰当的说话尺度和适宜的办事分寸是获得社会认同、上司赏识、下属拥戴、同事喜欢、朋友帮助和恋人喜爱最有效的手段。

人生就像酿造美酒,酒有度而人生也有度,有过喝酒经验的人都知道,如果一个人喝酒经历较早,酒量就会很大,那么,相对来讲,他对酒的适应力也会增强。对于人生来说,未来会遇到什么,我们并不知道,这就要求我们在做事时要把握好度,要有分寸,这样才能如行云流水、游刃有余。

领导毕竟不像一般同事。所以与领导相处时,就更应该注意,平时说话交谈、汇报工作时,都要多加小心。特别是一些让领导不快的话,就更要注意分寸。

　　说话有尺度，交往讲分寸，办事讲策略，行为有节制，别人就很容易接纳你、帮助你、尊重你、满足你。因此一个人要想获得社会认同、领导赏识，就应该掌握最恰当的说话尺度和适宜的办事分寸。作为下属，要想得到领导的信赖，嘴上一定要有个把门的，一定要把握好分寸。

　　不要嫌领导动作太慢。不经意地说："太晚了！"这句话的意思是嫌领导动作太慢，以至于快要误事了。在领导听来，肯定有"干吗不早点"的责备意味，这样的话在平时说无所谓，在下属与领导共事时说就有失分寸。

　　让领导下不来台的话不要说。对领导说："这事不好办！"领导分配工作任务下来，而下级却说"不好办"，这样直接地让领导没面子，一方面说明自己推卸责任，另一方面也显得领导没远见，让领导下不了台。

　　该说则说，不该说的千万别说。"我不清楚。""不行拉倒，没关系！"这类话是对领导的不尊重，缺少敬意。退一步来讲，这也是说话不讲究方式的表现。

　　无所谓的话尽量要少说。对上级的问题回答："无所谓，都行！"这样的话说明对领导提出的问题根本没怎么在意，同时既显得对领导不够尊重，也有推卸自己责任的嫌疑。

　　说话要有技巧，沟通要有艺术。良好的表达方式可以助你事业成功，良性的沟通可以改变你的人生。我们与领导交流时，要注意管好自己的口，用好自己的嘴，要知道什么话应该说，什么话不应该讲。不知道所忌，就会造成失败，不知道所宜，就会造成停滞，我们在谈话中，就要懂得说话的忌讳。

　　做事有分寸真的很重要，这在团队中、企业中显得尤为重要。在一个团队中，如果成员能把握好自己的尺度，各尽其责就会有好的成绩。如果没有把握好分寸，团队内部互相拆台，把责任一股脑儿地推到别人身上，就会降低大家的信心和决心，这样往往把工作搞得一团糟，结果对所有人都不利。

　　当大家共同面对失败时，最忌讳的是有人说："我当时就觉得这办法不好，你应该负责那，我应负责这。结果弄成今天这个样子，如果照我的话做，绝不会是今天这种局面。"显然这种人是在推卸责任，或只是显示自己的高明，于事无补。

9.成为你自己——做个"好用的人"

一个企业,如果没有自己的主打产品,不能占据一定的市场份额,没有跟得上时代步伐的核心技术,必然难以生存下去,最终必然走向灭亡。

一个员工,如果没有自己的专长,没有老板需要的核心技能,没有公司需要的价值,不能跟上职场发展的需要,则很容易被边缘化。

在竞争激烈的市场中,每个企业都要有自己的独特优势,这样才能在大浪淘沙、优胜劣汰的竞争环境中取胜。同样,作为一名员工,要想做到不被替代,要想成为老板眼里的红人,要想从职场跑龙套的角色向职场主角转变,也应该打造自己的核心优势。

15世纪末文艺复兴时期,欧洲开始涌现一批著名的艺术家,他们在建筑、绘画、雕刻、音乐等方面创造了不朽的名作,当时,能否出人头地,一切都在于艺术家本人能否找到一个好的赞助者。

米开朗琪罗以其优秀的"硬件"被教皇朱里十二世选为赞助对象,负责教堂的壁画设计及绘制。一次,在关于大理石柱的雕刻问题上,两人产生了严重的意见分歧,米开朗琪罗觉得自己的作品没有得到教皇的充分重视,愤怒之下扬言要离开罗马。

很多人为米开朗琪罗触犯了教皇而担忧,所有人都不愿看到他因一时的冲动自毁前程。然而,事实恰恰相反,教皇非但没有惩罚米开朗琪罗,还极力请求他留下来,因为教皇清楚地知道,像米开朗琪罗这样的天才艺术家不乏赞助者赞助,而他却无法找到另一位米开朗琪罗。

米开朗琪罗在设计和绘画方面的优势无可替代,决定了他在教皇心中的地位坚不可摧。

职场中亦是如此，让一切在自己的掌控之中，让自己的技能无可取代，自然就会受到上司的器重，使自己立于不败之地。

听过一个著名的故事：日本东京一家贸易公司与德国一家公司有贸易往来，德国公司的经理经常需要买东京到大阪之间的火车票。不久，这位经理发现一件趣事：每次去大阪时，座位总在右窗口，返回时又总在左窗口。

经理询问日本公司的购票小姐其中的缘故，她笑答道："车去大阪时，富士山在您右边；返回东京时，富士山已到了您的左边。我想外国人都喜欢富士山的壮丽景色，所以我替您买了不同的车票。"

就是这种不起眼的细心事，使这位德国经理十分感动，促使他将对这家日本公司的贸易额由400万马克提高到1200万马克。他认为：在这样一个微不足道的小事上，这家公司的职员都能够想得这么周到，那么，跟他们做生意还有什么不放心的呢？

这个了不起的职员有什么优势呢？靠的就是细心。

优势的概念是非常宽泛的，它并不一定是解决工作难题的能力或者掌握某个非常复杂的技术，也可以是生活上的某些特长，比如说有的人很擅长唱歌，有的人很擅长调节气氛等。或者是同一件事，其他人不会你会，其他人会一点，你会很多，其他人会很多，你可以做得更精更完美……只要主动开发经营，人人都可以找到自己的优势。只有经营好自己的优势，才能打造出真正的核心竞争力，才会取得成功。

在职场上，与其费尽心思地去改善自己的劣势，还不如努力把自己的优势发挥到极致——套一句大白话说，你要让自己成为一个"好用"的人！

　　有一位从国外留学回来的主管，拒绝了上司交付的一项临时性工作，理由是所交付的任务与她的职位及工作无关。这样的结果让上司很生气，不是因为她的傲慢，而是她对工作的不尽责，既不能勉强她也不能说她错，但又让人感觉很不舒服，从此，对这位"海归"的印象大打折扣。

　　三个月试用期过后，这位自以为能力超群的新进主管被婉言辞退了，虽说辞退书上说是"能力太高，希望其能另谋高就"，但真正的理由确是"她在公司内是一个极其'不好用'的人"。虽然她在本分的工作内称职负责，可是当公司有变动、需应急时，她却态度僵硬、置身事外，自然无法与公司同舟共济。

　　日本知名财经杂志 *President* 最先提出"好用"这一新型概念词：在21世纪的新经济时代，"好用"是企业内当红的专业经理人的最大特质——因为"好用"的人态度开放、不自我设限、专长多样，且学习力强、可塑性高、愿意挑战新事物，极富责任感又能以公司的需要为己任。

10.拥有良好的团队意识与合作精神

　　如今，企业发展非常快，不断引进各类人才，在选人和用人上，特别看重团队意识。人才的优势不是靠个人来发挥的，而是靠整个团队。所以，职场新人在进入企业后，必须要拥有良好的团队意识与合作精神。

　　所谓职场，就是与人合作，单个人成为时代英雄已经是过时的神话，要想"保持不败"，就得依赖团队合作。

　　团队精神是一种能力，一种通过与别人互相作用，和别人一起创造及分享的能力，它取决于人们之间的合作，是成功因素中最重要的一环，团队精神也是协作能力,有利于个人比较灵活的工作,可以使自己抓住更多的发展机会。

有一家跨国大公司对外招聘三名高层管理人员,9名优秀应聘者经过初、复试,从上百人中脱颖而出,闯进了由公司董事长亲自把关的面试。

董事长看过这9个人的详细资料和初试、复试的成绩后,相当满意,但他又一时不能确定聘用哪3个人。于是,董事长给他们9个人出了最后一道题。董事长把这9人随机分成A、B、C三组,指定A组的3个人去调查男性服装市场,B组的3个人去调查女性服装市场,C组的3个人去调查老年服装市场。董事长解释说:"我们录取的人是用来开发市场的,所以,你们必须对市场有敏锐的观察力。让你们调查这些行业,是想看看大家对一个新行业的适应能力。每个小组的成员务必全力以赴。"临走的时候,董事长又补充道:"为避免大家盲目展开调查,我已经叫秘书准备了一份相关行业的资料,走的时候你们自己到秘书那里去取。"

两天后,每个人都把自己的市场分析报告递到了董事长那里。董事长看完后,站起身来,走向C组的三个人,分别与之一一握手,并祝贺道:"恭喜三位,你们已经被录取了!"随后,董事长看看大家疑惑的表情,哈哈一笑说:"请大家找出我叫秘书给你们的资料,互相看看。"

原来,每个人得到的资料都不一样。A组的三个人得到的分别是本市男性服装市场过去、现在和将来的分析,其他两组的也类似。董事长说:"C组的人很聪明,互相借用了对方的资料,补齐了自己的分析报告。而A、B两组的人却分别行事,抛开队友,自己做自己的,形成的市场分析报告自然不够全面。其实我出这样的一道题目,主要目的是考察一下大家的团队合作意识,看看大家是否善于在工作中合作。要知道,团队合作精神才是现代企业成功的保障!"

由此可见,越来越多的公司老板把是否具有团队协作精神作为甄选员工的重要标准。在知识经济时代,竞争已不再是单独的个体之间的斗争,而是团队与团队的竞争、组织与组织的竞争,任何困难的克服和挫折的平复,都不能仅凭一个人的勇敢和力量,而必须依靠整个团队。

对于职场新人来说,只有学会与他人合作,将团队精神运用和发挥在具体的工作中,才会使自己的职业道路越走越宽。拿破仑·希尔曾经说过:"那些不了解合作努力意义的人,就如同走进生命的大旋涡,他们会遭受不幸的毁灭。'适者生存'是不变的道理,我们可以在世界上找出许多证据。我们所说的'适者'就是有力量的人,而所谓的'力量'就是努力合作。为了获得生命的成就,我们就应该努力合作,而不是单独行动,一个人只要能够和其他人友好合作,才更容易获得成功。"的确,合作是取得成功的重要前提,不能与他人友好合作,你就休想取得良好的工作成果。

刘强虽然第一次参加工作,算得上是职场新人,但同事们还是尊称他为刘博士,因为全部门就他学历最高。供职这家世界有名的营销公司,刘博士感觉终于可以大展抱负了。

在做成几个颇受老板赏识的案例之后,刘博士有些扬扬得意。这时,公司接到一个大单,为保证万无一失,公司决定采用团队合作的方式,集思广益,力争拿下这个大客户。形成攻尖小组的,都是一些精英,刘博士也在其中,一次次地形成方案,一次次地修改,却一次次被打回来重做,刘博士有些恼火了。他觉得和其他人合作,不如按自己的想法来。后来的各种碰头会、商讨会,他应付地参加一下,没提出任何意见,而是独自去查资料、写方案。

等到最后期限,刘博士和攻尖小组各向老板交了一份方案。得知刘博士自己单独做了一份,老板有些诧异,单独找他谈话,严肃地批评了他:"公司最注重的是团队合作,你的方案我没看,你留着将来再用吧!"

现在的企业都非常注重团队精神,要求大家齐心合力谋发展。因此,不论你的学历高低、能力大小,一定要有合作精神。

职场新人要想获得成功,你就应该学会与人合作,而不是单独行动。只有把自己融入团队和集体中,才能取得更大的成功。融入团队必须要有团队意识,摒弃个人主义,代之以齐心合力的合作意识,扮演好自己的团队角色。

所以作为公司的一员,只有把自己融入到整个公司之中,凭借整个团队的力量,才能把自己所不能完成的棘手问题解决好。当你来到一家新的公司,你的领导很可能会分配给你一个难以完成的工作。领导这样做的目的就是要考察你的合作精神,他要知道的是你是否善于合作、善于沟通。如果你不言不语,一个人费劲地摸索,最后的结果只能是"死路"一条。明智且能获得成功的捷径就是充分利用团队的力量。一位专家指出:"现在的年轻人在职场中普遍表现出的自负与自傲,使他们在融入工作环境方面表现得缓慢和困难。这是因为他们缺乏团队合作精神,项目都是自己做,不愿和同事一起想办法,每个人都会做出不同的结果,最后对公司一点用也没有,而这些人也不可能做出好的成绩来。"

个人英雄主义是团队合作的大敌。如果你从不承认团队对自己有帮助,即使接受过帮助也认为这是团队的义务。你就必须抛弃这一愚蠢的态度,否则只会使自己的事业发展受阻。

亨利是一家营销公司的一名营销员。他所在的部门曾经因为十分具有团队精神而创造过奇迹,而且部门中每一位员工的业务成绩都特别突出。

后来,这种和谐而又融洽的合作氛围被亨利破坏了。

原来,公司的高层把一项重要的项目安排给亨利所在的部门,亨利的主管反复斟酌考虑,犹豫不决,最终没有拿出一个可行的工作方案。而亨利则认为自己能设计出对这个项目有十分周详而又容易操作的方案。为了表现自己,他没有与主管商量,更没有贡献出自己的方案,而是越过主管,直接向总经理说明自己愿意承担这项任务,并提出了可行性方案。

他的这种做法严重地伤害了主管,破坏了团队精神。结果,当总经理安排他与主管共同操作这个项目时,两个人在工作上不能达成一致意见,产生了重大的分歧,导致团队中出现分裂,项目最终流产。

与人合作的前提是找准自己的位置,扮演好自己的角色,这样才能保证团队工作的顺利进行。若站错位置,乱干工作,不但不会推进整体的工作进程,还会使整个团队陷入混乱。

要想扮演好自己在团队中的角色,必须做到以下几点:

第一,总让团队出头做"好人"。这是扮演好团队角色的首要原则。在工作中,不要直接否决团队的决定,始终让团队作为与客户打交道的主体。如果可能的话,最好以团队为主体与上级打交道。如果你不得不插手,就公开支持自己的团队。实在需要作出什么改动,那就同团队成员私下解决,并把功劳让给团队。让客户觉得在你这儿得到的承诺,远不如在团队那儿得到的多,最好让上级也产生同感,这样,他们就会养成与团队直接打交道的习惯。站在员工个人的角度来讲,直接和团队打交道可以使工作更加轻松;站在团队的角度讲,让团队成为主体可以使团队的运作更有效率——真正的一举两得。

第二,要扮演好团队队员的角色,还应主动寻找团队成员的积极品质。在一个团队中,每个成员的优缺点都不尽相同,你应积极寻找团队中其他成员的优秀品质,并且向其学习,使自己的缺点和负面因素在团体合作中减少甚至消失。在提升自己的同时,提升团队成员之间合作的默契程度,进而提升团队执行力。团队强调的是协同,较少有命令和指示,所以团队的工作气氛很重要,它直接影响着团队的工作效率。如果你积极寻找其他成员的积极品质,那么你与团队的协作就会变得更加顺畅,随着你自身工作效率的提高,也会使团队整体的工作效率得到提高。

第三，要时常检查自己的缺点。改变工作角色之后，你应该时常检查自己的缺点。比如自己是否依旧对人冷漠，或者依旧言辞锋利。这是扮演好团队成员角色的一大障碍。团队工作需要成员之间不断地进行互动和交流，如果你固执己见，难与他人达成一致，你的努力就得不到其他成员的理解和支持，这时，即使你的能力再出类拔萃，也无法促使团队创造出更高的业绩。

第八课

低调做人

——为自己积蓄更多的职场能量

很多人以为从世界500强企业走出来的人都很低调，但事实是他们却个个谦和有礼、平易近人、有本事的人。世界500强的成功者们认为："我们在职场为人处世时，一定要用一种谦逊随和的态度去主动争取机会，学会与他人合作，如此才能获得更多的能量。"

1.低调是积蓄职场能量的前提

低调是我们每一位职场中人的安身立命之本,只要你谦逊随和、平易近人,你就能够交到朋友、获得真情,就能够更顺利地去开拓自己的事业,获得最终的成功。

大海之所以能够容纳百川,成为世界上资源最丰富、容纳力最强的地方,就是因为它的地势最低。

跟大海一样,职场中的每一个人都需要积聚能量,才能够成就自我。职场能量并不能简单地用职业能力和经验来概括,它还包括了职场人在职场中所积淀的精神、气质、眼光、胸怀、直觉等无法用能力和经验来代替的东西。那么,身在职场,我们该如何来积蓄能量呢?我们应该像大海一样,放低自己,把自己放在最低处,真诚地去和别人交流,向别人学习,真正地以别人之长补自己之短,只有这样,我们才能够在事业上有所发展和收获。

在著名歌唱家帕瓦罗蒂30岁那年的初夏,他应邀来到法国里昂参加一个演唱会。因为他提前一天赶到了里昂,晚上就在歌剧院附近的一个小旅馆里住了下来。由于旅途劳累,为了不影响第二天的演出,帕瓦罗蒂便提早睡了。可是睡了没多久,他就被隔壁房间传来的婴儿的啼哭声吵醒了。

他本以为孩子哭几声就会停止,可没想到,那孩子好像专门和他作对似的,竟然一直啼哭不止。帕瓦罗蒂用被子蒙住了自己的头,可那哭声却仿佛是具有魔法的歌声,颇具穿透力,不停地在他耳畔萦绕,这怎能不让帕瓦罗蒂既着急又苦恼呢?就这样大概足足折腾了半个多小时,帕瓦罗蒂全然没有了睡意,但他并没有因为哭声惊扰了自己而去找孩子的父母理论,也没有因此而抱怨什么，而是披起被子开始在地上踱步，只是在心中一次次地祈祷着孩子的哭声尽快停止。

然而，那孩子的哭声根本就没有停止的意思，并且还一声比一声洪亮，这令帕瓦罗蒂眼前一亮：为什么自己唱歌唱到一个小时，嗓子就会沙哑，而这孩子的声音却依然像第一声一样洪亮？渐渐f，他开始佩服起这个孩子来，他开始把孩子的哭声当作歌声来欣赏，也许可以从孩子的哭声中学到不让自己的嗓子变沙哑的办法呢。

想到这里，帕瓦罗蒂立刻变得兴奋起来，他急忙回到了床上，把自己的耳朵紧贴墙壁，细心地倾听起来。很快，他就有了不同寻常的发现：这个孩子每每哭到声音快破的临界点时，就会把声音拉回来，使得声音根本就不会破裂，原因在于孩子在用丹田发音而不是用喉咙。从此，帕瓦罗蒂也开始学着用丹田发音，试着唱到最高点，依然保持跟第一声一样洪亮，就这样他练了一个晚上。在第二天的演唱会上，他以饱满洪亮的声音征服了所有观众。

可见，人只有放低了自己，才能够发现并把握积蓄自己能量的机会。身在职场，低调与否决定着我们职场能量的积蓄与消耗。当我们在为人处世中放低姿态时，我们就能够帮助自己积蓄更多的职场能量，而高调的姿态往往会使我们在烦恼中产生愤怒，如此一来，只会消耗我们的职场能量。

试想，如果当时的帕瓦罗蒂在一怒之下就离开了所住的旅馆，或者去找孩子的父母抱怨一番，也许世界上就不会出现这么一位如此优秀的"男高音"了，帕瓦罗蒂可能也不会有后来的辉煌成就！帕瓦罗蒂的成功，正是源于他对歌唱事业的执着和低调的生活态度，才使得他身处尴尬且苦恼境地时，没有抱怨也没有愤怒，而是放低了姿态，在宽容孩子的啼哭时把孩子当成了自己的老师，使自己从孩子的哭声中找出了演唱的真谛，为自己事业的成功积蓄了决定性的能量。

只要你能够放低自己，你就可以在每一个人的身上学到东西并有所收获,你会因此而得到可以帮助你成功的无穷无尽的外部能量。

低调是我们积蓄职场能量的前提。试想,在你经常接触的人当中,你是愿意帮助那些谦和低调的人呢,还是愿意帮助一个自以为是、高高在上的人呢?

身在职场,我们每一个人都会有优于别人的时候,当你在工作中取得一些或大或小的成绩时,你是否会有一种优越于人的感受?是否会随着成绩的增长,自信心也暴涨?总感觉自己与众不同,甚至高人一等,时不时地还想要显摆一下自己的能耐?如此的高姿态,即便你是无意的,别人总能够从你不经意的言语或行为中感受到你的傲慢,你会因此而大量地消耗掉自己的职场能量。因为,没有人会愿意与一个傲气十足、自以为是的人交朋友,你将会因此而失去很多的人脉关系。而如果你总能够以低调的态度面对人生,即便是在自己取得显著的成绩时,依然能够放低自己、放下身段,以平常心去和别人交往,看到别人的长处,承认自己的不足,你就能够为自己积蓄更多的职场能量。当你需要帮助的时候,别人会毫不犹豫地伸出援助之手,在你困惑的时候,会有人主动为你指点迷津。

2.以退为进,凡事适可而止

老子曾经说过:"夫唯不争,故天下莫能与之争。"这句话的意思是,正是因为你不与人相争,所以天下才没人能够与你相争。

其实,如果我们每一个人在日常的生活与工作中都能够低调一点,以平常心来看待周围的人和事的话,我们就不会被利益所驱使,就能够坦然地面对生活中的一切。特别是当我们与同事为了某个职位或奖金而处于激烈竞争之中时,只要我们无怨无悔地付出了自己的努力,只要我们全力以赴了，不论输赢如何，我们都应该接受现状，适可而止。即便输了，我们也要输得体面，输得有风度，切不可因此而气恼，无端地散布风言风语去贬低与我们竞争的同事，这样会使人看不起你，你也会因此而孤立。

身在职场，常会有不如人意的时候，问题的关键在于，我们该如何去面对困难和不顺。当事情的结果并不是人力所能够改变的时候，我们就不如选择低调——接受现实。与其怨天尤人、徒增苦恼，倒不如适可而止、以退为进，从既有的条件中尽自己的力量和智慧去发掘机会。

即使是对于胸有大志向的人来说，低调做人也并不是苟且偷生，相反，凡事适可而止、以退为进，是一种低调做人的智慧，是一种人生的策略。

在实际的工作中，我们经常会有与别人意见不一致的时候，如果我们始终都坚持己见，过分地强调自己的正确性，过分地坚持自己的想法，并不一定就能够说服别人赞同我们的看法或意见；相反，如果我们在坚持自己的意见时采取适可而止的态度，采取一种"退"的策略，反而会更容易获取对方的信任，达到说服他人的目的。

在职场中，当你的意见正确但却无法得到别人的认同时，以退为进地去说服别人，的确能起到很好的效果，因为这种方法刚开始就很容易被人接受，所以，用这种方法说服别人，通常都能够取得预想的效果。

富兰克林就曾经用以退为进的方法使得宪法会议上产生分歧的双方达成了一致的意见。

有一次，美国的宪法会议在费城举行。会议中，对于宪法的通过分为了赞成派和反对派，两派人员之间讨论得非常激烈。由于会议的出席者在种族、宗教等方面的差异很大，利害关系也各不相同，所以整个会议的讨论充满着火药味和互不信任的气氛。两派人员之间的言词都非常尖锐和刻薄，甚至还夹带着人身攻击。

在这样一种情况之下，会议的谈判面临着即将破裂的局面。这个时候，持赞成意见的富兰克林适时地站了出来，他不慌不忙地对在场的所有人员说:"事实上,我对这个宪法也并非完全赞成。"富兰克林的话刚一出口,会议纷乱的情形就立即停止了,反对派的人士都用怀疑的眼光看着富兰克林。这时,富兰克林稍作了一下停顿,然后他继续说道:"对于这个宪法,我并没有十足的信心,出席本会议的各位代表,也许对于细则还有一些异议,不瞒各位,我此时也和你们一样,对这个宪法是否正确抱有一种怀疑的态度,我就是在这种心境下来签署宪法的⋯⋯"

富兰克林的话,使得反对派们无比激动和不信任的态度慢慢地平静下来,在他们的心里已然同意了富兰克林的看法——就让时间来验证一下宪法是否正确吧!于是,美国的宪法最终顺利地通过了。

试想,如果富兰克林始终坚持自己强硬的态度赞同宪法的话,必然会使双方的争吵愈演愈烈,最后必然会导致会议的失败。宪法之所以能够顺利地获得通过,就在于富兰克林能够对于自己赞同的态度适可而止,反而以退为进,放弃了自己的坚持,才促成了宪法的通过,达到了自己的目的。

对于同一件事情,如果你一味地强调它好的一面,就会让对方对你所说的话产生怀疑,就会有不信任的潜在心理。如果这个时候你能够借鉴一下人类潜在心理的"别扭心态",采取一种以退为进的方法,你就会获得对方的信任,从而达到自己的目的。正是因为富兰克林巧妙地利用了这个技巧,一开始讲了一些对自己不利但对方却能够接受的话,反而使对方产生了信任感,顺势也就收获了成功。

身在职场,如果我们的做法或观点得不到别人认可的话,就很难再合作下去。为了圆满地完成工作,我们必须要能够劝说抱有成见的人跟我们达成一致的意见,这就需要我们掌握进退的分寸。记住,凡事一定要适可而止。当你前进却受阻时,不妨先暂时地退让一下,有时候在退让之间,就能够把你对他人的尊重显示出来,从而获得对方的好感,进而赢得对方的信任,这时你再亮出自己的观点来说服对方的话,就简单多了。

就在达尔文《物种起源》一书出版之前,他接到好朋友毕莱士的来信,请他为自己写的文稿做个审定。达尔文在看了毕莱士的稿子后感到异常为难,因为这个文稿的研究结论与《物种起源》一书中的内容太过接近。这么多年的朋友了,无论这两部稿子谁先发表都会对另一个人造成心理伤害。面对多年的友谊与倾注了自己二十多年心血的稿子,达尔文犹豫了……于是就有人劝达尔文,赶紧把自己的书出了。但达尔文最终还是选择了友谊,他决定把自己的书稿销毁。毕莱士知道后很受感动,他坚决地制止了达尔文毁书的行为。此事传出之后,人们在称赞达尔文大度的同时,越来越多的人知道了达尔文和他的《物种起源》。

在职场中,如果你总觉得自己有理,别人说你一句,你反驳别人十句的话,只会使矛盾越来越激化,有时候反而会让你失去更多;相反,当我们在争吵中或在竞争中选择退一步时,往往会有意想不到的收获。

3.在谨言慎行的基础上保持中立

职场是一个充满高竞争的地方。有人凭实力取胜,有人凭心机取胜,有人凭踏实取胜,有人凭厚道取胜。有人一点不动脑子,听风就是雨,常常被人利用,比如,有人嫉妒一个人,但自己没有足够的实力或勇气去正面和那个人比拼,而是利用一个傻子当炮灰,达到自己的目的。很多这样被人利用的人,非但不知道自己"傻",反而天真地认为,是那个人坏,其实,那个人和这个被人利用的人毫无瓜葛。

由此可见,我们只有在职场的明争暗斗中坚持做到谨言慎行、保持中立,才能够做到不被利用或算计,游刃有余地行走于职场之中。

其实，我们也应当自我警觉，问一问自己：我是不是一个容易被人利用的人？如果是的话，那么请你从现在开始就严格地要求自己：在职场中为人处世时，一定要保持低调，特别是在听到一些不利于团结的传言时，一定要谨言慎行、保持中立，切不可按自己的主观意图随意传播。

在这方面，苏格拉底就为我们作出了很好的榜样。

一次，苏格拉底的一位门生匆匆忙忙地跑来找苏格拉底，气喘吁吁地说："我告诉你一件事，你可能绝对想象不到……"当时的苏格拉底毫不留情地制止了他，并郑重地问他："你告诉我的话，用三个筛子筛过了吗？"门生不解地摇了摇头。

苏格拉底继续对他说："当你要告诉别人一件事时，至少应该用三个筛子过滤一下，第一个筛子叫做真实，你要告诉我的事是真实的吗？"门生说："我是从街上听来的，大家都这么说，我也不知道是不是真的。""那你就应该用第二个筛子去筛，如果不是真的，至少应该是善意的，你要告诉我的事是善意的吗？""不，正好相反。"门生羞愧地低下了头。苏格拉底不厌其烦地继续说："那么我们再用第三个筛子来检查一下，你这么急着要告诉我的事，是重要的吗？""不是……"

苏格拉底打断了他的话："既然这个消息并不重要，又不是出自善意，更不知道它是真是假，你又何必说呢？说了也只会造成我们两个人的困扰罢了。"苏格拉底接着说道："不要听信搬弄是非的人或诽谤者的话，因为他不会是出自善意告诉你的，他既然会揭发别人的隐私，当然也会同样地对待你。"

面对职场中的风言风语，我们切不可轻信，更不可随意传播，它往往就是搬弄是非、打击别人的手段，如果你不想被人利用，就一定要在谨言慎行的基础上保持中立。要用苏格拉底的三个筛子筛一下，只说真实、善意且重要的事情，切不可道听途说，成为他人利用的对象。

4.算计别人,就是伤害自己

职场上的人际关系十分微妙复杂,稍有不慎,就会陷于被动,可以说每个在职场上摸爬滚打过的人都对此深有感触。而及时检讨、反省自己的行为,进行积极有效的心理调整,让自己适应多变的人际关系,不失为一个增强生存能力的好办法。因此,职场中人有必要时常对以下几个方面做一个自我检讨:

检讨术之一:你喜欢算计别人吗?

任何人都对别人的背后算计非常痛恨,算计别人也是职场中最危险的行为之一。

这种行为所带来的后果,轻则被同事所唾弃,重则失去饭碗,甚至身败名裂。如果你经常抱着把事业上的竞争对手当成"仇人""冤家"的想法,想尽一切办法去搞垮对方时,你就有必要自我检讨了。

作为老板,绝对不希望自己的手下互相倾轧,他们希望每个人都发挥自己的长处,为自己带来更多的利益,而互相排斥只会使自己的企业受损失。周围的同事也同样讨厌那些喜欢搬弄是非、使阴招的人,每个人都希望与志趣相投的人共事,不懂得与人平等竞争、相互尊重,就会失去大家的信任。

检讨术之二:你经常会向别人妥协吗?

在与同事的相处中不只有互相支持,还有互相竞争的成分。因此,恰当地使用接受与拒绝的态度相当重要。一个只会拒绝别人的人会招致大家的排斥,而一个只会向别人妥协的人不但会被认为是不堪大任的老好人,还容易被人利用,导致严重的后果。

因此在工作中要注意坚持必要的原则，避免卷入比如危害公司利益、拉帮结伙、危害他人等事件中去。在遇到这样的事情时要注意保持中立，避免被人利用。

检讨术之三：你喜欢过问别人的隐私吗？

在一个文明的环境里，每个人都应该尊重别人的隐私。如果你发现自己对别人的隐私发生浓厚的兴趣时，就要好好反省了。窥探别人的隐私向来被认为是个人素质低下、没有修养的行为。其实有许多情况是在无意间发生的，比如，你偶尔发现了自己一个好朋友的怪僻行为，并无意间告诉了他人，造成了对朋友的伤害，失去了你们之间的友谊。

偶尔的过失也许可以通过解释来弥补，但是，如果发生过几次类似的事件，你就要从心理上检讨自己的问题了。除了学会尊重他人以外，在与同事的交往中还要学会保持恰当的距离，注意不要随便侵入他人的"领地"，以免被别人视为无礼之辈。

检讨术之四：你经常带着情绪工作吗？

如果你在工作中经常受到一些不愉快事件的影响，使自己情绪失控，那可犯了大忌。如果看到自己不喜欢的东西或事情就明显地表现出来，只会造成同事对你的反感。每个人都有自己的好恶，对于自己不喜欢的人或事，尽量学会包容或保持沉默。

你自己的好恶同样不一定合乎别人的观点，如果你经常轻易评论别人，同样会招致别人的厌恶，造成自己树敌过多，在办公室的处境越来越艰难。如果学会包容别人，就会赢得别人的支持与尊重。

5.服从上司的决定是工作第一要诀

作为一个下属,如果希望获得上司的欣赏,服从上司的工作决定是第一要诀。不管你职位多高,你都不能忘记一点:你的工作是协助上司完成决策,而不是制定决策。

看下面这则故事:

"糟了! 糟了!"王经理放下电话,就叫了起来:"那家便宜的东西,根本不合规格,还是原来的好。"接着,王经理狠狠捶了一下桌子:"可是,我怎么那么糊涂,竟写信把他臭骂一顿,还骂他是个骗子,这下麻烦了!"

"是啊!"秘书张小姐转身站起来:"我那时候不是说吗?要您先冷静、冷静,再写信,可您不听啊!"

"都怪我在气头上,想这小子过去一定骗了我,要不然别人怎么那样便宜。"王经理来回踱着步子,指了指电话:"把他的电话号码告诉我,我亲自打过去道歉!"

秘书一笑,走到王经理桌前:"不用了! 告诉您,那封信我根本没寄。"

"没寄?"

"对!"张小姐笑吟吟地说。

"嗯……"王经理坐了下来,如释重负,停了半晌,又突然抬头:"可是我当时不是叫你立刻发出的吗?"

"是啊! 但我猜到您会后悔,所以压下了。"张小姐转过身,歪着头笑了笑。

"压了三个礼拜?"

"对！您没想到吧？"

"我是没想到。"王经理低下头去，翻着记事本："可是，我叫你发，你怎么能压？那么最近发往美国的那几封信，你也压了？"

"我没压。"张小姐脸上更得意了："我知道什么该发，什么不该发……"

"你做主，还是我做主？"没想到王经理居然猛地站起来，沉声问。

张小姐呆住了，眼眶一下湿了，两行泪水滚落，颤抖着、哭着喊："我，我做错了吗？"

"你做错了！"王经理斩钉截铁地说。

张小姐被记了一个小过，是偷偷记的，公司里没人知道。但是好心没好报，一肚子委屈的张小姐，再也不愿意伺候这位"是非不分"的王经理了。

她跑到孙经理的办公室诉苦，希望调到孙经理的部门。

"不急！不急！"孙经理笑笑："我会处理的。"隔两天，孙经理果然做了处理，张小姐一大早就接到一份解雇通知。

为什么明明张秘书救了公司，他们非但不感谢，还"恩将仇报"？

可是，假使一个秘书，可以不听命令，自作主张地把经理要她立刻发的信，压下三个礼拜不发，她岂不成了经理？如果有这样的"黑箱作业"，以后交代她做事，谁能放心？

再进一步说，自己部门的事，跑去跟别的部门经理抱怨，这工作的忠诚又在哪里？

如果孙经理收留了她，能不跟王经理"对上"？而且哪位经理不会想："今天她背着经理，来向我告状，改天她会不会倒戈，又跟别人告我一状？"

所以张小姐不但错，而且错大了，她非但错在不懂人情世故，更错在不懂工作伦理。他毕竟还是你的上司，也毕竟还是他做主。出了错，他最先承担。有面子，也该由他来卖。此外，你必须知道，上司永远是向着上司，就算在工作上对立，在立场上也是一致的。

办公室是一个团体,作为领导,一定有其管理原则,有他的经营目的。下属的责任,就是要在这一管理原则下,让自己的工作做得更好,这样才能协助上司完成经营目标。

如果每个人都认为听从上司的话,顺着上司的意思去工作,就是逢迎、拍马屁,而只按自己的想法去做,那么办公室将会成为什么样子?没有统一的经营观念,没有制度的约束,做什么事情都是各人随心所欲,不用想也知道,用不了多长时间这个公司就会垮掉。下属一定要把这个问题搞清楚,这样你才能跟上司和谐相处。

作为下属,最重要的就是摆正立场,不要咄咄逼人,给上司压力。功高盖主,威胁到上司的地位,当然最后吃亏的只能是你。

6.午餐是巩固职场人脉最有利的时间

一周之内,你平均有多少次和同事共进午餐?而这道题是用来判断你在午餐这一用于了解周围环境的工具上,投资的时间和精力是否足够。

或许你会觉得,这实在是过于夸大了职场中某些细节的作用——但是如果你曾经听说过蝴蝶效应这回事的话,那么也许在吃午餐这件事上稍微动点脑筋,也完全是理所应当的。

跟自己部门的同事一起吃饭,不但能让自己更加融入这个集体,不方便在上班时候说的话,也可以在饭桌上以非正式的口吻说出来。饭桌本身就具有社交的独特优势。除了能从饮食口味、经济状况乃至于性格特点等各个角度观察你的同事以外,如果你够细心的话,他对工作、部门、公司的看法也可见端倪。

跟不同部门的同级吃饭，则是扩大信息来源、加强横向沟通的好机会。在这种非正式的场合里，更容易了解到在办公室格子间里不大容易了解到的边边角角的信息——什么经理最近换了新车啦，小王的客户跟老婆离婚啦——没准在关键时候这些就能派上用场。特别是在公司调整、变化，或是在有重大举措即将出台的时候，多跟同事抱团吃饭，有助于你从不同角度全面了解大局，对自己在关键时刻的关键举动自然也会有所帮助。

懂得和办公室同事共进午餐的艺术，远比懂得如何和客户厂商吃饭来得根本且重要。毕竟，得先安内才能攘外，如果你连公司里都摆不平了，就算你再会抢订单，又有什么用？

比起和客户吃饭，和同事共餐更困难。同事之间彼此竞争却又合作，利益关系一致（替公司部门赚取最大利益）却又分殊（替自己争取升迁加薪）。特别是竞争激烈的商业组织，表面上很和谐，但私底下却是暗潮汹涌。

和同事吃饭，是门艺术。这是门大学问，需要花时间揣摩学习。若不能掌握好和自己部门同事之间的关系，在外面再会打拼都是没有用的，因为同事们的几句闲言闲语，就能够让你的功劳瞬间化为乌有。

如果到了中午用餐时间，老是一个人躲开同事自己出去吃饭，在上司眼中，肯定会认为这样的员工不合群、无法融入组织；反之，还没到中午，就积极热情地拿出订便当手册，询问部门里同事中午要吃什么的人，则是热心过头，被贴上狗腿标签的概率很大，虽然这人或许工作能力很强，身段很柔软，但同事却容易在无形中对这样的人形成防线。

最好的做法是，一周五天，几天和同事用餐，几天和客户、朋友吃饭，视情况而定，绝对不要把时间全留给客户或同事。毕竟一般上班族哪可能忙到天天都得跟客户吃饭，多半时间还是得跟同事"混"在一起。

当然，刚刚加入公司的新人很可能会在临近午餐的时候有些微焦虑：去哪里吃？跟谁去吃？其他人成群结队、熟门熟路地走了，剩下自己尴尬落单,不知道该叫外卖呢还是去找快餐店。

融入新环境需要时间,这是很自然的。别人体察到你的情绪,那是你运气好遇到了体贴的同事——但别人没有义务要这样做不是吗?如果因此就患上社交恐惧症,无疑会给职场生涯带来极大的负面影响。不妨把吃午饭看作一种交际方式,把它当作与同事建立友谊的机会,别人不向你提出邀约,你可以试着主动加入,不要怕,很少有人会拒绝一个开朗热情的新同事。

7.嫉妒对手不如和对手做朋友

身在职场,谁没被别人嫉妒过?几个人同时进入公司,你却早早地得到上司信赖,被委以重任;在团队合作时,你积极进取,不断努力提出新的方案;年终岁末,当你拿到比他人更多的奖金……这时,你便会发现身边似乎总有几双充满敌意的眼睛,甚至有时还在工作中处处为难你。

而当你发现, 自己一直以来努力争取的升职机会给了一位经验不如自己,入职时间也比你短的同事;当你得知刚加入的新人的薪水竟只比你略低一点, 而这是你经过几年甚至十几年的努力才达到的……此时,你的心里就像打翻了五味瓶一样,满满的不甘心中甚至带着一丝嫉妒与恨意。

巧用嫉妒心,可以变成你的上升动力,但一味地任嫉妒将自己吞没,只会深中嫉妒之毒,伤害自己。

嫉妒心,从某种意义上来说,是人类一种普遍的情绪。职场是一个崇尚成功的地方,然而在职场这样一个卧虎藏龙之地,有人成功,就必然有人失败。失败之后所产生的由羞愧、愤怒、怨恨等组成的复杂情感和不平衡的心理就是嫉妒。

德国有一句谚语："好嫉妒的人会因为邻居的身体发福而越发憔悴。"所以，好嫉妒的人总是40岁的脸上就写满了50岁的沧桑，会因为生活中到处都是"敌人"，而觉得是世界末日的到来。

有一个人遇见上帝。上帝说：现在我可以满足你任何的一个愿望，但前提是你的邻居会得到双份的报酬。那个人高兴不已。

但他仔细一想：如果我得到一份田产，我邻居就会得到两份田产了；如果我要一箱金子，那邻居就会得到两箱金子了；更要命的就是如果我要一个绝色美女，那么那个要打一辈子光棍的家伙就同时得到两个绝色美女……

他想来想去总不知道提出什么要求才好，他实在不甘心被邻居白占便宜。最后，他一咬牙：哎，你挖我一只眼珠吧。

看吧，故事中的主人为了不让别人白占便宜，而把自己置于一种心灵的地狱之中，折磨自己，但折磨的结果，却是自己也一无所得。这其实就是人的嫉妒心理在作怪。

嫉妒是心灵的枷锁，会将一个人牢牢拴住，人们不但得不到任何好处，反而会跌进痛苦的世界中走不出来。正如巴尔扎克所说："嫉妒者受到的痛苦比任何人遭受的痛苦更大，他自己的不幸和别人的幸福都使他痛苦万分。嫉妒心强的人，往往以恨人开始，以害己而告终。"

心理学认为，嫉妒是一个人在个人欲望得不到满足而对造成这种现象的对象所产生的一种不服气、不愉快、怨恨的情绪体验。嫉妒心理是一种消极的、不健康的情绪或情感，产生嫉妒心理的原因至少有两个方面：一是不能接受别人比自己强的现实；二是权力欲、支配欲、占有欲强。

英国科学家培根就曾经指出："在人类的情欲中，嫉妒之情恐怕是最顽强、最持久的了。"

古今中外，因嫉妒引起人际关系紧张和冲突的事件不胜枚举。一些伟人及科学家在晚年为了保住自己的权力地位，表现出的嫉妒心理给人类造成的遗憾和损失更是令人痛心。如牛顿嫉妒晚辈，压制格雷的电学论文发表；卓别林嫉妒有才华的导演，焚毁了唯一的一部《海的女儿》的电影拷贝；英国科学家戴维发现并培养了法拉第，然而，当法拉第的成绩超过戴维之后，戴维心中不可遏制地燃起了嫉妒之火。他不仅一直不改变法拉第实验助手的地位，还诬陷他剽窃别人的研究成果，极力阻拦他进入皇家学会，这大大影响了法拉第创造才能的发挥。直到戴维去世，法拉第才开始其真正伟大的创造。戴维本应享受伯乐的美誉，却因嫉妒心理阻碍了法拉第的迅速成长，不仅给科学发展带来了损失，也使自己背上了阻碍科学发展、使科学蒙难的恶名，留下了令人遗憾的人生败笔。

当职场人产生嫉妒心理时，可能会表现为工作上不配合、人际关系紧张、工作积极性降低等，而如果这些现象长期存在，就会严重影响工作质量、人际关系，对个人和组织的发展都非常不利。当员工之间的地位、能力相当时，如果其中一方获得上级的认可、升职、加薪或者学习机会时，可能会引起其他员工的嫉妒；有利益冲突的员工之间也容易出现互相嫉妒，毕竟荣誉或者奖励是有限的，给了其他人，可能自己就会失去机会。

美国一位名叫阿瑟·华卡的农家少年，一直很嫉妒那些商界的成功人士，但是他是一个好强的人。有一天在杂志上读了大实业家亚斯达的故事，他很嫉妒亚斯达能有这样巨大的成功，但又转念一想，为什么自己要在这里嫉妒呢？因为再怎样嫉妒都不可能像他那样成功，何不向他请教，对他的成功经历了解得更详细些，并得到他的忠告，这样自己或许也能取得成功。

有了这样的想法与动力后，他跑到纽约，也不管别人几点开始办公，早上7点就来到亚斯达的事务所。在第二间办公室里，华卡立刻认出面前这位体格结实、浓眉大眼的人就是亚斯达，这让他兴奋不已。一开始，高个子的亚斯达觉得这少年有点讨厌，然而一听少年问他"我很想知道，我怎么才能赚到百万美元"时，他的表情变得柔和并微笑起来，两人竟谈了差不多一个小时。随后亚斯达还告诉华卡该怎样去访问其他实业界的名人。

华卡照着亚斯达的指示，遍访了那些曾让他嫉妒的一流的商人、总编及银行家。在赚钱方面，华卡所得到的忠告并不见得对他有所帮助，但是能得到成功者的知遇，给了他自信，他开始化嫉妒为奋进的动力，仿效他们成功的做法。

过了两年，这个20岁的青年，成为当初他做学徒的那家工厂的所有者。24岁时，他成了一家农业机械厂的总经理。就这样，在不到5年的时间里，华卡就如愿以偿地赚到了百万美元。后来，这个来自乡村粗陋木屋的少年，成为一家银行董事会的一员。

华卡在以后的创业过程中，一直实践着他年轻时到纽约学到的基本信条：多与比自己优秀的人结交，把嫉妒别人转变为学习别人的长处的动力，以此来帮助自己成功。

华卡的做法是值得我们学习的，我们可以把嫉妒对象当作对手，不是向他攻击而是向他挑战、学习。俗话说："只要功夫深，铁杵磨成针。"很多事情别人能干，自己也一样能干，而且可能会做得更好。

8.尊重是人际交往的前提条件

中国有句古话"士为知己者死，女为悦己者容"，这是尊重的一种外在表现，同时也是尊重的巨大威力。"你敬我一尺，我敬你一丈"，这就是中国人为人处世的伦理规则。篮球明星姚明说:"尊敬是靠自己赢得,不是靠别人给予的。"

尊重是人际交往的前提条件。在职场的人际关系中,要想获得他人的尊重,我们首先要去尊重他人。

李开复当年在卡内基·梅隆大学学习时,博士期间选择的研究方向是"语音识别",他的导师罗杰·瑞迪给了他很大的帮助。导师鼓励他用专家统计的方法来研究语音识别,而李开复在这个领域经过了一番研究后,发现用语音识别这个方法可以获得特定语者95%的语音识别率。李开复把整个研究过程写了一篇论文,一经发表,得到了很正面的回馈。但是他最终发现,专家系统是有严重局限性的,无法延伸到做不特定语者的语音识别。

他认为有数据支持的统计模式是唯一的希望。当他把想法告诉导师时,导师告诉他:"我不同意你,但是我支持你!"这样的说法让李开复备受感动,最终也促使了李开复博士论文的成功,他的论文当年被评为《商业周刊》最杰出创新。

尊重别人发表意见的权利。其实,每个人对每件事都会有不同的看法和不同的理解,不能期望大家的意见完全一致。

尊重别人表达或保留不同的意见,"我不同意你,但我支持你"。每个人都有不同看法,每个人也都有发表意见的权利,你不必附和别人,但你必须尊重别人表达或保留意见的权利。"我不同意你的话,但我愿意誓死捍卫你说话的权利""我不同意你,但我支持你",用宽广的胸怀包容并尊重他人的不同意见。

在职场中,经常有觉得对方的意见不妥或相互意见不一致的时候,那么如何表达自己的这个"不同意"就很有艺术了,千万不能粗暴地用"不同意"这三个字来扼杀其他人的思考和创新。即便是"不同意"也应该让对方感受到我们很尊重他。关于"不同意"的艺术，李开复根据个人的体会，给出下面的几点建议：

先用同理心获得别人的尊重，让别人愿意倾听你的想法；用对事不对人的态度，即使发生争吵大家也不会心存芥蒂；保持自信，前提是你必须考虑清楚自己的理由是否合理、充分；保持建设性；提出反对意见容易，但能够提出反对的理由还能提出改进方案，才会更容易被对方所接受；提反对意见时不伤和气，一定要注意自己的态度和语气；循循善诱地提问，帮助对方梳理思路；当众论事，事后批评，给别人留脸面，才会让别人不觉得尴尬，更愿意接纳你的意见；只在必要时展开争论。

一个人内心最大的渴望是得到别人的尊重，别人希望我们能尊重他们，我们内心也希望别人可以尊重我们。但尊重要靠自己赢得，只有我们先尊重别人，才能得到别人的尊重。只有我们在心理上有尊重别人的想法，才可能做出尊重别人的行动。职场中、生活中学会尊重他人就如同面对一面镜子，你对它笑，它也会对你笑。李开复说：尊重别人是一种美德，它会赢得认同、欣赏和合作。请你记住：不尊重朋友，你将失去快乐；不尊重同事，你将失去合作；不尊重领导，你将失去机会；不尊重长者，你将失去品格；不尊重自己，你将失去自我。

任何时候都应当尊重别人，不管对方的地位是高还是低，不论对方是我们的属下、同事还是上司。切记不要有不礼貌之举，因为尊重别人等于尊重自己。

当然，要别人尊重我们，最重要的是我们要成为一个高雅的人、优秀的人，也就是我们本身必须值得别人尊重。我们的性格、志趣、爱好等，都要有值得别人尊重的地方。如果自己是一个低俗的人，即使我们尊重了别人，别人也难以尊重我们。别人会因与我们为伍感到不自在，甚至感到耻辱。那样，将会是我们一辈子的悲哀。李开复表示：人与人之间的关系没有什么固定的公式可循。要从关心别人、体谅别人的角度出发，尊重别人，做事时为对方留下足够的空间和余地，发生误会时要替对方着想，主动反省自己的过失,勇于承担责任。

叔本华说:"要尊重每一个人,不论他是何等的卑微与可笑。要记住活在每个人身上的是和你我相同的性灵。"其实,尊重别人不用付出很多,也许我们一句关心的话就可以让别人感动,让一个心怀自卑的人树立起自尊,让一个处境窘迫的人重新找回自信。

第九课

升职加薪

——获得更广阔的发展空间

人人都想在竞争激烈的职场中获得老板的信任和赏识，赢取较高的职位，这无可厚非，但前提是，你必须拥有提升的理由与筹码，来看看世界500强企业的经理人是怎么言传身教的吧。

1.人事变动前的"热身"活动

在很多时候,领导需要经过手下人在言语或行为上的提醒,才能触发起升职的念头。当你了解领导是这种被动的人之后,与其期望他对你主动作出提升的安排,还不如好好为自己的将来动脑筋来得实际。

为自己创造升迁机会之前,必须先作好一些必要的"热身"工作:

让领导依赖你

多花些时间搜集有关工作的资料,遵守公司的规则,多找些机会与领导接触。久而久之,领导便会习惯于依赖有你的工作,你也就奏响了获得晋升的前奏。

发挥各方面的才能

别总是专注于一项工作的专长。否则,领导为了怕找不到合适人选替代你的位置,就不会考虑到有关你的升迁问题。虽然专心投入工作是获得领导赏识的主要条件,但除了做好本身的工作外,也要让他知道,你具有各个方面的才能。在其他同事放大假时,你可以主动提出替同事处理事情。这样做,一则可以从中学到更多的东西,二则证明你对公司有归属感。

与领导建立友谊

这是不容易做到的。特别是异性之间,太过亲密反而会使同事产生误会,从而对前途有害。不过,你不要奢望领导会对你付出真正的友谊,他只是需要感到你的友善罢了。然而,能够达到这一目的,也就足够了。

了解公司的制度

先了解公司的晋升制度,才能有明确的为之奋斗的目标。一般来说,公司的晋升制度有以下几种:

第一种:选举晋升。以一小撮人选出某人的晋升,人事关系的因素较大。

第二种:学历晋升。领导深信,学历高的下属会为公司带来更大的利益。

第三种:交叉晋升。是指由一个部门升级到另一个部门。

第四种:超越晋升。是指由于贡献特大,从而获得较大幅度的提升。

以上所列,是带有普遍性的大多数公司中的晋升制度。每一家公司都有其晋升制度。如果你所在的公司是以循序渐进的方式晋升的话,那你就很不走运了。尽管你很有才干,也得熬上多年,才能得到一个较大的晋升机会。对于一个有才干的下属来说,在这种晋升制度的环境下工作,才能是得不到充分发挥的。

因此,积极进取和自信的人,应选择可以超越晋升和交叉晋升的公司,挑战性比较大,个人的发展前途也比较光明。

在一个理想的环境之下,遇到公司有高级职位的空缺,如果你对这个职位有兴趣的话,可以参考下列程序进行操作,这对你获得晋升会大有裨益。

了解该职位谁有资格胜任。所谓知己知彼,百战百胜。虽然了解别人并不一定必胜,但是最低限度,你能由此知道,需要拥有什么条件才能获得晋升,从而为了一次晋升机会作好准备,打下基础。

不妨让领导知道,你对该职位有兴趣,而且提出具体的建议,证明你有足够的资格胜任那个位子,对公司作出更大贡献。这似乎有点令人难为情。实际上,不少领导为了选择合适人选大伤脑筋,而你这样做是在给他解决难题。正如毛遂自荐那样,你也需要具备一定的自我推销能力。

让领导知道你将对公司做出贡献,而不是考虑在晋升后能得到什么报酬,这一点很重要。领导最担心和讨厌那种一味追求个人私利的人,他们觉得这种人过于自我钻营,实际上是华而不实,没有多少能力的。假如把这种人提升到较高职位的话,只会给公司带来不利影响。因此,你应该让领导感到你并不是那种单纯追名逐利的自私之辈,而是有很强的事业心和责任感。让他觉得你之所以想得到较高职位,是为公司的前途和利益着想,是为

了实现自己的事业心。

尽管晋升的人选最终落在了别的同事身上，你也不要因此沮丧和不合作。你的每一个表现，都会被别人看在眼中。因此，你要表现出大将风度，不以一城一地之得失而或喜或悲，应把眼光放长远些，为下一个晋升机会的来临做准备。

2.看清误区，避免升职无望

杏子在办公室里的勤奋每个人都可以看到，除了做好自己分内的工作以外，她还会主动地帮助别人做一些事情，在做上司交代的任务时，也总是非常周到地完成。

前不久，办公室主任请假去参加职业法语专修班，随后还将出国探亲3个月，在他走后，他的位置会有5个月的时间空闲。平日里，与外国客户进行交流的事情大部分是办公任主任在主管，但是他的离开，让公司的一些重要事情耽误了下来。

同事们都知道，这是一个吃力不讨好的活：不仅累，而且做好了也没有多大的好处，到最后还是要让位于人。当上司在办公室里征询意见时，所有的人都不作声，心想：谁会这么傻，愿意多为别人做5个月的工作呢？

看着上司为难的样子，杏子心一软："不如我先来代主任做一段时间，等公司找到合适的人选之后，再替换过来好了。"

随后的5个月时间里，杏子一直做着主任的工作，一身兼两职，每日忙得团团转，谁知5个月后，消息传来，说主任正在申请国外的语言学校，国内的这把椅子他已经彻底放弃了。

杏子想，这下子人选非自己莫属了，毕竟自己已经进行了5个月的前期工作。谁知,在新主任的任命大会上,上司宣布的人选并不是杏子。杏子感到非常不解,自己这么努力勤奋,为什么还是没有升迁的机会呢?为什么这些没有被别人看在眼里呢?

每一个勤奋工作、能力出色、积极上进的员工都期望自己能够获得晋升,但是有时候事情的发展却往往不能如他们所愿。当这样的事情发生在你的身上后,也许你会感到非常气愤,但是你是否想过,迟迟得不到晋升很可能是因为自己陷入了以下升职认知心理误区呢?

误区一:上司知道我是勤奋的

很多在办公室中勤奋工作的人会认为,上司肯定已经将自己的努力看在了眼里。但事实上,我们处于一个竞争激烈的社会中,包括上司在内,大家都有自己的发展问题需要去思考,没有人会只专注于你的表现如何,更不会有人去浪费过多的时间专心发掘他人身上的每一个闪光点。所以,若你的勤奋没有恰当表现的话,上司很可能认为你是一个浑水摸鱼者。

误区二:上司知道我想升迁

许多人认为,表达自己想要获得晋升的意愿是一种愚蠢的行为,他们认为,上司自然会知道下属都想获得职位上的提升。但是,上司在进行职位人员选择时,不仅会看你的表现,更会看你是否懂得表达,你不说出来,别人怎么会知道?

误区三:同事不会与我进行新职位的竞争

不要以为自己在公司里拥有好人缘,大家就都会让着你。在现实利益的问题上,所有的人都会优先考虑利益问题。从这一意义上来讲,每一个人都是你的竞争对手,而且,面对难得的升迁机会,大家都会趋之若鹜。

误区四:只要关心人事公告,便能知道是否有晋升消息

人事公告对你而言当然重要,但是你也不应因此而忽视其他的渠道,比如通过办公室小道消息你可以知道几乎所有的人事变动消息,而其中说不定就隐藏了你的升职时机。如果不加以留意,你就有可能错过重要的信息。

误区五：与其他部门过多接触，会让直接上司对自己进行嘉奖

不要以为自己与其他部门的员工进行密切的接触，会使上司认为自己想要调走，为了留住自己，也许他会考虑给自己新的晋升机会。事实上，如果你真的这样做了，上司只会对你更加防范，更不要提什么晋升机会了。

上述职场晋升中的误区，往往会使个人陷入认知错误中，从而作出错误的决定，使个人的职业发展受到严重的影响。想要走出这些心理误区，你便需要做到以下几点：

以一种巧妙的方式告诉别人自己是勤奋的

一名勤奋工作的员工默默努力不一定能获得应有的回报，还需要自己贴切的表达，以一种巧妙的方式告诉别人你是勤奋的。比如，你最近因为工作出色受到了表扬，那么就找个方式让上司在公司的时事通讯或者公告牌上认可你的成功。还可以给自己买一个饰物，作为这一成功的纪念物。当别人对这一饰物发表评论时，告诉他们其背后的故事。

勇敢说出自己想要晋升的想法

想要升迁又不说出来，上司一定不会知道。因此，为了得到晋升，一定要勇敢地说出来。花一些时间构思改进工作的计划，找机会跟上司会面，陈述你的目标。在得到上司的支持之前，不要结束会面。"您愿意帮助我吗？"这是在这种会面中必须问及的关键性问题，并不是因为上司乐于听到这样的问题，而是因为，如果你想进步，上司的支持通常是必不可少的。

专注工作，抓住时机

办公室不是咖啡馆，升迁总是排在友谊之前，为了更快地得到晋升，一定要专注工作，抓住时机，不要让别人钻了空子，而使自己失去晋升的机会。

多方面获取晋升信息

了解晋升的信息不仅仅有一种渠道，要多方面入手才能有所收获，可以借出入其他部门办公室的机会与人寒暄。"嗨，周末过得怎么样？"用这样的问题开头,可以很容易地与别人沟通。但要记住,不要逗留过长的时间。那样别人会误解你不努力工作,是一个四处游荡的"包打听",这样会不利于自己晋升。

在办公室中,你要明白,自己是一个参与者,不是旁观者,为了自己的职场利益你不应只是呆呆地观望他人的进步,投去羡慕的目的无非是应积极地采取行动,在不得志时,学会寻找自己的原因,发现自我认知错误,同时适时克服并在此基础上寻找职场晋升的机会。

3."眼观六路",及时发现升迁职位

有不少人这样看待自己的晋升之路:"路漫漫其修远兮,吾将上下而求索。"的确,在竞争激烈的现代社会中,晋升可不是一件容易的事情——职位有限,人数众多,快速晋升更是可望而不可即的。那么诸位职场人士在"上下求索"的时候,是自己主动去寻找并发现升迁职位,还是被动地等待着升迁机会的来临呢?

的确,以前晋升之争往往发生在某个职位出现了空缺,或者是某一张办公桌空出来了之后,但是现在的你可不要拘泥于这些条条框框。升迁的机会很多,比如公司在成长,比如个人独当一面等,都可能成为你升迁的先决条件。如果你发现了这些条件,那就等于你发现了一个升迁职位。

关磊就是这样一个人,他在著名的传播机构从事分析工作。关磊发现了一个职位,这个职位的主要职责就是对总公司旗下文豪公司进行改组。在进行分析的时候,关磊得出这样一个结论:文豪电影制作公司虽然一直在亏损,但是它是可以扭亏为盈的。为了达到这样的目的,必须要卖掉电影

制作公司的股份，把业务集中在咨询顾问以及推销新产品方面。关磊提出了一个具体的市场开拓计划，上司对此大为赞赏，当即决定把关磊提拔为文豪公司副总裁，主管市场开拓。关磊晋升到了自己发现的职位上，负责整个电影公司的运作。果然，不到一年时间，关磊展示了他卓越的才能，使得文豪公司开始赢利。他既巩固了自己的晋升职位，也为以后的继续晋升积累了无可争议的理由。

与其被动等着升迁的机会，不如主动发现升迁的职位，这样反其道而行之的方式也许真的可以让你一步高升。

张文娟也是发现升迁职位的高手。张文娟本来是公司销售部的一名员工，又到一年招聘时节，企业的老总非常重视这件事情，并亲自安排相关事宜。张文娟觉得这是一个进入人事部的好机会。于是，她安排自己偶然在电梯里遇到老总，直截了当地说："老总，一看到你又要招聘优秀的员工进来，就让我回忆起自己当年来的情景。当时我就觉得如果我进了公司，就是上司的一分子，不是普通的打工人员，为了经营好自己的家，这样才有奔头！"老总一听，明白了是怎么回事，权衡之下，随后发布了她的升职通知。张文娟从销售部直接跨入了人事部，担任招聘和面试工作，不仅使得自己的才能得到了发挥，还升了职，可谓一举两得。

通过发现升迁的职位获得晋升不失为一条捷径，但是你一定要有足够的能力胜任晋升以后的工作。否则的话，可能适得其反，得不偿失。另外，你可以借着出入其他部门办公室的机会和别人寒暄一两句，从中捕获有价值的消息以尽快得到晋升的机会。如果有升迁的职位比较适合自己，你就一定要尽力争取。

觉得自己该被提升的时候要勇敢地跟老板说，你不争永远没有人给你出头的机会。虽然越级报告不符合规定，但是，有时候也没有必要那么死板。主动发现晋升的机会并主动出击，你才有可能在升职的道路上越走越远。

当然，发现并把握机会是一回事，能否胜任又是另一回事。"打铁先得自身硬"，关键还得看你有没有这个能力接替新的职务，以及你的上司是否认可你的这个能力。

4.先给结果，再谈回报

有道是："不谋全局者，不足以谋一域。"如果一个人眼睛只盯着自己的一亩三分地，你这一亩三分地就肯定能管得好吗？"机遇总是垂青有准备的头脑"，提拔你的机会果真来了，你能有把握坐好这个位子吗？你具备胜任这一职位的能力吗？

在职场上，你想要得到一个更高的职位，如果没有做好相应能力的准备，即使真的给了你这样的职位和机会，你也会败下阵来。所以，想要晋升到更高的职位，必须懂得"欲谋其位，先谋其事"的道理。如果你想要取代你的领导，在私下里就要学习领导的办事风格，思考领导职责范围内的一些事情。一旦你做好了这些准备，领导也会给你相应的机会。

孙思娇是一家国有企业的办公室文员。她每天要拆阅、分类大量的公司信件，工作内容单调，工资也不高，很多女孩子待不了多久就跳槽走了，但是孙思娇却坚持了下来，而且工作更加努力。每天她总是第一个来到办公室，除了做好本职工作外，还把那些并非自己职责范围内的事——诸如替办公室主任整理材料等也做得无可挑剔。终于有一天，办公室秘书因故辞职了，在挑选合适的继任者时，办公室主任很自然地想到了孙思娇，相信她完全可以胜任这份工作,因为她在没有得到这个职位之前就一直在做这份工作了。

做了办公室秘书的孙思娇依然努力工作,每每办公室主任需要加班赶材料时,她总是悄无声息地留下来帮领导的忙。后来主任升为总公司行政总监的时候,她又理所当然地得到了办公室主任的职位。

俗话说:"一分耕耘,一分收获。"要想脱颖而出,不仅要做好自己分内的工作,还要多干一点儿,为将来升级后的工作提前准备。一个下属如果能够做到这一点,往往能给领导留下深刻的印象,从而获得更多晋升的机会。

具体而言,平时应多留心观察领导是怎样处理日常工作的,要善于站在领导的立场上考虑问题。虽然"预谋其政"并不一定能起到立竿见影的效果,甚至不能够在领导面前流露出来,但是经常"预谋其政",观察和思考领导处理的一些事情,就能够在无形中锻炼自己的领导能力。具备了领导能力后,一旦有了表现的机会,就可以一鸣惊人,让人刮目相看。

"预谋其政"不等于越权替领导做主,而是站在一个辅助角色的位置上,为领导出主意、想办法、排忧解难,这样一来,无形中你也会对自己的工作态度、工作方式以及工作成果树立一个更高的要求与标准,今后一旦有加薪晋职的机会,领导自然会想到你。

选择人才、提拔干部就是为了让企业赢利。赢利是目的,手段是为目的服务的,手段离开目的就会失去方向,所以手段必须与目的保持一致。日本当代著名的经营管理学家土光敏夫有句名言:"撑杆跳的横竿总是要不断往上升的,不能跳跃它的人,就应尽快离开竞技场。"

工作中,有些员工为了在领导面前表现,往往信口开河。如果领导问他工作完成得如何,他总是说:"放心吧,很快就做完了。"这种做法实际上是不可取的。聪明的员工会很客观地回答:"还有一些困难,但是请放心,我有信心做好。"即使在完成之后,如果不是很完美,也不应急于给领导看,要尽力作到最好然后才展示给领导。

职场中，做完了该做的事再争取升职是一种职场美德，可以给你带来宝贵的名誉，可以为你赢来别人的尊重，是你快速升职的重要砝码。

美国IBM计算机公司之所以发展迅速，正是因为公司服务人员在产品售后服务中有高度的责任心和持之以恒的辛勤工作以及他们信守诺言的美德。

一天，菲尼克斯城的一个用户急需重建多功能数据库的计算机配件。IBM公司得知后，立即派一位女职员送去。不料途中女职员遭遇倾盆大雨，河水猛涨，封闭了沿途的14座桥，交通阻塞，汽车已无法行驶。按常理，遇到这种情况，女职员完全有充分的理由返回公司，但她没有被饥饿和途中的艰险所阻挡，仍勇往直前，并巧妙地利用原来存放在汽车里的一双旱冰鞋，滑向目的地。平时只需要20分钟的路程，今天却变成了四个小时的跋涉。女职员到达用户目的地后，又不顾旅途的疲劳，及时帮助用户解除了困难。

做完这件事情的第二天，女职员打报告汇报了这一切，很快，她得到了晋升。

在现实中，有些员工为了在领导面前讨巧经常不考虑自身能力，对领导的任何问题都以"没问题""您放心""包在我身上"回应。能办成了还好，如果不能办成，往往会给领导留下不好的印象，领导还怎么可能放心把重任交给这样的员工呢？所以，一定要只承担那些有把握完成的工作。

在升职的道路上，不仅要"先谋其事"，还要学会用事实说话，先给领导他想要的"结果"，才能争取到自己想要的"结果"。

5.为自己"开价"之前,先掂量好自己的价码

加薪是一个很敏感的问题,在谈论在这个问题时对时机的把握以及对谈判技巧的掌握,不仅关系着你是否能达到目的,有时也影响你在公司以后的发展,因此要慎重。

有一个调查显示, 在875位接受调查的人力资源总监中,60%的人表示会在与员工面谈时对是否加薪保留一些弹性,只有30%的人说绝不可能调整,其余10%的人要视对方的态度而定。另外一个调查显示,高达80%的人力资源主管是愿意跟面试对象好好沟通薪水问题的,他们甚至并不排斥要因此与对方进行"谈判"。

当企业与员工的关系逐渐脱离传统的上对下雇用而逐步走向平等互惠时,员工对个人所得的薪水多少可以发挥更大的影响力,企业也未必全然不能接受员工会对此问题的建议和意见。

努力做出好绩效争取升迁,是薪水增幅的主要着眼点。

老板凭什么给你薪水?最直接的因素就是你能够为企业创造效益,你有优秀的工作绩效。没有哪个老板会养闲人,会干活的人才有饭吃。所以,你得先干,干出成绩来,然后再谈加薪。

对于加薪,老板会提出的关键问题是:假如你原本年薪是50万元,现在开口要70万元,你要告诉我,多给你20万元的理由是什么。如果你无法提供极具说服性的理由,企业只好舍弃给你加薪的想法。所以,职场人必须在为自己"开价"之前,先掂量好自己的价码。

除此之外,职场人还应该建立另一种积极的认知:争取合理的薪资,是一个长远的目标,第一次没谈成,不代表就要放弃。

切忌缺少自信和底气

不要把谈加薪当作一种谈判，而应该把它看作和上级的一次能为自己带来利益的有效沟通。其实不少老板认为，能主动提出加薪要求者，心态一定积极；觉得自己付出很多，工作态度也势必积极。

切忌缺少准备，用词模糊

老板想知道的是，你对公司的贡献真的够多吗？你能用数据来证明你所谓的"付出"吗？所以，充分的准备是申请加薪成功的必然条件。日常工作中你就应注重积累，除了年终总结报告及日常工作报告外，还应将自己对公司的贡献详细地记录在案，整理成书面材料。

不要和别的同事或者别的公司的薪资作比较

永远都不要说同事做得不如自己好，甚至干脆说同事做得不好。以这条理由提出加薪，第一表明你怀疑公司的薪资制度；第二表明你怀疑老板的英明决策。所以，用这条加薪理由前，你不妨先怀疑一下自己，为什么老板给的少了？如果是自己的能力问题，那就再接再厉；如果是老板的问题，那表明你该跳槽了。

切忌不涉及加薪的具体数据

当老板表示可以考虑给你加薪，但却含糊其辞具体数字时，不要就此打住，要根据自己了解的情况讲出自己希望获得的加薪幅度；也不要在没有看清数额是否合理时就被动接受老板开出的薪水。

不要只拘泥于工资单

如果老板不同意加薪，你应该和老板谈一下是否能以其他方式来补偿，比如奖金、休假、交通补助等；或者将加薪要求转化为要求公司给你提供职业发展机会，例如培训、转到更适合自己或更重要的工作岗位上，要求参与公司较大的项目或者未来发展计划等，同时借此表明自己愿为公司服务的热忱之心。

要选择恰当的时机

提出加薪的时机很重要，有时一个小细节就决定了你申请加薪的成败。如果你的公司正要雇用更多的员工，那么这就是要求加薪的好时机。因为对于经验和技术含量有要求的岗位,给内部员工加薪的成本要低于社会招聘成本。此外,你刚刚获得某项学位或专业资格认证,或者刚刚争取到一个大客户或完成一个项目时,也是提出加薪的好机会。千万不能在老板疲于应付财政危机或正因其他事情而承受压力时提出加薪。

加薪如被拒绝,不要闹情绪

如果你决定还在这家公司工作,如果你还没有得到更好的跳槽机会,那么当老板拒绝你的加薪要求时,不要表现出不合作的情绪或采用威胁手段。没有一个聪明的老板会放走能为他创造价值的优秀员工。所以,你可以礼貌地追问老板自己哪些方面做得还不够,让他在了解你的同时,对你产生信任,进一步交代任务。这些任务就是你将来的工作目标和发展空间。

好的薪水是挣来的,更是谈来的。光干活不拿钱不是精英,是白痴;为了薪水吵得脸红脖子粗也不是精英,是"暴徒"。想加薪,要心平气和、有理有据地"谈"而不是火急火燎、急功近利地"要"。真正的职场精英都是谈判高手,能通过谈判让老板为自己的劳动力出个合理的价钱。

6.合理地提出薪资要求,不要过高更不要太低

张瑶是一名普通的会计,本来公司里有两名会计,两人应付公司安排的事情还凑合,至少不用加班也能完成,每天能按时在下午五点下班。但是近三个月来,张瑶的活儿明显增多了,经常加班到晚上七八点钟。因为另一位同事怀孕了,每天基本上干不了多少活。想到自己也是女人,将来也会怀孕,张瑶就多照顾了那位同事。可是这样一来,自己辛苦了不少。张瑶感慨地说:"原来自己做一个半人的活儿,是那么地难以应付。"

经过再三考虑,张瑶认为应该让老板给自己加点薪水,至少给点奖金

吧。毕竟自己付出太多，老板应该理解的。可是几个月来，无论自己怎样做，老板似乎都像没有看见一样，丝毫没有给她加薪水的念头。于是，张瑶决定自己主动提出此事。她找到了老板，微笑着对老板说："总经理，我想申请加薪，要么您就再招一个人帮我分担些活。因为现在活太多了，我一个人实在太忙，另一个同事都快生产了，我们又不能够让她干太多活。您觉得我的要求合理吗？"

老板听后想了想，自己也清楚最近张瑶真的辛苦了，索性就问："那你觉得给你加多少合适呢？"

张瑶笑了笑说："我相信领导您是公平的，绝对不会亏待任何一个人，我也相信您会根据我的工作成绩给予相应的回报。"

没过几天，人事部就通知张瑶，她的加薪通知下来了，比她想象中的要高出三百元。

可见，作为员工，如果想要让老板给你加薪，那么就必须主动提出来。你不提，不管用什么博弈招数都没用。

不过，当你在向老板要求加工资时，除了把加工资的理由一条一条摆出来，详细说明你为公司作了什么贡献而应该提高报酬之外，最重要的应该是确定自己提出的加薪数额。

林冰在公司已经工作了足足一年，这一年来没有功劳也有苦劳，而且林冰也较为勤奋，只是肚子里没有什么花花肠子，更别提耍手腕了，所以一直没有得到升职和加薪的机会，机会总是被别的同事抢了去。最近，林冰想到了找领导谈一谈，要是领导不给加薪，只好另谋高就了。

林冰找到了领导，领导当即就同意为林冰加薪，还说了一些感谢林冰一年来勤勤恳恳工作，为公司分忧的话。这下林冰可被彻底感动了，当领导问他需要加多少薪水时，他为了给公司"省钱"，为了给领导留下一个体贴公司的好印象，竟然说："我要求的不多，您每个月给我加200吧。"领导当时脸色迅速转变了一下,之后又恢复正常,欣然同意。可是薪水虽然是涨了,领导对林冰的看法却越来越差了,林冰百思不得其解。

后来,有好心的同事告诉他:"林冰啊林冰,自己要主动提涨薪的事儿,就一口气多提点,你提那么点儿值得主动去找领导吗?还弄得他认为你就值那么点钱似的,怎么会器重你呢?"

林冰若有所思地问道:"那,有同事主动要求涨薪吗?要求涨多少呀?"同事微笑着说道:"最少也应提出你所说的涨工资数的一倍。"

你要是主动要求涨工资,就应合理地提出要求,不要过高,更不要太低,要求太低就是让人看轻自己。

所以,在你与老板之间形成的博弈对局中,老板会综合地分析你的能力和价值,判断出该给你加薪的幅度,并以此作为讨价还价的依据。如果你的理由充分,又有事实根据,即使跟老板与你的看法有出入,老板也会设法协调。但是,如果你在加薪的对局中,提出的要求很低,那么你就无疑处于下风,让老板对你的看法更加不如从前。

7.申请加薪要不卑不亢

没有一个员工不想获得丰厚的薪水,毕竟它不仅让你拥有更加优越的生活,同时也证明了你自己的能力。可是在现实中,我们时常会看到这样一种现象,自己同样付出了诸多的努力,但是,到了最后的关头,却什么也没有得到,而另一个同事非但加了薪,甚至还得到了提升,这样的事情比比皆是,屡屡发生。

事实上, 这其中就隐藏着公司在给员工升职加薪时的另一个潜规则,你若对此一直都是毫无要领，那么，等到你身边所有的同事得到了升迁和加薪，你依然还是一无所获，甚至陷入危险。也就是说，升职加薪是讲究策略的，如果你没有勇气向老板提出加薪或者是毫无策略地就要求加薪，那加薪真的就无望了。

当然，当上司允许可以提出加薪申请的时候，我们也不能狮子大开口，那不仅不现实，而且有损你在上司心目中的形象。

那么，要求加薪都有什么策略呢？以下几点可以借鉴：

加薪，必须自己提出申请

每个人都认为自己应该得到加薪，自己的付出应该得到公司更高的奖赏。但是，好像跟上司提出加薪的要求总是很难，大部分人顾虑重重，担心上司的脸色会因为加薪的要求而变得十分难看，会因为加薪的要求而大发雷霆，甚至会因为加薪的要求炒了自己的鱿鱼。这些原因导致了大部分人不会自己去争取，反而坐等着公司主动好心地为其加薪。

事实上，你应该很清楚，从来不会有这样的好事从天而降，每一个老板都是十分抠门的，就算是在大范围的加薪活动中，还会分个厚薄轻重。

所以，请千万不要做"无要求"的一类，你想要得到加薪，就必须自己主动提出申请。

申请加薪的最佳时机

为了使自己加薪的主张能够得到上司和公司的支持，那么，必须要掌握一个合适的申请时机。

这样的最佳时机通常只有两个：其一，公司正是财大气粗、牛劲冲天的时候。比如说公司刚刚取得政府拨款支持，或是刚刚做成一个大项目，财务上十分充实盈足；其二，自己刚刚完成某项工作任务，为公司做出重大贡献，公司进行论功行赏的时候。

准备充分的加薪申请

有了加薪的主观意愿，又有了加薪的最佳时机，接下来，就应该要准备一个充分的加薪申请。

首先，你要明确地列举出自己距上次加薪以来所取得的重大成就和突出表现。比如说为公司赢得了大单，获取了巨额利益；比如说为公司开源节流，节省了大额支出。充分的数据比一切言语都来得令人信服，所以，这些将成为你要求加薪的有力证据。

其次，你应该要做好功课，了解自己这个职位在市场上的普遍薪资标准，然后提出一个合适的薪金要求。（一般的加薪要求涨幅为10%）

最后，你应该写一份简单明了的加薪申请报告，涵盖上述两点，用来向上司表明自己的要求十分合理，并不过分，证明自己的价值完全配得上自己所提出的加薪要求。

即使是掌握了最佳的申请时机，满足了所有的加薪条件，也并不意味着这样的加薪申请一定能够得到上司或公司的支持。在这其中，我们经常会触犯一些错误禁忌，从而丧失了宝贵的机遇，甚至会威胁到将来的前程。

错误禁忌1：成为同级别职员中的顶薪者。千万不要让自己的薪水成为同级别职员中的顶薪者。枪打出头鸟，这将意味着你必须创造出较他人更高、更多的利润。如果无法做到，你的下场一定很悲惨。

错误禁忌2：用谎言来威胁上司。如果你还想待在公司里，在要求加薪的时候，请千万不要威胁你的上司。比如说，不给我加薪，我就离开公司去另外一家条件更好的公司上班之类的话。要知道，威胁的结果通常都是你为了一个莫须有的好工作打包走人。

错误禁忌3：因为无法满足而抱怨。如果你还想待在公司里，那么，即使你提出加薪的结果并不如你的期望，也请你千万不要抱怨。

错误禁忌4：狮子大开口。要求加薪的涨幅一般都控制在10%以内，这几乎是公司所能承受的最高限度。即使自己所体现出来的价值再高，也一定要给自己留有余地。

错误禁忌5：频繁申请加薪。一年一次的加薪申请是最稳妥的间隔期限。因为，你正好可以利用这一年时间，向公司证明加薪之后，你能创造更大价值，同时也为自己下一次加薪构筑坚实的后盾。

8.不管你目前的职位有多高,仍然应该保持强烈的进取心

进取心是成大事者的一种极为难得的美德,它能驱使一个人在不被吩咐应该去做什么事之前,就能主动地去做应该做的事。一个人要想做成大事,绝不能缺少进取的力量,因为进取的力量能够驱动你不停地向上提高自己的能力,把成大事者的天梯搬到自己的脚下。

胡巴特对"进取心"的看法是:"这个世界愿对一件事情赠予大奖,包括金钱与荣誉,那就是'进取心'。"

什么是进取心?就是主动地做应该做的事情。仅次于主动去做应该做的事情的,就是当有人告诉你怎样做时,要立刻去做。更次等的人,只在被人从后面踢时,才会去做他应该做的事,这种人大半辈子都在辛苦工作,却又抱怨运气不佳。最后还有更糟的一种人,这种人根本不会去做他应该做的事,即使有人跑过来向他示范怎样做,并留下来陪着他做,他也不会去做。这种人大部分时间在失业中,因此,易遭人轻视。但即使是这个情形,命运之神也会拿着一根大木棍躲在街头拐角处,耐心地等待着他们。

你的生活目的是没有界限的,而真正的界限却是:你是继续前进,还是停滞不前,甚至放弃。所以问题的关键在于你是否"往上爬"。

人的进取心形象地说就是"往上爬"。"往上爬"在这里有非常广泛的含义,它主要指这样的一种意思:在你的生活中,无论你的目标是什么,你都应把你的目标不断向前推。

在这里可以想象你"往上爬"的具体目的,比如,为了得到市场的份额、

得到较好的职位、改进人际关系、做好要做的事情、完成一次教育、培养好孩子、在你有限的一生中做点有意义的贡献等，这些动力和意愿都是我们人绝对需要的。

成大事者对生存进步、达到他们的目标以及实现他们的梦想都具有强烈的力量和渴望。

每一个组织机构和工作单位都希望把事情干得更好。进取心并不限于个人。在许许多多领域需要上进心，有些人走到一定的程度就会停下来，并说："这是我能(或我想)到达的地方。"他们由于不想继续攀登(甚至害怕)，所以就结束了"往上爬"的进取心，并为自己寻找一个舒适的、让人满意的高度，以逃避逆境。最令人惋惜的人就是这些半途而废者，这些人不同于放弃者，也不同于攀登者。

半途而废者的"往上爬"是不完整的，更是不彻底的，但一些人可能也会把"成大事者"这个词加在他们头上。这仅仅是那些把成大事者视为达到一个特定目的地的人所说的成大事者。

与放弃者显著不同的是，半途而废者至少承担了"往上爬"的挑战，他们获得了点什么？他们的旅程可能是挺容易的，也可能是不那么容易的，有时候他们为了得到所希望得到的东西，还会牺牲许多东西或者努力地工作。这些人总有一个普遍的误解，他们没有看到整个的旅途，而只看到旅途中的某一点，他们的目的是达到这一点，而不是在旅途中继续努力往上爬。所以，半途而废者虽然达到了那一点，但是，由于他们放弃了继续往上爬的进取心，他们仍不是成大事者。

而在现实生活中，无论你在什么行业，无论你有什么样的技能，你都应该争取在这一领域处于领先的位置。

要敢于树立这样的目标：要成为主管、经理和老总。

不管你目前的职位有多高，仍然应该告诉自己："我的职位应在更高处。"要敢于梦想，要立下决心，得到那个让人羡慕的职位，并且发誓一定要为之竭尽全力，绝不半途而废。

如果你的态度是消极而狭隘的,那么,与之对应的就是平庸的人生。你必须以高于普通人的眼光来看待自己,否则,你就永远只是一个小职员。

你必须幻想自己能拥有更高的职位,以督促自己努力得到它;否则,你永远也得不到。

不要怀疑自己有实现目标的能力,否则,就会削弱自己的决心。只要你在憧憬着未来,你其实就是在向着目标前进。记住,如果你有足够的决心并付之于坚韧的努力,你就一定会成大事。如果你没有这样的决心,那么,你也许会看到那些条件不如你但有着更大决心的人走到你前面去了。如果你不好好利用机会继续前进,你一定会抱怨自己的运气不佳。

9、抓住细节,随时树立积极的形象

常言道:细节决定成败,不要小看这些细节,日后它就是你升职加薪的最佳攻略。

开会时起立发言可以加强自己发言的分量

为什么?因为同样的讲演内容,站着和坐着说给听众听的效果完全不同。我们若以歌星在舞台上的表演为例,站着唱与坐着唱不但歌声的效果不同,它给人的感受也完全不同,前者会比后者更让人觉得有活力。同样的道理,讲演时站着说,听众的感受往往会更为强烈。

有些演讲会由于主讲人发言的时间较长,主办单位会特意准备椅子让主讲人坐着发言。碰到这种情形,可以婉拒对方的好意。

因此开会时若起立发言,给人的感受一定比坐着发言更强烈、更有迫力,此外,站着发言的另一个优点,可以居高临下,把握全场听众的气氛。

特别是那些对自己的演讲没有信心的人,更应该站着发言。虽然发言内容是一样的，但站着发言这一小小的改变，就可以给听众留下"积极"的好印象。

比别人抢先接电话可以给人"做事积极"的印象

动作比别人慢，往往会让人留下做事消极的印象。因此若从心理学的立场来看，一个人若是被人用力地握手，自己就会很自然地用力握回去。握手虽然看起来只不过是手与手的交流，但实际上却也是一种心与心的交流。因此用力握手可以让对方感受到自己的热情与意志，并给人一种强大的印象。

握手不仅是一种交际的礼仪，同时也是表现自己的强力武器

仔细地观察一下那些政治家，一连与数十甚至数百人握手后，他们的手已经因失去血色而显得苍白，由此不难推测他们是多么用力地与人握手。

有位东方人每次遇到比自己高大的外国人，就会先下手为强地用力握对方的手。的确，被人用力一握，往往会感受到一股强大压力，尤其是被第一次见面的人用力一握，那种强烈的感受常会使人难忘！

事实上，握手越用力，越可以让对方留下深刻的印象。反过来说，若是对方用力地握我们的手，我们就应下意识地用力握回去，以免让自己居下风。

坐沙发时，千万别"陷身其中"

若仅坐椅面的一半听人说话，例如只利用椅面的前三分之一部分来坐，给人的印象会更好。尤其是采用这种坐姿时，身体的上半身会自然地向前倾，可让对方产生聚精会神的感受，因此会让对方产生做事积极的印象！好好利用这一效果，可以有效地表现自我，让对方留下好印象。

假如你正在很认真地向一个人解说某件事的时候，对方却将自己的身体深深地靠入沙发中，并且还把上半身也深深地陷入沙发中，你会有什么感受？如果对方是上司那还没话说，如果是同事，你可能就会向他说"你能不能认真地听我说"，为什么呢？因为将身体深深地陷入沙发的姿势，在别人的眼中,看起来往往就是一种不认真的态度。特别是连上半身也深深地陷入沙发中,给人的印象将会更加恶劣。

卷起衣袖工作,可给人留下做事积极、有干劲的印象

将长袖衣服的袖子卷起来,露出我们的肌肤,可以给人留下充满活力、做事积极的印象。听说年轻的女性往往会对卷起衣袖做事的男人产生好感。据了解,岂止是年轻的女性,任何人对卷起衣袖做事的人都会产生好感!

边听边记笔记可让人感觉你在认真地听讲

在你讲演时,总会有一些听众拿着笔记本边听边记。不知不觉中你会对这些人产生好感。

因为记笔记不但表示要留下一份记录,并且还显示了想将对方所说的话留在记忆中的积极态度。

当然任何人都不会把没用的话一一记下来,反过来说,我们做笔记就是表示认同对方说话的内容,对于对方是一种敬意的表现。

好好利用这种心理,可以使对方感受到我们的心意。通常上司对我们说话时,就是再无聊的话我们也不得不听,此时若能用记笔记的方式,不但能消除无聊感,同时也可以让上司留下好印象。

一边听讲一边记笔记,是需要有灵活的头脑才能胜任的工作,因此勤记笔记不但可以表现出自己的能力,更有事半功倍的效果。

签名的字体大一些,可以让人留下深刻的印象

政治家的名片与一般人的名片最大的差别,就是政治家的名片上除了姓名之外,其他如住址、电话等一概不印,并且姓名也用比一般人使用名片还大的字体来印刷,这些都显示出想让对方记住自己姓名的意图。

这一点值得我们学习!事实上姓名就是我们人的另一个身份,只要对方记住我们的姓名,也就等于认识了我们,因此签名时尽可能将字体写得大一些,就可以加深对方的印象。根据一位教师的经验,通常将自己的姓名签得很大的学生,他的学业成绩虽然不一定就很好,但往后的成就却往往会较大,这就显示写大字的人具有积极性!

边说边打手势可加强给对方的印象

在美国的学校里,每个学生在课堂上起立发言都是边说还边打各种手势的,这种热烈的学习气氛,在东方学校的课堂上是不易见到的。尤其是当学生要表达与教授相反的意见时,那种激烈辩论的情形,在东方学校更是绝对看不到的。

还有当我们观赏政治家演讲的时,也会发现他们经常使用各种激烈的手势来加强演说的效果。这正是政治家的个人魅力所在。

或许这是东西方文化差异的缘故,东方人说话时通常不打手势。但我们若能在说话时配合一些手势,就可以使对方的印象更为深刻。

由此我们可以知道,倘若手势打得好,有时谈话的内容虽然不怎么样,亦可让对方留下深刻的印象,所以我们不能忽视手势的重要性。

额外的工作以及意外的工作,可使别人感受到你的热忱与诚意

新闻记者的工作是相当辛苦的。他们一天24小时,都必须为了采访新闻而忙碌,有时他们好不容易找到了他们想访问的人,但被访问者却以“没什么好谈的”的理由而予以拒绝,他们便白忙一场。

在外行人的眼中,或许他们的这种做法被认为是在浪费时间,但事实上他们却有必须这样做的理由。他们是想凭着一天24小时不停地工作,让受访者产生怜悯的感受,进而因同情而透露一些消息。虽然受访者也知道记者用的是苦肉计,但却仍会产生同情心。

有一位任职于某杂志社的记者,就为了想获得一位正在监狱服刑犯人的独家新闻,在他入狱的三年内不断地写信和他联络,结果在他出狱后,果然让他采访到了他所需要的独家新闻。

因此有时额外的工作以及意外的工作,反而可使别人感受到你的热忱与诚意。

参加事先没有安排座位的集会时,主动坐到上司的旁边,可以表现自己的自信心

在大学里,上课时通常没有排固定的座位,但奇怪的是每一次上课时,同学们所坐的座位却几乎都是固定的。成绩好、喜欢发表意见的同学,通常会坐在距离老师较近的座位,而成绩差、常常心不在焉的同学,则通常会坐在后面几排的座位。

其实这个道理非常简单。坐前几排的学生不仅较容易为老师所重视,而且被老师叫起来解答问题的机会也比坐在后排的学生多出许多。因此对自己有信心的学生,就会选择前排的座位,反之,对自己没信心的人,就会很自然地往后坐。

同样的心理也会出现在一般公司职员的身上,对自己越有信心的人,越喜欢和上司在一起。因此参加事先没安排座位的集会时,主动坐在上司的旁边,可以表现自己的自信心。

到对方的住处请教可以显示自己的热忱与诚意

有人常说“公务人员的服务态度欠佳”。虽然最近他们已经开始改善他们的服务态度,但仍让人有不舒服的感觉。究其原因,最主要的是我们必须到他们那边才能办事。

另一个原因是到这些场所办事,往往会被这些公务员连名带姓的叫来叫去,而这种直呼其名的叫法又通常是上司对下属的叫法,因此被叫到的人往往就会感到不是滋味。

上述两种原因,往往会成为我们身心两方面的负担,一件小小的手续有时必须花上一整天的时间才能办好。而这种不愉快的感觉,就是让我们对公务人员的服务态度产生抱怨与不满的原因。

和人见面也是一样,如果对方表示“到我公司来吧”,有时就会觉得很不是滋味。相反地,若对方说“我到你那边去吧”,就会有很舒服的感觉。因为在自己熟悉的环境与人见面,心里总会多一层安全感。

为了显示自己的诚意,我们不妨到对方的处所请教,虽然这样会比较累,但收成却往往会非常地丰硕。

该认真时就全心投入，该笑时就开怀大笑

有些人无论是高兴或烦恼，都不会在脸上显示出喜怒哀乐的表情。

当然，面无表情的人并不代表他们内心是冷酷的，相反地，这种人的心思，有时会比正常人更细腻、更具神经质。

但由于面无表情，别人就无法从他们的表情中了解他们的心思。因此对于这些看起来毫无反应的人，人们自然就会产生"他们反应迟钝"的感觉。

感情的表现越积极，越能让人了解当事人内心的感受，而感受性强的人，往往也会让人觉得非常有魅力。因此我们在应该认真的时候，就要全心投入，在该笑的时候，就开怀大笑，才不会让人觉得我们反应迟钝，而留下坏印象。

将自己的"梦想"说出来，可以增加自己的魅力

表现自己魅力的方式很多，而其中很值得一试的，就是将自己的"梦想"说出来。

例如我们可以对别人说"我希望将来能住在国外，最好是在西班牙买一个小城堡……"或许有人会觉得你幼稚无知，但一般人却会觉得说这些话的人天真可爱，充满了魅力。"梦想"就是幻想，因此就算是完全的超越现实也无所谓，只要拥有属于自己的"梦想"，整个人就会充满了魅力。

第十课

"绝地反击"

——跳槽是个技术活

即使是世界500强企业的员工,也会有跳槽的想法,原因多种多样。但是他们认为,正确的跳槽应该是人生的一次华丽转身,而不是让职场积累的能量减少、归零,甚至成为负数,更不是让自己在跳槽中越跳越迷茫,越跳越杂乱无章,甚至是毁了自己。

1.最不理智的几种跳槽

引起跳槽的原因很多,具体跳槽行为的动机也是相对复杂的,但要避免以下几种情形,那是最不理智的跳槽:

原因1:单纯为了收入而选择跳槽

如果仅仅因为工资或者待遇低,而不综合考虑其他因素就决定跳槽,这是员工不成熟的一种表现,代表了短视的看法。一个工作代表的不仅仅是收入的单方面增加,还包括知识、技能、经验、人际关系等多方面的积累。

原因2:因为冲动而跳槽

很多失败的跳槽是冲动惹的祸,是由于"气不过"引发的。"气不过"的事很多,如:未获得期望的升职与加薪;被上级错误的批评,甚至降职或变相降职;与同事发生争执,被误解、孤立;在客户那里受了委屈,在公司内部也不被理解;等等。基于以上原因的跳槽,其目的并不是将要加入的新单位,而是要尽快摆脱目前的工作环境。造成这种结果的直接原因,大部分是突发事件、孤立事件、短期状况、局部环境等引起的个人情绪突变,而非长期、整体的工作环境问题。

当一个人被情绪所左右,尤其是在气头上,最可能作出不理智的决定,往往产生"不管新工作如何,先离开这里再说"的想法。在这种情况下离职,选择新工作过于急切、目光短浅,很难找到合适的工作。即使找到工作,也有很大可能违背了自己长期的职业规划。

被情绪左右的跳槽,还有一种情况,就是并没有与老东家发生特别直接的矛盾,但在工作一段时间后,觉得工作不断重复,或者工作太琐碎了,没有意义,从而害怕自己的能力得不到锻炼而失去未来职场的竞争力。

原因3：只为追求新鲜或刺激

有的年轻人初入职场，只为追求新鲜或刺激，或由着自己的性子。这种人或对工作和环境有喜新厌旧的毛病，喜欢新鲜的人际环境和工作环境，他们在一个单位往往待不到两三年，有的甚至几个月就走人；或太在意个人感受，外在环境稍不如意立马走人。这种人看似主动跳槽，其实大多没有进行职业规划，找不到职业定位。这种跳槽为老板深恶痛绝，对个人发展没有任何好处。

李晨大学毕业后在一家私企做程序员，工作乏味，薪水不高。过了半年，他就跳槽去一家电信公司。为拓展业务，李晨刚过了培训期就被派出去出差，去的地方都是新疆、青海的偏远地市，而且主要在各县城搭建网线，钱虽然比以前多了，但工作辛苦，而且一出差就是三个月甚至半年。李晨又起了跳槽的念头。就这样，4年之内李晨跳了6次，最长的工作干了一年，最短的三个月就辞职了。

4年的时间，有的同学已经在公司做到中层，有的同学已经在某个专业有了突破。只有李晨，跳来跳去，专业没有积累，人脉没有积累，经验也没有多少积累，他没有越跳越高，反而越跳越不知道自己要什么，成了恶性循环。

每个人都想找到一个适合自己施展才华，使自己有所发展的工作单位和环境，这是应该的。可是世界上并没有一个完全适合自己的地方存在。与其频繁跳槽，为了改变环境，不如改变自己。

无论怎样，跳槽前都要先衡量一下利弊，自己是非跳不可吗？另一家公司提供的平台高于现在吗？自己去了另一家公司发展空间比现在大吗？那家公司和自己的目标规划相符吗？

如果要对跳槽分类，不外乎被动和主动，前者是无可奈何而为之，后者是自觉的选择。

一位职业规划师通过多年研究,寻找跳槽者背后的原因,发现只有很小部分员工跳槽属于被动类,如得罪了上司或与领导、同事关系恶劣,无法继续相处等,绝大多数属主动跳槽。

有的人将公司当作自主创业的实习基地或个人发展的跳板。这种人目的性非常明确,那就是积累资金和经验,工作尽职尽责、踏实勤奋,一旦条件成熟,便毅然离开。

有的人喜欢挑战和创新。他们一步步从小企业跳到大公司,跳到合资企业、外企、世界500强企业,总之公司越大越好,越有名气越好;有的不在乎公司大小,却热衷于职位的提升或新岗位的挑战;有的单纯以薪酬为目标,谁给的钱多就跳到那里去。大多数人还是因为在公司发展受阻,必须寻找新的发展空间。对跳槽原因有了大致的了解,便可有针对性地分析,多对自己问几个为什么,或许可以减少跳槽的盲目性。

跳槽前先要问问自己为什么跳槽。如果仅仅为了满足新鲜感和好奇心,就应该立马打住,想想人生有多少个20多岁,有多少时间可以让你从头再来。如果你属于挑战型,不断向新目标发起冲击,也应冷静地思考一下,新公司虽然承诺给高职位、高薪水,但工作要求和难度也会增加,你是否已经具备冲击下一个高点的能力。如果立志创业,则更应该想一想,创业的条件是否充分,公司给你的"实习"期是不是已经圆满结业。

还要比较一下跳槽的得失。跳槽最直接的损失是失去本来属于你的工作,如花了一定时间获得的行业经验、人脉资源等;得到的是什么呢?对全新的比这更好的工作有十二分的把握吗?在新的工作岗位上就能如鱼得水,实现自身价值吗?新的工作与人生理想越来越近还是越来越远?

如果你对这些问题都能做出肯定和满意的回答,跳槽的时机基本成熟。

还有几点需要注意:

在目前单位应工作至少一年以上,不然新老板就会探究你以前的表现,对你的职业发展规划打问号。

要在工作进展顺利的状态下而不是走下坡路的时候果断离开。仔细研读与老公司签订的合同，为离职扫清障碍。

花时间熟悉新公司的情况，为重新上岗铺平道路。

无论跳槽前还是跳槽后，切忌说老公司的"不好"，也不要一味奉承新公司的优点。

2.别心急，跳槽前先了解新东家

企业都有各自的特点和文化氛围，在环境上很难分出优劣，一个不错的公司，也不可能适合每一个人。为改变环境而连续跳槽的人，会对环境越发敏感，放大对环境的不适应，跳槽的频率会不可避免地增加。

跳槽者的心态以及跳槽的时机往往会影响到对公司情况的了解。比较急迫的跳槽心态往往容易犯两个错误：一是只看到目标公司热门、收入高、社会声誉好的一面，而有意无意忽略对它内部的经营情况、管理情况、人际关系等的了解；二是缺乏对目标公司客观和清晰的判断指标。

王梅是一家国有企业的员工，两年前大学毕业后一直在国企享受着稳定的工资和优厚的福利。但是，每天穿着难看的工作服，干着重复的工作，让她觉得很没意思，她想像电视上那些女白领一样，每天可以穿得漂漂亮亮，干着有挑战性的工作。

于是，王梅跳槽到一家大型私企，从文员干起，三个月的新鲜劲一过，她才发现，所谓的白领生活根本不是自己想象的那样。在私企工作压力太大，经常加班，而且时常要面临长江后浪推前浪的残酷竞争。王梅又怀念起自己之前工作的轻松，心里后悔不已。

了解目标公司最好的方式是寻找"内线",这个内线要对你的情况比较了解,又要在新公司之中与你没有直接的工作关联,这样,他给你提供的信息会比较客观。另一个比较好的方式则是寻找同行中对目标公司有比较深入了解的朋友。需要指出的是,对于跳槽者而言,任何人提供的信息,都需要自己的判断过滤。

另外一种情况,就是跳槽者虽然对新公司很了解,却不能准确判断自己是否适合这家公司。一个不错的公司,也不可能适合每一个人。

陈涛毕业后分配到了一所高校图书馆。虽然工作对口,但他总觉得收入太低,尤其是跟中学同学一比,心里难免失衡。

2010年,一个在中学很不起眼的同学找到了他。这个同学在药企做医药代表,干得非常好,几年下来,就在老家买房买车了。陈涛非常羡慕他。他调任北京分公司的负责人之后,请陈涛跟自己一起干,并向陈涛许诺让他可以一年内买车,两年内买房。在高收入的激励下,陈涛毅然离开了原来的事业单位,成为一名医药代表。

当上医药代表后,陈涛的整个生活都变了。新工作应酬多,烟酒超量,身体吃不消不说,晚上回家的时间也没有保证。他老婆的工作也忙,两个人都没有时间照看孩子,孩子的学习成绩下降,有时候连饭都吃不上。为此,老婆经常抱怨。

对于新的工作方式,陈涛也不是很适应。新工作存在灰色地带,为了销售产品,不得不采用一些特殊的手段,比如给相关负责人送红包、送礼等。这让陈涛心里不安,晚上经常睡不着觉。收入虽然高了,但他觉得自己反而没有以前受尊重,被人称为"药虫子",而且只能按公司对产品的市场营销方案销售,对其中明显不实、夸大的宣传也只能执行,工作中一点乐趣都没有。对每一个客户都要点头哈腰,阿谀奉承,有一种低人一等的感觉。

坚持了一年,陈涛感觉自己身心俱疲,这样的人生并不是他想要的。在考虑了自己的家庭、身体、良心、尊严等问题后，他还是决定回到以前清贫一点，但让人踏实的工作环境中。

3.盲目地跳槽只能浪费你的人生时间成本

刘玲大学毕业之后进了一家国有企业做办公室文秘，五年来她一直享受着稳定的工资和优厚的福利。但是这份工作太闲了，没什么挑战性，每天都是例行公事，刘玲很不安心，她担心长期这样下去自己工作能力得不到提升，在职场会失去竞争力。如果自己将来有一天要下岗，不用说去外企，就是好一点的私企她也做不来。于是她想到了跳槽，但是她从报纸、电视上得知现在的大学毕业生一年比一年多，加之媒体关于大学毕业就等于失业的报道铺天盖地而来，这让刘玲也有点害怕，要是自己辞职之后找不到好工作怎么办？

前不久，刘玲在给经理准备会议资料的时候漏掉了一份很重要的文件，这让经理在公司会议上显得很狼狈。事后，经理借机把她调离了办公室，下放到基层。在一怒之下，刘玲递交了辞职申请书。

不久，刘玲就加入到了失业大军中，为了自己的下一份工作苦苦寻觅着……

刘玲的这种跳槽完全是意气用事，她想跳槽的想法没有错，但是她在跳槽前根本就没有任何的思想准备，她的这种跳槽是一种盲目的行为，而结果是她不仅没有跳好"槽"，甚至连"槽"都没有了。

关于跳槽，职场专家认为，不管你想跳去哪里，但有一点必须是肯定的，你在跳槽前要有思想准备，不然的话，盲目地跳槽只能浪费你的人生时间成本。

在跳槽前,请问自己以下几个问题:

(1)现在的公司真的没有你的发展空间了吗?

其实跳槽的直接问题是薪酬,但是薪酬在个人发展的问题前也显得"小巫见大巫",人之所以会跳槽,最根本的原因还是自身发展的问题。如果一家单位能给你发展的空间,那么薪酬也就不是问题。

你现在的单位如果在接下来的时间里能给你发展的机会,那么你大可不必跳槽,因为你跳槽之后在新的单位又得从零开始,而如果这家单位不能再提供你发展的机会,那么你跳槽也就是必需的。

(2)你跳槽前在现有的单位所建立的人际关系有多少价值?

人要发展,必须要有人际关系作为后盾,如果没有人际关系,你就只能是"独行侠",单打独斗是很难成功的,并且新的雇主也不会雇用一个没有人际关系的员工。如果你在现在的单位拥有了良好的人际关系,而这些人际关系又是你花了很多的时间成本、精神成本所建立起来的,若选择跳槽,这些成本可能就无法得到回收,这可比钱更重要。

若你本来就不善于建立与管理人际关系,那么选择跳槽就要更小心了,到新单位,新单位的文化理念是否了解?若没有了解,应该要再深层次了解一下,进行比较。若新单位人际文化比较适合你建立与管理人际关系,那么你可以选择,若不行,那么你还是不要急着跳槽。

(3)跳槽前你要明白别的单位聘你,是你自己去应聘的,还是新单位请你去的?

如果是新单位请你去的,那么就证明他们非常需要你,进而对你的期望值也很高。这种情况,职场专家建议,你要明白自己的能力是否可以在短时间内满足新单位的期望值?要达到新单位的期望值要求,你在知识结构与能力结构方面应该要做哪些准备?如果你的能力达不到新单位的期望值,那么就算你跳过去了,恐怕以后的日子也不会比你在原单位好。

如果你只是自己应聘得到的岗位,那么新单位对你的期望值不一定很高,他们会把你当作新人来培养。这时候,你应该到该单位看看,或到他们的客户处了解一些情况,如以顾客身份到终端看看他们的终端管理。在这段时间内的这些准备,是为了更好地到新单位后能够立马上手工作,缩短新单位对你的全面认知时间,从而得到价值肯定。

(4)新单位的组织环境可以支持你的期望值实现吗?

既然你跳槽是为了实现自己的期望值,那么你在跳之前,就要调查清楚,你想跳过去的新单位能实现你对自己的期望值吗?这种期望值不仅是指发展空间和薪水,还包括是否有个好的上司,因为好上司会着力培养你。你在跳槽之前,你要了解清楚,你的上司专业与你是否一样?如果你的跳槽是想独立操作或管理,那么专业与你相同的上司就会成为你前进中的障碍,那么你就不适应选择这样的新单位。因为上司的专业特长需要发挥空间,会占领你想发挥的空间。你应该考虑到你的专业知识能够得到补充或凸显的新组织里,可能这个新组织其他条件不一定好,但是正因为他们现在需要你,你的期望值得到实现的概率就会相对较大。

4.多衡量,再决定是"卧槽"还是跳槽

现在,许多人如同得了跳槽综合征一样,生命不息、跳槽不止。作为一个现代人,在跳槽前,眼睛不能只盯在那些拿到手里的钱,还要考虑公司的"软"情况,如福利待遇、人脉关系、灰色收入、能力提升、公司是否有较好的培训、工资增长模式是否合理、自己有无快速增薪机会、跳槽对是自己的职业规划有何利弊……这些"身外之物"对一个员工的长远发展是极其重要的。

在棋坛,高手总是能看出好几步棋,跳槽也要如此,不能头脑发热,想

跳就跳,要有一个前瞻性的预测,不要为眼前的小利而"乱了心性"。

跳槽就是企业与员工之间的博弈,这种博弈主要体现在以下三个方面,衡量清楚,你再决定是卧槽还是跳槽。

(1)价值博弈

职业就是向社会提供价值,同时获得自己想要的价值。一个人到一家企业工作,会得到工资福利、人际关系、社会地位和能力成长等,要付出时间成本、精力成本、投资成本和生活成本等。所谓优质的职业,就是在付出一样努力的情况下,得到了更好的薪酬、更高的地位、更好的发展空间和能力成长机会。而跳槽,就是为了获得这样的好工作,也就是争取自己最大的附加职业价值。

从企业角度来看,企业聘用一名员工,获得员工所从事岗位的岗位价值和员工的劳动贡献,付出工资福利成本、培训成本、支持成本和管理成本等。企业会对不同的岗位进行价值判断,在岗位价值不变的基础上,追求付出更少的成本支出,也就是说,企业都在争取自身最大的附加岗位价值。

于是,在企业与员工之间便会出现一种价值博弈,员工会定期或不定期地向企业提出加薪、转岗和晋升要求,以提升自己的附加职业价值。当所在企业提供的附加职业价值没有吸引力时,员工就会在外部寻找机会,用跳槽或创业向所在企业说再见。企业会连续地对员工进行绩效考核和各种管理,评价员工对企业的劳动贡献,再向员工支付劳动价值。当企业认为员工不能胜任工作、考核结果很差、与企业发展价值贡献不匹配时,就会用各种方法让员工走人。

(2)替代性博弈

每天发生的离职事件数以万计,为什么有些人的离职悄无声息,而有些人的离职却让企业焦头烂额?更有甚者,有些离职事件能引发业界震动?不仅仅是因为这些人是企业的骨干和业界的精英,更因为这些员工离职留下的岗位空缺很难在短时间内得到补充。如果员工很容易被替代,他的离职不会对企业产生较大的影响;但是,一位骨干的离职则可能导致企业工作的混乱甚至出现一段时间的停滞。

因此,跳槽与反跳槽是企业与员工之间替代性博弈的结果。从企业角度看,最理想状态是每一位员工都能够被及时地替代,老板在得知骨干员工跳槽后的第一时间内宣布由某某接替其职位,并立即就位,企业正常运行,未来业绩波动不大,这种情况下,企业无疑是最安全的,掌握着绝对的主动权;从员工角度看,他们时刻都在通过不断的学习和经验的累积来增强自身的不可替代性,从而为自己争取更高的职位和薪酬。

员工对企业的价值,从根本上来说是以可替代性的强弱为判断标准的。这一博弈过程始终存在于企业中,只是或隐或现,有时激烈,有时平缓。

(3)成长性博弈

企业与员工在相互合作的发展过程中会随着时间的变化,产生发展速度的不同步,或者企业发展较快,员工发展较慢;或者员工尤其是某些骨干员工成长的速度超越企业发展的速度。前者,员工会发现企业在不断做大,自己还在原地踏步,甚至有被淘汰的可能;后者,作为成长了的员工个体,其产生更高的利益诉求是再正常不过的事情。

价值、不可替代性、成长性都与所在企业不匹配,而人才市场上又有合适职业发展机会,这时候是可以考虑跳槽的。从这三方面入手,我们总结出几种非跳不可的情境。

当企业的发展平台无法承载个人的职业成长,企业和员工共同发展的过程中,如果出现了企业与员工成长速度的不同步,就会打破原来的利益平衡。如果是员工的成长超越了企业的发展,是否跳槽主要还是看企业发展是否有转机。

当企业遇到的是暂时的行业调整,或只是企业个别领导的领导不善,企业是有机会恢复生机的,这时,跳槽可能不如卧槽坚守。大型的企业通常情况复杂,内部的机会也较多,即使出现问题也容易通过自我改善来调整自己的发展,甚至可能得到国家政策的支持与扶植。例如IBM曾经因为庞大臃肿的机构和傲慢的官僚主义作风而面临危机,但任命了新的CEO露易丝·郭士纳之后,公司的状况就完全扭转了。

但是,较小的企业,企业老板个人的水平、决策、行为都会影响企业的状况,一旦发生成长性的问题,想要自我改变、自我恢复就有一定困难了,这时,跳槽就是首选,不跳槽有可能会与企业一起陷入问题的泥潭。

5.与上家好聚好散,对下家诚实无欺

不管你是因为什么原因而跳槽,以下两点原则都要切实遵守:

(1)跟前一个单位要好聚好散

完成交接工作。在和主管谈了具体离职意向并征得同意之后,就应该开始着手交接工作。在公司还没找到合适的接替者的时候,你应该一如既往地努力做好本职工作,站好最后一班岗。而即使在接替你的人来了之后,你仍必须将手头的工作交接完毕才能离开公司,以尽到自己的最后一份责任。

完美谢幕。不少人试图在离职前的最后几周内消除多年来与上司或同事之间的不和,希望彼此保留好印象。这往往徒劳无功,或许默默接受既成事实更自然。离职之前请大家吃一顿散伙饭是一个不错的选择,最起码可以在相对融洽的气氛中完美谢幕。

完善关系。一是永远不要在现任老板或新同事面前说前任老板或同事的坏话。否则会引起新老板和新同事的怀疑:你今天可以在我面前如此评价过去的老板和同事,是否明天就会同样在别人面前这么评价我们了呢?所以,这样幼稚的举动还是不做为好。二是客观地评价旧公司的优缺点,维护公司形象。公正客观地评价老东家,不但有利于老东家的正常发展和树立你自己的职业形象,更重要的是,可以维护老东家的名誉。这样,无论日后你的个人发展如何,老东家都会记得你良好的职业素养,当然也有利于你和他们再次打交道时建立良好的关系。

保守秘密。正确处理竞争对手间的关系,不透露公司的商业秘密。从行业的角度来说,在有竞争关系的公司之间转换工作也是很正常的事。而且,公司间的良性竞争是能够促进彼此发展的。但无论从职业化还是个人发展的角度,遵守良性竞争的原则,恪守商业准则,都是获得职业认可的基石。

从人们工作的圈子和人员来看,行业、专业和客户都是有限的,因此彼此见面和交流的机会会很多,网络的发展更让人们感到"世界越来越小了"。因此,与前一个单位保持良好的关系是十分必要的。

(2)不能隐瞒和编造过往工作经历

在某知名媒体举办的一次关于"单位最忌讳员工哪一点"的访谈会上,许多著名老总旗帜鲜明地把人才观中的"人品"排在了第一位——员工在人品方面所犯的错误是他们最不能容忍的,诸如见利忘义、投机取巧、责任心差或者不诚实等,并直言:能力可以有大小,人品却容不得打折扣。

有这样一个应聘者,在HR主管面前递上简历:大专学历,两年内换了五份工作。阅人无数的HR主管第一感觉是,这样的应聘者不予考虑。但当HR重新阅读这份简历时,发现这位应聘者很诚实,因为他详细描述了每份工作的内容,而这些正是这个招聘岗位需要的人员素质。于是,主管安排了进一步的面试,而这位应聘者也以他的真诚得到了这份工作,并且在后来的工作中发挥出色。

这位应聘者是很幸运,因为聪明的HR主管能从他的劣势职业经历中读出他为人的真诚。说谎话的人会被所有的用人单位坚决排除在外。

金正集团总裁杨明贵曾经说过:最讨厌说假话的人。假如你是学财务统计的,来应聘会计,千万不要撒谎说你学的就是会计专业。你可以说你虽然学的不是这个专业，但对此很感兴趣，有热情，而且也有一定的专业基础，你有信心、有能力在短时间内学好并做好这项工作，即使基础差一点，也可以通过学习提高。如果员工的知识不够、学历不高、经验不足，都可以再通过学习来弥补，而一个人如果人品不好，却是让人无法接受和原谅的。

虽然就业压力越来越大，求职者的迫切心情可以理解，但怀着侥幸和投机心理的不诚信行为却仍是万万不可取的。

求职简历是企业了解跳槽者的快速通道，反映跳槽者的专业、技能和各种特长，也反映一个人的人品。找工作或许很难，但是做一份真诚的求职简历却在我们的能力范围之内。求职简历造假的后果，一是造成企业招聘资源的浪费；二是给跳槽者本身也带来坏影响，企业对求职者的坏印象很难保证不会在一定范围内传播。

所以心怀投机想法的人都要明白，大企业在招聘重要人才时，肯定会对其做一个背景调查的。背景调查的内容包括是否在其所填写的公司里工作，离职原因，过往的工作表现等。一旦查出实际情况与简历有出入，失去机会不说，以后永远都将与该公司无缘。因此，千万不要小看招聘方的洞察能力，在面试中，招聘方所提出的问题都是带有明确目的性的，在他们面前假的真不了，很容易就会露出马脚、现出原形。

在人力资源这个特殊的市场中，如果某人某次失信于某企业，并获得高额收入，由于信息的迅速传递，该市场的参与者很快了解到这个人是不可信的，并会在以后的人力资源甄选中排斥他，那么这个人就会由于自己的失信付出惨重的代价。

不论是轻松愉快还是恩怨有加，离职前后与旧东家搞好关系的事情一定要做；在面对新东家时，一定要如实介绍自己的过去，不要抱任何侥幸心理。

6.好马也吃回头草——第二次你就可能发现金矿

中国有句俗话，"好马不吃回头草"，现在许多企业主在对待离职员工的态度上也抱有同样的成见，受传统思想的影响，他们认为跳槽员工的"忠诚度"值得怀疑，同时返聘员工在面子上也说不过去。

其实这是一种错误的认识，在现代人力资源管理体系中关于"惜才理念"的范畴是很广泛的，人才的跳槽离去是公司的一种损失，"新草看上去可能更绿一些，但事实往往并非如此，所以应该叫他们回来，并告诉他们公司非常想念他们。第一次雇用他们时可能由于了解不够而不知道他们的价值并做出相应承诺，但在第二次你就可能发现金矿！"

人才跳槽之后的经历对他们而言是一段宝贵的财富，不同的环境和工作内容进一步锻炼了他们的能力，阅历也随之增加。这样的人才对公司来说远比一个新手要重要得多，分析数据表明，雇用一个新员工所需支付的招聘、培训费用以及相关的业务耗费超过了所需支付给该员工的个人薪酬，但是如果这个人原本就熟悉公司的现有的业务流程，能够顺畅的与公司管理层进行沟通，并且无须支付上岗前的培训费用。

摩托罗拉公司对于离职员工的返聘有这样一条规定：如果公司员工离开公司90天以内重新回到公司，其工龄将跳过这一段离职时间连续计算。

近年来，许多跨国公司的人力资源部出现了一个新的职位——"旧雇员关系主管"，专门负责与前雇员的联系工作。麦肯锡公司则把离职员工的联系方式、个人基本情况以及职业生涯的变动情况输入前雇员关系数据库，建立一个名为"麦肯锡校友录"的花名册，现在这些离职人员中不乏上市公司CEO、华尔街投资专家、教授和政府官员，这些人至今与公司保持着良好的关系，其实麦肯锡也很清楚这些离职的人才再回到公司的可能性并不大，但这些身处各个领域的社会精英们随时都会给麦肯锡带来更多的商机。

7.当你做到最好的时候,可以选哪个公司更适合自己

在跳槽与卧槽之间,现代的职场人又该如何衡量选择？

《红楼梦》里,伺候贾母的鸳鸯有一个鲤鱼跳龙门的机会:嫁给贾赦当姨娘,由一个奴才变成一个体面的主子,可她却以死相拼,推掉了这段"美姻缘"。

从一个"普通员工"一下子可变为"领导层",这是许多人削尖了脑袋想要争夺的一件美事。鸳鸯是贾府灵魂人物——贾母身边的得力干将,才貌双绝,为何这般没有心机呢？

金鸳鸯是贾母的左臂右膀,其职位相当于现在职场上的董事长秘书。虽然只是个伺候主子的下人,但鸳鸯却深得贾母的信任,把自己的财政都交在她手中保管。

而当大老爷贾赦要招她为姨娘,从"普通员工"一下变为"领导层"的时候,鸳鸯却誓死不从。这是为什么呢？

鸳鸯除了心细周到,温柔体贴,把那个享了几十年福的老太太哄得服服帖帖之外,长相也是相当不错的。最重要的是,鸳鸯深得贾母信任,还掌握着着贾母的私房钱。虽说她是个丫鬟,但红楼梦中各房的主子见到鸳鸯也都要让上三分,董事长秘书可是离董事长最近的人,她的话是最容易影响董事长的。而且,鸳鸯干事得力,为人又公正,从不搬弄是非,也不借着自

己的地位狐假虎威,贾母越是离不了她,她的职场空间也就越大。

也正因为鸳鸯太得贾母的欢心,才让贾赦起了念头,想讨了鸳鸯去做姨娘,还专门出动自己的老婆来给鸳鸯说。"冷眼选了半年,这些女孩子里头,就只你是个尖儿,模样儿,行事作人,温柔可靠,一概是齐全的。意思要和老太太讨了你去,收在屋里。你比不得外头新买的,你这一进去了,进门就开了脸,就封你姨娘,又体面,又尊贵。你又是个要强的人,俗话说的,'金子终得金子换',谁知竟被老爷看重了你。如今这一来,你可遂了素日志大心高的愿了,也堵一堵那些嫌你的人的嘴。"看鸳鸯不太情愿的样子,邢夫人又劝道,"难道你不愿意不成?若果然不愿意,可真是个傻丫头了。放着主子奶奶不作,倒愿意作丫头!三年二年,不过配上个小子,还是奴才。你跟了我们去,你知道我的性子又好,又不是那不容人的人。老爷待你们又好,过一年半载,生下个一男半女,你就和我并肩了。家里人你要使唤谁,谁还不动?现成主子不做去,错过这个机会,后悔就迟了。"

贾赦不仅派了老婆来劝,又动员鸳鸯的哥哥嫂子穷追猛打,见还是不成,自己也有些恼了,亲自上阵威逼利诱。

邢夫人这话已经帮鸳鸯把前途分析得很透彻,作为大房亲自来劝,也显得很有诚意。但是鸳鸯有自己的打算,她对新领导不感冒,对新公司要从事的工作也不喜欢,虽然去了以后在职位上听起来是升职了,但是要面对更多的职场压力,和复杂的人际关系。你看看红楼梦里的姨娘们生活的状况就知道了。赵姨娘是个讨人嫌的,尤二姐被王熙凤暗算死了。姨娘听起来好听,当起来可不容易。而且,鸳鸯也知道,贾赦想要她做姨娘,也并不是真的喜欢自己,而是因为自己是贾母最喜欢的丫鬟,又知道贾母的私房钱,显然是想用自己控制贾母的财产。这以后自己处在贾母和贾赦中间岂不很为难。最重要的一点是,她清楚,贾母才是贾府最大的靠山,自己现在虽然是秘书,听起来职位不高,但拥有实权。

可见,当你做到最好的时候,不但老板赏识,猎头公司也会主动找上门来。就如同鸳鸯一般，可以自己挑选哪个公司更适合自己。

想要得到更好的发展空间，先让自己成为不可替代的人才。

曾经听说过一个小故事，员工甲觉得自己现在的工作情况糟糕透了，上司要求苛刻，不尊重他，同事们总是很轻浮地开自己的玩笑，于是他跟乙抱怨说："我要离开这家破公司。"

乙举双手赞成道："没错，这样的公司你一定要好好的报复它，但是现在不是时机。"

甲很困惑说："为什么呢？"

乙说："你若是现在走的话，公司的损失并不大，你要趁着在公司的机会，拼命的多拉一些客户，然后积累很多的工作经验，然后你带着这些客户离开这家破公司，让他们后悔莫及。"

甲觉得有理，于是开始努力的工作，积累了很多的客户。乙说："你现在可以离开了。"甲轻笑回答说："老总准备升我做总裁助理了，我暂时不打算离开了。"

其实有些时候，很多事情达不到预期的目标不是因为公司、因为同事，而恰恰是因为自己。只要自己愿意去改变，下决心去改变，很多事情是可以解决的，很多跳槽的借口也不再存在。事实上与其用跳槽去逃避我们所遇到的困境，不如面对它，解决它。

停止自己的跳槽生涯，安安静静地在一家公司的一个岗位上努力，让自己逐渐成为这个公司和这个岗位上不可或缺、无可替代的一员。

8.忠诚是成就自我理想的垫脚石

在追求自我发展的职场上,忠诚也是一种职场生存方式。

一家外资企业要招聘一名技术人员,月工资5000元,应聘者蜂拥而至。

魏诚是一家企业的技术人员,单位效益不好,厂里连职工的生活费也发放不出了,与下岗没什么区别,他正准备辞职另谋职业,得到这个消息后,便也参加了应聘。面对考题魏诚并不怵,外文、专业技术类考题答得都十分圆满,笔试顺利通过。面试时,面试官出了两道令他难以回答的题:"您所在的企业或者曾任过职的企业经营成功的诀窍是什么? 技术秘密是什么? "

这类题对魏诚来说,说难不难,说易也不易。魏诚在企业搞过技术,本单位的技术秘密当然是知道的,不用思索,就能顺利回答;可是,话在魏诚的肚子里一直在打转转,就是吐不出来,多年的职业道德在约束着他:不管怎样,我现在还没有离职,厂里的数百名职工还在惨淡经营,我怎能为了自己的利益而不顾别人的利益呢? 就算我以后要离开这个单位,我也不能出卖它的利益。

想着想着,最后,从他嘴里说出来的竟然只有4个字:"无可奉告!"便自动地退出了面试。他心想,"打着招聘的幌子,去窥测别人的机密,这样的企业,不进也罢。"

正当魏诚四处奔波、另谋职业之际,出乎意料的是,外资企业给他发来了录用通知书。

录用通知书上清楚地写着:你被录用了,因为你的能力与才干,还有我们最需要的——维护公司利益。

"只有拥有最纯粹的忠诚,才能将自己的能力发挥到极致。"在美国,每一个刚入职海军陆战队的人,都会拿到一份有关忠诚的资料,在标题处,有几行醒目的文字:"海军陆战队首先不会给你什么,但你要给海军陆战队绝对的忠诚。如果你给了海军陆战队绝对的忠诚,海军陆战队就会给你终生的荣誉!"

军队对军人的要求如此,企业对员工也应当如此。每一个到企业应聘的员工都应当明白,任职哪个企业就应当维护它的利益,否则,不仅不能获得企业老板的信任,还会被对方无情地抛弃。

忠诚就是一个员工的职业生命。特别是对于那些快速成长的高科技公司,或者以服务业为主的公司来说,忠诚度更为重要,因为这种新兴的公司在市场中的核心竞争力,可能就是一项专利,是一个技术诀窍,或者是一个创意,有时甚至只是一条商业机密,就像当年的可口可乐公司一样,只有一个配方。

老板在用人时不仅仅看重个人能力,更看重个人品质,而品质中最关键的就是忠诚度。在这个世界上,并不缺乏有能力的人,那种既有能力又忠诚的人才是每一个企业乞求的理想人才。人们宁愿信任一个能力差一些却足够忠诚敬业的人,而不愿重用一个朝三暮四、视忠诚为无物的人,哪怕他能力非凡。

只有所有的员工对企业忠诚,才能发挥出团队的力量,才能拧成一股绳,劲往一处使,推动企业走向成功。一个公司的生存依靠少数员工的能力和智慧,却需要绝大多数员工的忠诚和勤奋。

一名员工如何才能延长职业生命,很重要的一点就是不能频繁跳槽。无论是刚刚毕业还是已经走上工作岗位的员工,对工作都不要过于挑剔,这样对自己的发展非常不利。

如果你忠诚地对待你的老板,他也会真诚对待你;当你的敬业精神增加一分,别人对你的尊敬也会增加一分。不管你的能力如何,只要你真正表现出对公司足够的忠诚,你就能赢得老板的信赖。老板会乐意在你身上投资,给你培训的机会,提高你的技能,因为他认为你是值得他信赖和培养的。

9.跳槽后请练就"空杯心态",打造全新自我

"空杯心态"的来历很简单:一位极有名的禅师在接待一位喋喋不休的客人时,默默无语地以茶相待,他将茶水注入来宾的杯子中,满了也不停下来。当客人因此而抗议时,禅师才一语道破:对方就如这只杯子一样,脑子里是自己的看法,若不把杯子清空,自己根本无法说禅。

其实,平心而论,除了刚出世的婴孩之外,世界上没有人能够称自己为纯粹的"白纸"或"空杯"。每个人都有或多或少的过去或者积累的经验,而"空杯心态"本身就是一种自我意识,它讲的并非是对过去的一味否定,而是指在新的求职过程中,个人应该怀着否定或者说放下过去的态度来努力融入新的环境中,去对待新的工作、新的事物。

当你决定跳槽寻找新工作时,你应该明确,自己便是"白纸"和"空杯",这种空杯会让你摒弃以往的成就,忘却从前的骄傲,以崭新的面貌去面对新企业、新单位的要求,更能让对方清楚地了解到,你是一张白纸,已经准备好了要让他们在上面画上属于他们的痕迹。

"空杯心态"其实就是一个重塑自我的过程,它所讲究的是自我对过去的放空,低头吐故纳新。可以说,若想要适应时代与环境的变化,每一个人都应该做到随需应变。而随需应变,便需要我们具有空杯心态——将自己想象成"一个空着的杯子"而不是一味地在过去的成就里骄傲自

满,故步自封。

想要让自己真正地拥有"空杯心态"需要做到以下几点:

敢于挑战自我,永不对现状满足

"空杯心态"的核心就在于随时对自我所拥有的能力与知识进行重整,为新能力、新知识的进入留出足够的空间,以此来保证自我知识与能力与时俱进。想要做到这一点,个人便需要永不自满、持续学习。

懂得自我扬弃与否定

所有的事情发展都是经过否定之后实现的,可以说,每一种进步都是"外在否定"与"内在否定"协同促成的结果,这是事物进行自我完善、自我发展的客观运动过程。而客观事物本身所固有的复杂性与个人认知能力的局限性,共同决定了人类每一步的实践都只是接近真理的一个小过程而已:过去正确的东西,现在未必正确;上一次行得通的方法,可能是导致此次失败的原因——认识自我与现实的这种矛盾,你才能做到否定自我,扬弃过往的陈旧观念。

放下成功,迎接变化

每一个人都有固有的缺陷,都有自己相对薄弱的地方,也许你在某一行业中早已拥有盛名,或许你现在已经具备了杰出的技能与丰富的知识,但是,在新环境、新对手的面前,你根本没有任何特别之处,而你是否能够使用空杯心态对自我智慧进行整理,是否能在困难与挫折面前看到差距,是否能够放下以往的成就,去吸收他人的正确的、优秀的东西,是你能否真正走向成功与进步的关键所在。

放低自己,接纳别人

许多人习惯将自我没有获得新的进步的责任归咎于他人,而更多的人则在一味地抱怨世界太小,无处施展自我才华。但事实上,并非世界太小,而是我们将自己看得太大。当你只能看到自己的时候,自然不会有他人的发展之地,而世界也会因为你的目光如此局限而变得仅剩弹丸空间。将自己放低,将他人看成自己学习的榜样,时时学习他人、提升自我,你的世界自然会变得很大。

"空杯心态"不仅仅是一种心理效应,更是一种人生境界。在面对新的职场之路时,我们一方面期望通过学习来提升自我能力,另一方面却又依然矜持地保持着过往的骄傲,而不肯放下思维,最终会导致我们一事无成。主动空杯,让自己从零开始,放下过往的成功与优秀,只有这样,我们才能获得最大、最快的进步。

10.熟悉相关法律条款,维护自己的权益

现实中,很多职场人是不太关注《劳动法》和公司条款的,说明书、文件这种条条框框的东西让他们头疼不已。但他们的权益,就可能在这个疏忽的过程中丧失。

陈伟是一家金融公司的职员,为人处世一向沉默无争,只要是领导交给自己去办的事情,就不假思索地答应下来。他认为,只要安分守己地工作,即使得不到升迁,也不会因为惹恼上司而被开除。也正是由于这一点,经理似乎从开始就对陈伟特别有好感,不论开大小会议都带着他。等到陈伟对业务稍有熟悉,就开始让陈伟接手做业务。陈伟受到了经理的如此厚待,做事就要更加勤奋,任劳任怨。

有一天,经理把陈伟叫到办公室,告诉他公司要辞退一个员工,自己不好意思去说,因为陈伟和这位同事熟悉,所以希望他能够去和同事说。陈伟二话没说,向经理打个包票,然后顺利地完成任务。还有一次,经理说自己和另外一个部门经理合不来,不想再见到那个经理,下午的一个会议就让陈伟代为参加。陈伟心里十分高兴,认为经理看得起自己。在参加会议之

前,经理在陈伟面前动情地痛斥了那个经理如何不近人情,如何欺负自己,让陈伟听在耳里记在心里,开会的时候就处处找那个经理的不是。

但是,尽管陈伟对经理如此信任和支持,经理却并没有因此而对陈伟有多少特殊照顾,陈伟在他眼里甚至没有任何的地位可言。

过了一段时间,公司突然决定要裁减一部分人员。陈伟想,自己业绩不错,又和经理有这么密切的关系,只要老老实实工作,肯定没事。

但是,经理却突然直接找到陈伟,给了他两个选择:一个是他可以做满这个月并得到当月工资作为补偿,但是要算公司主动辞退他,并记入档案;另一个是陈伟自己主动辞职,但没有赔偿金,最多只发给他这个月已经上班的十来天工资算作补偿。陈伟几近崩溃,他想不到这就是自己在公司最终的结果。他不甘心两手空空地离开公司,决定为自己讨个说法。

陈伟把自己书柜中尘封已久的《劳动法》和与公司签订的劳动合同统统拿出来,彻夜进行了仔细而深入的研究,努力找出对自己有利的政策条文,然后又把自己应该得到的利益哪怕是丁丁点点,都给列了出来。陈伟没有找自己的经理,而是直接找到了总经理。

在总经理办公室,陈伟拿着有关文件,一改往日那种畏首畏尾的谦恭,沉静地说:"总经理,根据《劳动法》规定,用人单位应当根据劳动者在本单位的工作年限,每满一年给予劳动者本人一个月工资收入的经济补偿。而在本单位的合同上又分明在这条之后加上了'工作年限不满一年的,按一年计算'。如此一来,如果公司要辞退我,那么我工作的前三年应该每年各有一个月的工资作为我的赔偿补偿;而后面的时间虽然未满一年,也应该按照一年计算再补偿我一个月的工资。所以公司至今应该补偿我四个月的工资。"

也许是因为陈伟的说辞有理有据,又是直接告到总经理面前,所以经理没过多久就屈服了,同意补偿他四个月的工资。可是没过多久,陈伟就能发现自己其实应该获得更多的补偿。抱着"该是自己的一样也不能少"的念头,陈伟再一次坐在了总经理的办公室里。

陈伟平静地对总经理说:"我和公司签订的合同是到明年九月份才到期的,现在公司要辞退我,就应当提前一个月通知我。如果没有提前通知,又希望我马上就走,那么还应当再多赔偿我一个月的工资。否则,我就到有关部门为自己讨个说法。如果这件事情闹了出去,我想谁也无法预料到对公司会产生什么不好的影响。相信我们谁也不想看到那样的结果。"

陈伟说完之后,静静地等着总经理的答复。总经理却突然放声大笑起来:"我本来没有打算要辞退你,只是你们经理一再说你工作能力不强,不能为公司创造任何价值。但是,看到你如此坚持自己的利益,我觉得就凭你这一点别人所没有的勇气和坚持不懈的精神,我相信你今后一定会作出很大成绩的,所以,我决定不辞退你。况且,你对法律还有些了解,我还真不想把事情闹大……"

可见,有付出就会获得相应的价值回报,才符合这个世界的公平原则。对于应属于自己的利益,你尽可以大胆争取。

总之,有时候并不是公司永远占主导地位的,每个员工都有自己的权利与义务,只要道理站得住脚,就完全可以享受自己应有的权利。虽然人们都提倡好聚好散,但万一员工真和公司发生利益纠葛,也不能眼睁睁地看着自己干吃亏,要利用好国家法律法规以及公司的各项规章制度,维护自己的权益。